"十四五"职业教育山东省规划教材

汽车电气设备构造与维护

（第2版）

主　编　杨吉英　何　健　雷跃峰
副主编　苑忠国　王惠洋　张　勇
　　　　张金友　张学海

北京理工大学出版社
BEIJING INSTITUTE OF TECHNOLOGY PRESS

内容简介

本书是根据中等职业教育人才培养目标，针对汽车运用与维修等相关专业对汽车电气设备与检修技术的要求，结合当今汽车电气设备的发展情况而编写的。

本书主要内容包括：汽车电气系统基础知识认知、汽车蓄电池的维护与检修、汽车交流发电机的使用与检修、汽车起动系统的使用与检修、汽车点火系统的维护与检修、汽车照明及信号系统的维护与检修、汽车仪表信息显示及报警系统维护与检修、汽车安全与舒适系统认知与检修、汽车空调系统维护与检修、汽车全车电路认知等。项目一介绍了汽车电气基础知识；项目二至项目九主要介绍了汽车电气设备的结构、原理及其使用和检修方法；项目十介绍了汽车的电路系统，并对几种典型车系的电路进行了简要分析。

本书以解决实际问题为目标，注重理论与实践相结合，既介绍了汽车电器的使用与维修知识，又介绍了电路故障的诊断与排除方法，通过实践环节，使学生具有汽车电气系统及零部件拆装、检修和故障诊断的实际技能。

本书可供职业院校汽车运用与维修、汽车制造与检测、汽车检测与维修及新能源汽车检测与维修等相关专业师生教学使用，也可供汽车使用、维修、检测技术人员参考用书。

版权专有 侵权必究

图书在版编目（CIP）数据

汽车电气设备构造与维护 / 杨吉英，何健，雷跃峰主编 . -- 2 版 . -- 北京：北京理工大学出版社，2021.10
ISBN 978-7-5763-0450-3

Ⅰ. ①汽… Ⅱ. ①杨… ②何… ③雷… Ⅲ. ①汽车 – 电气设备 – 构造 – 中等专业学校 – 教材②汽车 – 电气设备 – 车辆修理 – 中等专业学校 – 教材 Ⅳ. ①U472.41

中国版本图书馆 CIP 数据核字（2021）第 200125 号

出版发行 /	北京理工大学出版社有限责任公司
社　　址 /	北京市海淀区中关村南大街 5 号
邮　　编 /	100081
电　　话 /	（010）68914775（总编室）
	（010）82562903（教材售后服务热线）
	（010）68944723（其他图书服务热线）
网　　址 /	http://www.bitpress.com.cn
经　　销 /	全国各地新华书店
印　　刷 /	定州市新华印刷有限公司
开　　本 /	889 毫米 × 1194 毫米　1/16
印　　张 /	18.25
字　　数 /	368 千字
版　　次 /	2021 年 10 月第 2 版　2021 年 10 月第 1 次印刷
定　　价 /	55.00 元

责任编辑 / 孟祥雪
文案编辑 / 孟祥雪
责任校对 / 周瑞红
责任印制 / 边心超

图书出现印装质量问题，请拨打售后服务热线，本社负责调换

前言

"汽车电气设备构造与维护"作为一门汽车类核心专业课程,在汽车专业中具有举足轻重的作用,是一门理论性和实践性都很强的课程。该课程以"汽车电工电子技术"课程为基础,在内容选取上以项目任务为切入点,注重理论联系实际,体现与时俱进,紧跟时代技术发展前沿,充分展现汽车电气新技术、新标准、新趋势,更好地为提高学校人才培养质量服务。本教材是根据中等职业教育人才培养目标,针对汽车运用与维修等相关专业对汽车电气设备与维修技术的要求,结合当今汽车电气设备的发展情况,精选教学内容而编写的。

本课程系统讲述了汽车电气系统的组成结构、工作原理、使用维护和故障诊断,要求学生掌握汽车电气系统零部件和总成的基本检测与维修技能,掌握汽车电气系统常见故障的诊断方法,能熟练使用电气检测工具及仪器设备,及时了解汽车电气的最前沿技术,做到通原理、能诊断、会维修,树立良好的职业素养,为"汽车电控发动机""汽车电路分析"和"新能源汽车检测与维修"等专业课程建立基础。本教材符合国家对技能型紧缺人才培养培训工作的要求,注重以就业为导向,以能力为本位,面向市场、面向社会,体现了职业教育的特色,满足了高素质、高技能汽车专业实用人才培养的需要。

本教材理论联系实际,理论以够用为度,以解决实际问题为目标。在内容的选择上,注重汽车后市场职业岗位对人才的知识、能力要求,力求与相应的职业资格标准衔接,本书图文并茂,加入大量的实物图片,以现代汽车电气发展新技术为拓展,融入新标准、新技术、新工艺,促进学生吸收新知识,紧跟汽车电气时代发展前沿。其主要特色:

(1)以项目任务为引领,落实立德树人为根本,彰显职业特色。

在教材编写中,我们始终把落实立德树人作为育人的根本任务,将职业道德和职业素养融入教学全过程,突出以职业素养为核心,将德育教育和思政教育融入课程体系,增强责任意识,培养学生专业操作技能,培育大国工匠精神,增强专业的认同感和自豪感。

(2)采用活页任务工单,融入1+X证书考核要求,实现课证融通。

课程编写以市场主流车型为代表,实训任务采用活页式任务工单,参照1+X证书制度考核要求,借助具体的项目学习任务,将理论与实际相结合,适应1+X证书制度试点工作需要,将职业技能等级标准有关内容及要求有机融入教材内容,推进书证融通、课证融通进教材。突出学生动手操作能力,实现了教学内容与职业资格标准制度的有效衔接,彰显了职业教育特色。

（3）注重学生认知发展规律，以学生学习为主导。

课程知识结构体系按照学生认知发展规律，构建以理论知识为基础，以技能应用操作为目标，"从基础到应用再到拓展"的顺序进行，通过合理排序实现各项目任务之间的有效衔接，方便学生学习及实训教学的布置。让学生直观感受到汽车电气系统的结构及工作原理，增强学习学习兴趣，提升学习信心。该课程定位在理实一体化，将原本的理论课程变成实操为主、理论为支撑的一体化教材。其目的在于提升学生学习兴趣，让学生以教材为基础，读得懂、学得会、用得上。引入案例教学、项目教学，在每个操作步骤都有配图和步骤提示说明，这样学生能够根据教材的提示和说明自主学习教材内容，对知识重点和难点进行分解细化，真正实现学生是学习的主体，使学生从知识的被动接受者转变为知识学习的主动者。

（4）课程配套资源丰富，直观演示效果好。

本教材配备丰富的专业教学资源，将重要知识点或操作步骤增加了微课视频，以二维码的形式嵌入到书中相应内容位置。实现边学边看，将较难理解的理论知识形象化、生动化，更好地理解知识内容，简化了冗长的理论分析。课后配备相关项目任务学习的习题测试，用以巩固所学知识。课后知识拓展链接，拓展学生学习的时间与空间，实现个性化、差异化的学习，提高学生学习兴趣。

本书从职业教育的实际出发，图文并茂、语言浅显易懂，力求以较多的实物图形说明，来达到直观、简练、易懂的目的，结合教学和生产实际的需要，突出实践能力的培养，具有较强的针对性和实用性。

本书由日照市科技中等专业学校杨吉英（编写项目一）、何健（编写项目四）、日照职业技术学院雷跃峰（编写项目十）担任主编，日照市科技中等专业学校苑忠国（编写项目五）、王惠洋（编写项目二）、潍坊职业学院张勇（编写项目九）、山东现代学院张金友（编写项目六）、奔腾钣喷技术培训学院张学海（编写项目七）担任副主编。参加本书编写的还有张敬博（编写项目三）、刘校林（编写项目九）、刘艳艳（编写项目八）、苏丁国（编写项目八）。全书活页式任务工单由苑忠国编审。

在本书编写的过程中，编者参考了国内外大量资料和参考文献，在此，向相关作者致以最诚挚的谢意。由于编者水平有限，书中难免有不妥和错误之处，恳请广大读者批评指正。各教学单位在积极选用和推广本教材的同时，及时提出修改意见和建议，以便再版修订时改正。

常见中英文对照表

目录

项目一　汽车电气系统基础知识认知 ··· 1
　　任务 1.1　汽车电气设备的组成及其特点 ·· 2
　　任务 1.2　汽车电气常用基础电器元件 ·· 8
　　任务 1.3　汽车电气设备维修常用工具及仪表使用 ································ 12
　　任务 1.4　汽车电气系统常见故障及原因分析 ·· 15

项目二　汽车蓄电池的维护与检修 ·· 18
　　任务 2.1　汽车蓄电池的结构原理认知 ·· 19
　　任务 2.2　汽车蓄电池的使用与维护 ·· 26
　　任务 2.3　汽车蓄电池常见故障及检修 ·· 30

项目三　汽车交流发电机的使用与检修 ·· 34
　　任务 3.1　交流发电机结构原理认知 ·· 35
　　任务 3.2　汽车电源系统典型电路分析 ·· 43
　　任务 3.3　汽车电源系统常见故障及检修 ·· 50

项目四　汽车起动系统的使用与检修 ·· 56
　　任务 4.1　起动机结构原理认知 ·· 57
　　任务 4.2　起动机的控制电路与工作过程分析 ·· 63
　　任务 4.3　起动系统使用维护与故障分析 ·· 68

项目五　汽车点火系统的维护与检修 ·· 78
　　任务 5.1　汽车点火系统的结构原理认知 ·· 79
　　任务 5.2　微机控制的点火系统分析 ·· 86
　　任务 5.3　点火系统的使用维护与故障检修 ·· 90

项目六　汽车照明及信号系统的维护与检修 94
任务 6.1　汽车照明系统认知 95
任务 6.2　汽车照明系统维护与检修 104
任务 6.3　汽车信号系统认知 107
任务 6.4　汽车信号系统维护与检修 112

项目七　汽车仪表信息显示及报警系统维护与检修 115
任务 7.1　汽车仪表信息显示及报警系统认知 116
任务 7.2　汽车仪表信息显示及报警系统显示维护与检修 121
任务 7.3　汽车仪表报警系统认知 125
任务 7.4　汽车仪表报警系统维护与检修 132

项目八　汽车安全与舒适系统认知与检修 135
任务 8.1　汽车辅助电气系统认知与检修 136
任务 8.2　汽车中控防盗系统认知与检修 147
任务 8.3　汽车影音娱乐系统认知与检修 154

项目九　汽车空调系统维护与检修 161
任务 9.1　汽车空调系统结构原理认知 162
任务 9.2　汽车空调系统常见故障及检修 174

项目十　汽车全车电路认知 180
任务 10.1　汽车全车电路认知 181
任务 10.2　汽车电路图的识读方法 190

参考文献 218

项目一
汽车电气系统基础知识认知

任务情景导入 →

一位客户来到维修站,反映车上有塑料烧焦的味道,感觉是汽车电路出现故障了。这种情况是典型的汽车电器元件或导线接触不良或局部短路的故障。随着科技的发展、技术的成熟,虽然汽车机械故障减少了很多,但更多的故障是来自汽车电气设备与电路。因此,作为汽车维修技术人员,应该重视对汽车电气系统的故障检修。熟悉汽车电气系统的组成和诊断流程是解决上述问题的重要途径。

任务描述 →

对汽车电气设备的工作原理、电路组成特点的熟练掌握,正确的诊断思路和能熟练使用诊断维修设备对机电维修工在工作中提高故障点查找的准确性及缩短排查故障的时间都起到至关重要的作用。任何先进、专业的检查设备只有在正确的维修思路指导下合理选择、使用,才能发挥其高效性和精确性。通过本项目的学习,了解汽车电气基础部件,掌握汽车电气的组成和特点,了解汽车电气系统故障种类及原因,掌握汽车电气故障检修方法及检修步骤。

学习目标

知识目标

1. 了解汽车电气系统的发展趋势；
2. 熟悉汽车电气系统的组成及特点；
3. 了解汽车电气系统故障种类及原因。

能力目标

1. 掌握汽车电气故障检修方法；
2. 能够熟练使用常用维修检测工具；
3. 能够分辨出汽车电气部件所属的电气系统。

情感素养目标

1. 树立安全意识、效率意识、规范意识；
2. 培养较强的动手操作能力；
3. 培养严谨细致的工作态度和大国工匠精神。

任务 1.1 汽车电气设备的组成及其特点

理论指引

汽车电气设备（Electrical Device）是汽车的重要组成部分之一，其结构是否合理、性能是否优良、技术状况是否正常，对汽车的动力性、经济性、可靠性、安全性、排气净化及舒适性产生越来越重要的影响。

一、汽车电气系统的组成

现代汽车电气设备的种类和数量很多，总的来说，可以大致分为三大部分，即电源、用电设备和全车电路及配电装置，如图 1-1 所示。

项目一 汽车电气系统基础知识认知

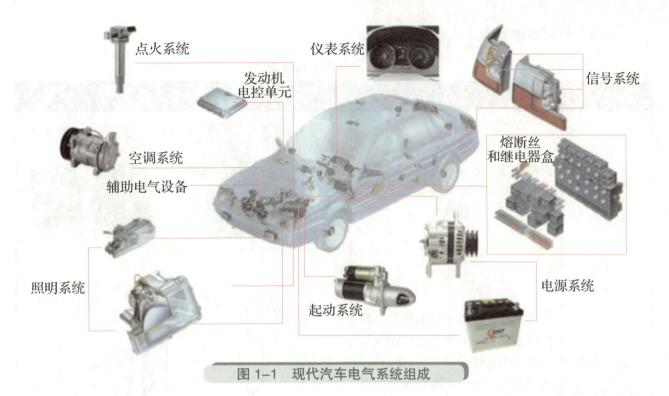

图1-1 现代汽车电气系统组成

1. 电源系统

电源系统主要包括发电机、蓄电池、电压调节器等，如图1-2所示。其中，发电机与蓄电池并联工作，发电机为主电源，发电机正常工作时，由发电机向全车用电设备提供直流电，同时给蓄电池充电。电压调节器能保持发电机输出电压的稳定。

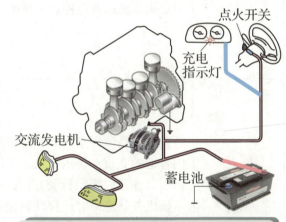

图1-2 汽车电源系统组成

2. 用电设备

汽车上的用电设备众多，主要可分为起动系统、点火系统、照明与信号系统、仪表及报警系统、辅助电气系统、电子控制系统及车载网络等。其全车电气框图如图1-3所示。

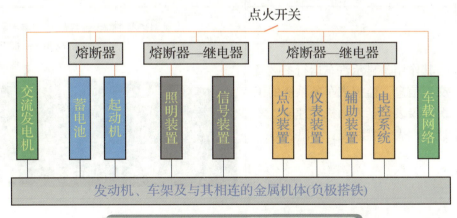

图1-3 全车电气框图

各用电系统组成如表 1-1 所示。

表 1-1 汽车用电系统组成

用电设备	作用	主要电器组成
起动系统	其作用是带动发动机飞轮旋转使曲轴达到必要的起动转速，从而起动发动机。其主要部件有起动机、起动继电器等	
点火系统	点火系统仅用于汽油机上，其作用是将低压电转变为高压电，适时可靠点燃发动机气缸内的可燃混合气。现代车辆普遍使用电子点火系统以及电控点火系统	
照明与信号系统	其作用是确保车内外一定范围内合适的亮度；告示行人、车辆以引起注意；指示行驶方向；指示操纵件状态；对运行性机械故障进行报警，以确保行驶和停车的安全性和可靠性	
仪表及报警系统	其作用是显示汽车运行参数及交通信息，监控汽车各系统的工况。仪表包括发动机转速表、车速里程表、燃油表、水温表等	

续表

用电设备	作用	主要电器组成
辅助电气系统	其作用是为驾驶员和乘员提供良好的工作条件和舒适的乘坐环境。辅助电气系统包括电动刮水器、风窗洗涤器、空调中控门锁、电动车窗和电动座椅等	
电子控制系统	其作用是更加精确地控制汽车各个系统，使经济性、动力性、安全性等得到提高。电子控制系统包括电子控制燃油喷射装置、点火装置、自动变速器和防抱死制动装置等	
车载网络系统	实现多个控制单元之间的通信，系统之间相互共享信号。减少了车身布线数量，减少了线束的长度	

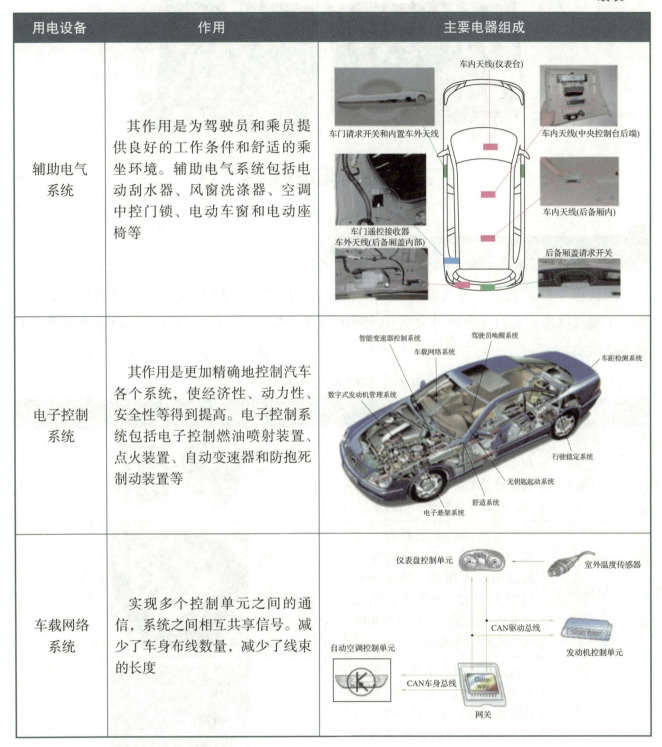

3. 配电装置

配电装置又称电源管理系统，如图1-4所示。其作用是规范布线，便于诊断汽车电气设备的故障。配电装置包括中央接线盒、电路开关、保险装置、插接器、导线等。这些配电装置的选用和装配直接影响到用电设备的运行状况。

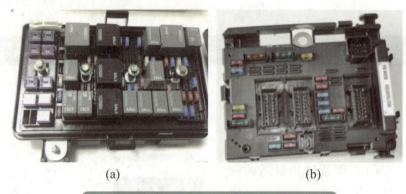

图 1-4 汽车电气系统配电装置

二、汽车电气设备的特点

现代汽车种类繁多，电气设备的数量不等、功能各异，但其电路设计都遵循一定的原则，了解这些原则对汽车电路的分析和故障的检修是很有帮助的。汽车电气设备主要特点如表 1-2 所示。

表 1-2 汽车电气设备的特点

特点	主要组成	实例
两个电源（双电源）	汽车电气系统中采用蓄电池和发电机两个供电电源。蓄电池是辅助电源，发电机是主电源。两者互相配合，协同工作	
低压直流	汽车电气系统主要有 12 V 和 24 V 两种电源。汽油车普遍采用 12 V 电源，柴油车采用 24 V 电源，由于蓄电池充放电均为直流电，所以汽车电气系统采用直流电	
单线制	指汽车上所有电器设备的正极均采用导线相互连接；而负极则直接或间接通过导线与金属车架或车身的金属部分相连，即搭铁	
负极搭铁	为减少蓄电池电缆铜端子在车架、车身连接处的电化学腐蚀，提高搭铁的可靠性，采用单线制接线时，蓄电池的一个负电极必须接到车架上，又称"负极搭铁"	

续表

特点	主要组成	实例
并联连接	各用电设备均采用并联连接，汽车上的两个电源（蓄电池与发电机）之间以及所有用电设备之间，都是正极接正极，负极接负极，并联连接	
设有保护装置	为了防止因电源短路（火线搭铁）或电路过载而烧坏线束，电路中一般设有保护装置，如熔断器（短路保护）、易熔线（过载保护）、继电器等	
汽车导线有颜色和编号特征	为了便于区别各电路的连接，汽车所有低压导线必须选用不同颜色的单色或双色线，并在每根导线上编号，编号由生产厂家统一编定	
由相对独立的分支系统组成	汽车系统由相对独立的各个子系统组成，各个子系统之间既有联系又有相对的独立性	
网络通信	采用CAN总线进行控制单元之间数据传递和共享	

任务小结

1. 汽车电气系统主要由电源、用电设备和全车电路及配电装置构成。
2. 汽车电气设备系统包括起动系统、点火系统、照明与信号系统、仪表及报警系统、辅助电气系统、电子控制系统及车载网络等。
3. 汽车电气设备的特点：低压直流、双电源、单线制、负极搭铁、网络通信。

汽车电压升级

任务 1.2 汽车电气常用基础电器元件

理论指引

汽车电气的基础元件主要是指保险装置、继电器、各种开关、插接器、导线等。它们是汽车电路的基本组成部分。这些电路基础元件的性能和状态直接影响到汽车用电设备系统的正常工作。

一、电路开关

汽车电路中,各用电设备都设有单独的控制开关,如灯光开关、灯光组合开关、刮水器开关、转向信号灯开关、危急报警开关、倒车灯开关、制动灯开关、空调开关等。如图1-5所示。开关是切断或接通电路的一种控制装置。其动作可以手控,也可以根据电路或车辆所处状况自控。

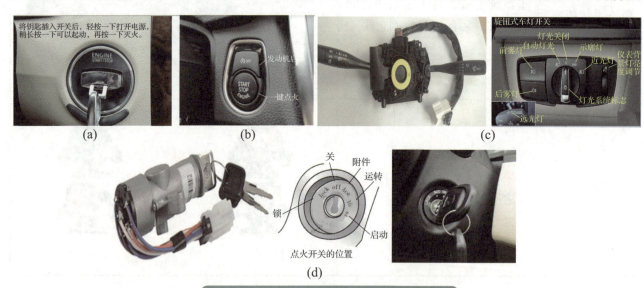

图1-5 汽车部分电路开关

(a) 无钥匙点火开关; (b) 一键起动开关; (c) 组合开关; (d) 普通点火开关及实现功能

二、导线

导线是汽车电气系统最基础的组成部分,在不同的汽车电路中,对导线的尺寸以及材料的要求也不一样,它们各自都有严格的标准规定。汽车用导线有低压导线和高压导线2种。

1. 低压导线（见图1-6）

选用原则：

长时间工作的电气设备可选用实际载流量60%的导线，短时间工作的用电设备可选用实际载流量60%~100%的导线。同时，还应考虑电路中的电压降和导线发热等情况，以免影响用电设备的电气性能和超过导线的允许温度。

① 导线截面积。导线截面积主要根据其工作电流选择，但对于一些工作电流较小的电气系统，为保证其机械强度，导线截面积不小于0.5 mm^2。

② 导线颜色。为便于区分线路所属电气系统和供电要求，低压电线都采用了不同颜色。各国汽车厂商在电路图上多以字母（英文字母）表示导线颜色及条纹颜色，如图1-7所示。

图1-6 汽车用低压导线　　图1-7 汽车导线颜色表示

③ 线束。汽车用低压导线除蓄电池导线外，都用绝缘材料如薄聚氯乙烯带缠绕包扎成束，避免水、油的侵蚀及磨损，如图1-8所示。

2. 高压导线

在汽车点火线圈至火花塞之间的电路以及新能源汽车高压线路均使用高压导线。新能源汽车高压导线均以橙黄色表示，如图1-9所示。

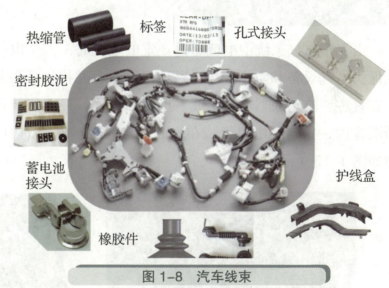

图1-8 汽车线束

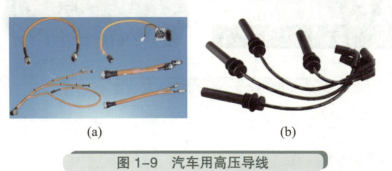

(a)　　(b)

图1-9 汽车用高压导线

（a）新能源汽车用高压导线；（b）汽车点火线圈用高压导线

三、汽车用继电器

继电器是利用电磁方法，实现自动接通或切断一对或多对触点，以完成用小电流控制大电流，以减小控制开关触点的电流负荷，如图1-10所示，如起动继电器、空调继电器、喇叭继电器、雾灯继电器、中间继电器等。其类型有常开继电器，常闭继电器和常开、常闭混合型继电器。

汽车用继电器类型

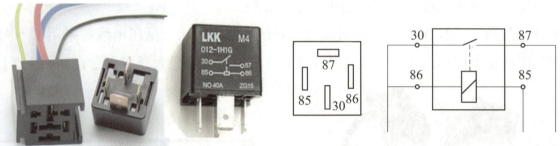

图1-10 汽车用继电器及符号表示

继电器测试

继电器的结构

四、保险装置

当汽车电气系统中电流超过规定的电流时，汽车电路保险装置能够自动切断电路，从而保护电气设备和防止烧坏电路连接导线，并把故障限制在最小范围内。汽车上的电路保险装置主要有熔断器、易熔线、电路断路器。一般安装在仪表盘附近或发动机罩下面的熔断器盒内，常与继电器组装在一起，构成全车电路的中央接线盒，如图1-11所示。其实物如图1-12所示。

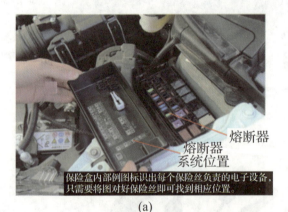
(a)

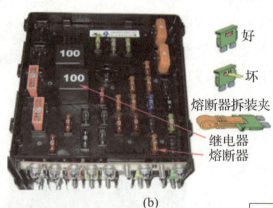
(b)

图1-11 保险装置安装位置

熔断器检测

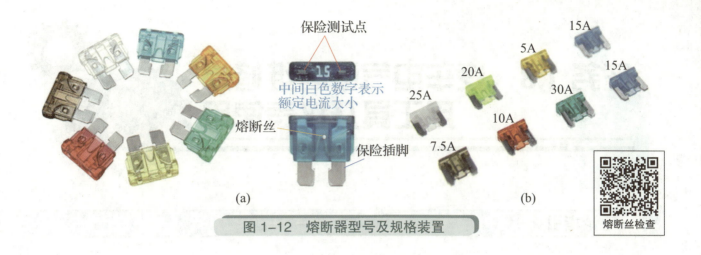

图 1-12 熔断器型号及规格装置

> ⚠ **注意**：熔断器为一次性器件，使用须注意：
>
> ①熔断器熔断后，必须先查找故障原因，并彻底排除。
>
> ②更换熔断器时，一定要与原规格相同，特别要注意，不能使用比规定容量大的熔断器。在汽车上增加用电设备时，不能随意改用容量大的熔断器，应另外安装熔断器。
>
> ③熔断器支架与熔断器接触不良会产生电压降和发热现象。因此，特别要注意检查有无氧化现象和脏污。若有脏污和氧化物，须用细砂纸打磨光，使其接触良好。

插接器

任务小结 →

1. 汽车电气的基础元件主要是指保险装置、继电器、各种开关、插接器、导线以及相关用电设备。

2. 汽车用导线具有颜色特征标记，适用于各自系统，编制成线束。

3. 熔断器为一次性器件，更换时一定要与原规格相同，特别要注意，不能使用比规定容量大的熔断器。

4. 汽车继电器分为常开型继电器、常闭型继电器及常开、常闭混合型继电器。

汽车用固态继电器

任务1.3 汽车电气设备维修常用工具及仪表使用

理论指引

一、汽车试灯

试灯主要用于测量电路中是否存在电压。试灯分为有电源试灯和无电源试灯,汽车常用无电源试灯,如图1-13所示。试灯内部装有12 V(24 V)灯泡或发光二极管作为发光元件。试灯一头接地,另一头探针触到带电压的导体时,灯泡或发光二极管就会被点亮,如图1-14所示。

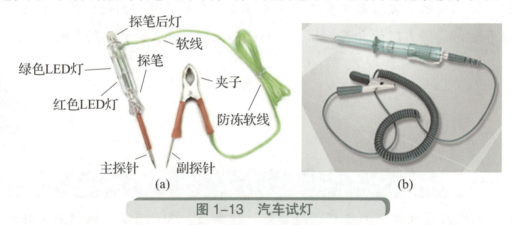

图1-13 汽车试灯

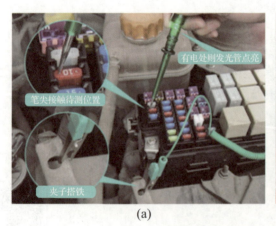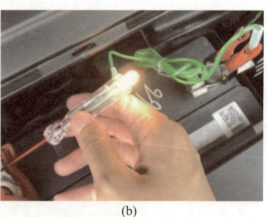

图1-14 汽车试灯电路通电测试

二、跨接导线

跨接导线可作为故障诊断的辅助工具。它既可用于跨过某段被怀疑已断开的导线，而直接向某一部件提供电的通路，也可用于不依赖于电路中的开关或导线而向电路中加上电池电压，如图1-15所示。

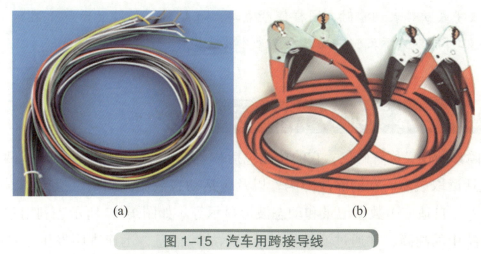

(a)　　　　　　　　(b)

图1-15　汽车用跨接导线

汽车跨接线应用

三、数字式汽车万用表

数字式汽车万用表可用来测量直流和交流电压、直流和交流电流、电阻、电容、频率、电池、二极管等，并配以全过程过载保护电路，使之成为一台性能优越的工具仪表，是汽车电气系统检测的必备工具之一，如图1-16所示。

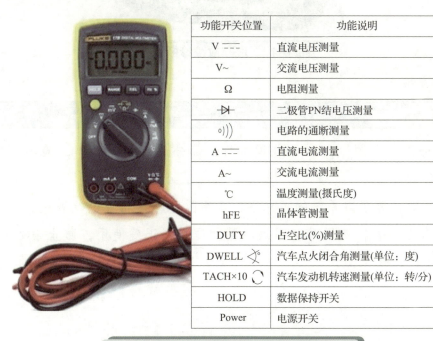

功能开关位置	功能说明
V ⎓	直流电压测量
V~	交流电压测量
Ω	电阻测量
⇥	二极管PN结电压测量
·)))	电路的通断测量
A ⎓	直流电流测量
A~	交流电流测量
℃	温度测量(摄氏度)
hFE	晶体管测量
DUTY	占空比(%)测量
DWELL	汽车点火闭合角测量(单位：度)
TACH×10	汽车发动机转速测量(单位：转/分)
HOLD	数据保持开关
Power	电源开关

图1-16　数字式汽车万用表

万用表使用

作用:

①电压/电流/电阻/电容/电感等测量;

②频率/占空比测量;

③二极管和三极管的电子原件测量;

④检测温度。

⚠ 注意:数字式欧姆表调零时,同样使两表笔互相接触,如果显示屏上显示不为零,则说明表内电池可能电力不足,需要更换电池才能使用。

四、汽车故障诊断仪(解码仪)

汽车故障诊断仪又称解码仪,它的功能包括基本检测功能和特殊测试功能两部分。基本检测功能包括读取故障码和清除故障码,以及包括动态数据流测试、执行器测试、功能设置、快速学习(自适应)数据记录和动态波形显示等。如图 1-17 所示。利用它迅速地读取汽车电控系统中的故障,并通过液晶显示屏显示故障信息,迅速查明发生故障的部位及原因,是电气系统维修中非常重要的工具。

图 1-17 汽车故障诊断仪

pico 汽车示波器

任务小结

1.汽车试灯分为有电源试灯和无电源试灯,部分试灯带有功率,检测时应格外注意。防止损坏电子元件。

2.跨接线使用时注意供电系统的可靠性,不得随意跨接相关电气系统。

3.数字式汽车万用表在使用时应明确所测物理量,正确使用,防止损坏万用表。汽车故障诊断仪在使用时应规范操作。

任务1.4 汽车电气系统常见故障及原因分析

理论指引

一、常见故障

汽车电气系统的故障总体上可以分为两类：一类是电器设备故障；另一类是线路故障。

①电器设备故障：是指电器设备自身丧失其原有功能的故障。包括机械损坏、烧毁，电子元件的击穿、老化、性能减退等。在实际使用和维修中，常常因线路故障而造成电气设备故障。电器设备故障一般是可修复的，但一些不可拆卸的电子设备出现故障后只能更换。

②线路故障：导线及控制保护器件故障，包括断路、短路、接触不良或绝缘不良等。

二、故障原因分析

①温度与湿度影响：较高的使用温度会导致电子元件的过热损坏，较大的湿度会导致电子元件的绝缘性能下降。

②电压的波动：瞬间通断产生的自感电动势、发电机与蓄电池脱线导致发电机端电压瞬间升高、电感性元件高频震荡引起的震荡峰值电压等，都会导致电子元件的烧毁。

③电器设备间的相互干扰：由于各个电气设备工作方式不同，它们之间会以不同的方式彼此侵扰。任何方式激发的振荡都会通过导线等以电磁波方式发射出去，势必对其他电子系统产生电磁干扰。

④其他：如电器设备老化、振动、冲击等将造成电子设备的机械性损伤。

三、故障诊断方法

随着现代汽车电子设备的增多，汽车电路及电气设备出现的故障越来越复杂。发生故障后，选用合适的诊断方法是顺利排除故障的关键。

①直观法：通过直观检查（冒烟、火花、异响、异味、发热等异常现象）来发现明显故

障，提高检修速度，如图1-18所示。注：新能源汽车禁止直接触碰高压线束部件。

②试灯法：检查线束是否开路或短路、电器或电路有无故障等。此方法特别适合于检查不允许直接短路的带有电子元器件的电器，如图1-19所示。

③跨接法：跨接法也称短路法，即当低压电路断路时，用跨接线或螺丝刀等将某一线路或元件短路，来检验和确定故障部位。注：高电压电路慎用此方法。

图1-18 直观法判断熔断器好坏

④断路法：即将怀疑有短路故障的电路断开后，观察电气设备中短路故障是否还存在，以此来判断电路短路的部位。

⑤利用车上仪表法：通过观察汽车仪表盘上的电流表、水温表、燃油表和机油压力表等的指针走动情况，判断系统是否正常。

⑥检查保险法：如某电器突然停止工作，应先查该支路上的保险装置是否正常，如异常应查明原因，检修后恢复保险装置。

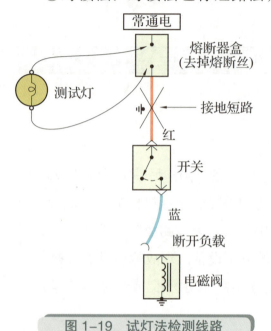

图1-19 试灯法检测线路

⑦仪器检测法：利用专用检测设备或仪器、仪表对电气元件及线路进行检测，来确定电路故障。检测法有省时、省力和诊断准确的优点，但要求操作者必须能熟练应用汽车专用仪表，以及对汽车电气元件的原理、电路组成等能准确地把握。

四、故障诊断流程

①核查故障：接通故障电路中所有元件的电源，核查故障，注意症状。在没有确定故障部位前，不要开始拆卸或测试。

②原理分析：查阅原理图，以确定故障电路。基于症状以及对电路工作原理的理解来识别造成故障的一个或多个原因。

③通过电路测试来确定故障：进行电路测试，以检查步骤②中所做的诊断。首先测试最有可能导致该故障的原因，并从容易接近的若干点进行测试。要记住，有条理而又简单的步骤是有效排除故障的关键。

④处理故障：故障被识别后，就是进行维修。维修时，应使用正确的工具，并按安全的操作步骤来进行。

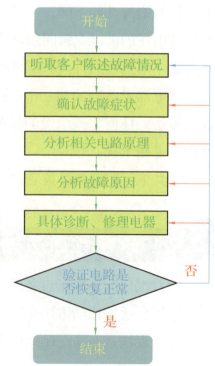

⑤确认电路工作正常，在所有工作模式下，接通已维修过的回路中的所有组件，确认已排除了整个故障。确认没有新的故障出现并且原故障已不再重新发生。

任务小结

1. 汽车常见电气故障：一类是电器设备故障；另一类是线路故障，二者相互影响，将导致局部电气系统无法正常使用。

2. 正确的故障诊断思路是解决故障问题的关键，应从易到难，在没有确定故障部位前，不要开始拆卸或测试。

3. 利用专用检测设备或仪器、仪表对电气元件及线路进行检测可提高检测效率，迅速缩小故障范围。

汽车医生

任务情景解读

塑料的焦糊味大多是电器的线路过热或短路引起的，一般会伴随局部冒烟，此时要注意观察车辆有什么功能异常，例如：仪表指示灯忽明忽暗、发动机运转的声音忽高忽低，车内有缝隙处冒烟，所以必须停车找出问题部位，处理方法是果断停车、熄火并断开点火开关。主要留意发动机盖下的电路元件，汽车电气系统电线烧损危险性相当高，不及时处理很容易造成电路损坏甚至整车自燃，建议将车辆拖到4S店全面检查，以免发生意外。

匠心课堂

让"工匠精神"永远传承——苏立民

经验和成果可以言传身教，但苏立民所具有的兢兢业业、任劳任怨、埋头苦干等看不见的品质精神，才是他传承的关键所在。在一汽-大众成都工厂，谁碰到苏立民都会亲切地道一声"苏工"。"技术"和"精力"成为概括青年时期苏立民的关键词，如今，"贡献"一词，成为苏立民工作的最佳注脚点。

多年的技术和经验是自己安身立命的保证，但对于企业培育工匠，持续发展同样重要。因此，从2013年开始，他就开始组织编写《2013年维修经验总结》《发动机厂设备关键点控制手册》《成都EA211项目经验》，由此形成维修核心技术积累，将维修经验和维修技能固化传承，同时为华东基地新项目中维修经验的快速复制提供了条件，也打破了以往维修只重视师带徒而不重视固化积累的观念。

项目二
汽车蓄电池的维护与检修

任务情景导入

一辆别克威朗轿车，行驶里程为17.3万km，近期车主反映，车辆隔夜停放后，第二天车辆无法正常起动，现象为起动时起动机运转无力，开启前大灯灯光昏暗，按下喇叭，喇叭声音沙哑。修理人员到现场进行检测维修，经检测发现蓄电池电压不足12 V，为蓄电池亏电。并联充满电的蓄电池后起动车辆，其运行正常。这个事例反映了作为汽车电源之一的蓄电池的重要性。作为汽车专业维修人员如何正确地判断蓄电池故障并予以排除呢？通过蓄电池相关知识的学习后就会得到答案。

任务描述

汽车电源系统作为电能的提供者，不仅向全车用电设备供电，还向蓄电池进行充电。而蓄电池的状况直接影响发动机的正常起动和用电设备的正常工作。为了合理使用蓄电池，延长其使用寿命，保证汽车电源系统的可靠工作，必须掌握电源系统的组成，了解汽车蓄电池的功用和蓄电池的基本结构和工作原理，掌握蓄电池的使用维护与常见故障诊断。

学习目标

知识目标
1. 掌握汽车电源系统的组成和功用；
2. 能正确描述蓄电池的基本构造组成；
3. 了解常见蓄电池的类型。

能力目标

1. 能对蓄电池进行充电组织与充电实施；
2. 能够检查、维护和更换蓄电池；
3. 能对蓄电池常见故障进行排除。

情感素养目标

1. 树立安全意识、效率意识、规范意识；
2. 培养较强的动手操作能力；
3. 培养严谨细致的工作态度和大国工匠精神。

任务 2.1 汽车蓄电池的结构原理认知

理论指引

一、汽车电源系统的组成

汽车电源系统主要由蓄电池、交流发电机及其配套的电压调节器、充电指示灯（或电流表）、线束、点火开关等组成，如图2-1所示。

蓄电池与发电机并联向用电设备供电。交流发电机与其配套的电压调节器互相配合工作，其主要任务是对除起动机以外的所有用电设备供电，并向蓄电池充电。充电指示灯用来反映电源系统的正常状况，电流表用来指示蓄电池的充放电的情况；电压调节器的作用是使发电机在转速变化时，能保持其输出的电压恒定。电源系统电路简图如图2-2所示。

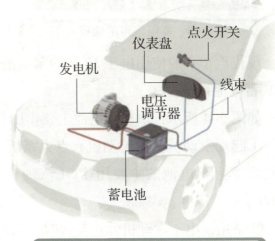

图 2-1 汽车电源系统的组成

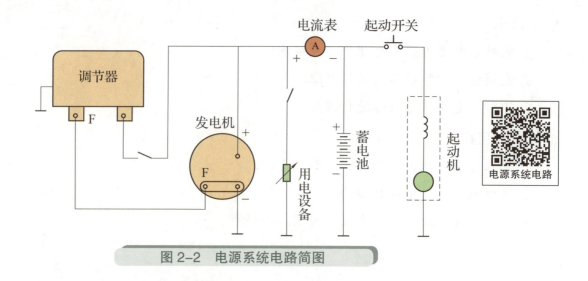

图 2-2 电源系统电路简图

二、汽车电源系统的作用

汽车上装有蓄电池和交流发电机两个低压直流电源,蓄电池作为汽车电源系统的重要组成部分之一,承担着重要的能量转换角色,负责向全车用电系统供电,如图 2-3 和图 2-4 所示。

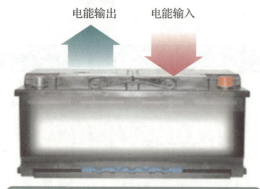

图 2-3 蓄电池电能储存

图 2-4 汽车电源系统的供电

现代汽车一般使用电压 12 V 的蓄电池,大型柴油车则常用两个 12 V 蓄电池串联而构成 24 V 蓄电池系统。

如图 2-4 所示,汽车蓄电池主要作用有以下方面:

①起动发动机。向起动机、点火系统、电子燃油喷射系统和汽车的其他电气设备供电。这是汽车上蓄电池的主要用途。(汽油机起动电流 200~600 A;柴油机起动电流高达 800~1 000 A)

②备用供电。发动机低速运转时,向用电设备和发电机磁场绕组供电。

③存储电能。发动机中、高速运转时,将发电机剩余电能转化为化学能储存起来。

④协同供电。发电机过载时,协助发电机向用电设备供电。

⑤稳定电源电压,保护电子设备。蓄电池可以吸收电路中的瞬时过电压,保持汽车电气系统电压的稳定,保护电子元件,以免击穿电子元件。

⑥发动机熄火停机时,蓄电池向电子时钟、汽车电子控制单元ECU以及汽车防盗系统供电。

三、汽车蓄电池的分类

汽车蓄电池的种类很多。目前铅酸蓄电池因技术成熟、价格低、结构简单、起动性好,在汽车上得到广泛应用。铅酸蓄电池常见的类型有普通铅酸蓄电池、免维护蓄电池等,如表2-1所示。

蓄电池的分类

表2-1 汽车蓄电池分类

类型	特点	实物
普通铅酸蓄电池	新蓄电池的极板不带电,使用前需按规定加注电解液并进行初充电,初充电的时间较长,使用中需要定期维护	
干荷电铅酸蓄电池	新蓄电池的极板处于干燥的已充电状态,电池内部无电解液。在规定的保存期内,如需使用,只需按规定加入电解液,静置20~30 min即可使用,使用中需要定期维护	
湿荷电铅酸蓄电池	新蓄电池的极板处于已充电状态,蓄电池内部带有少量电解液。在规定的保存期内,如需使用,只需按规定加入电解液,静置20~30 min即可使用,使用中需要定期维护	
免维护蓄电池	使用中不需经常维护,可用3~4年不需补加蒸馏水,极桩腐蚀极少,自放电少	

四、汽车蓄电池的构造

汽车蓄电池是一种储能装置,如果连接外部负载或接通充电电路,蓄电池便开始放电或充电,实现能量转换。充电时,将电能转化成化学能储存起来;放电时,蓄电池中化学能转变为电能输出,是一种可逆的直流电源,如图2-5和图2-6所示。

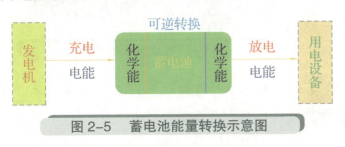

图2-5 蓄电池能量转换示意图

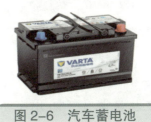

图2-6 汽车蓄电池

普通型铅酸蓄电池由单格的电池组成，每只单格电池电压约为 2 V，一般将 3 个或 6 个单格电池串联成一只 6 V 或 12 V 蓄电池总成。蓄电池由极板、隔板、电解液、电池壳体（外壳）、连接条、极柱（接线柱）、加液孔盖和防护片等组成，如图 2-7 和图 2-8 所示。

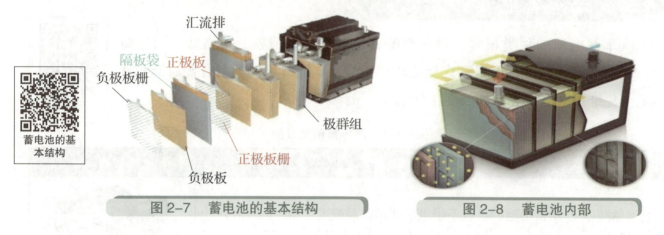

图 2-7 蓄电池的基本结构　　图 2-8 蓄电池内部

1. 极板

极板是蓄电池的核心部分，蓄电池充、放电的化学反应主要是依靠极板上的活性物质与电解液进行的，极板由栅架和填充在其上的活性物质构成，如图 2-9 所示。它分为正极板和负极板，如图 2-10 所示。

正极板上的活性物质为二氧化铅（PbO_2），呈深棕色。负极板上的活性物质为海绵状纯铅（Pb），呈青灰色，如图 2-11 所示。将各一片的正、负极板浸入电解液中，可获得 2 V 左右的电动势。

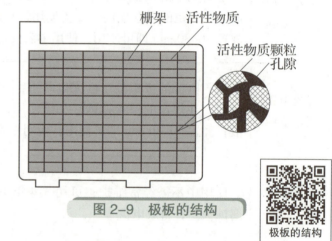

图 2-9 极板的结构

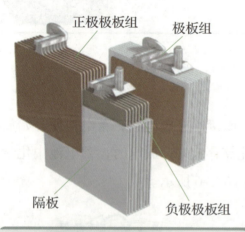

图 2-10 正负极板组

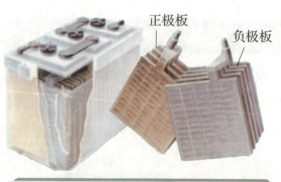

图 2-11 正负极板颜色

⚠ **注意**：因为正极板化学反应剧烈，所以在单格电池中，负极板总比正极板多一片。使每一片正极板都处于两片负极板之间，保持其放电均匀，防止变形。

2. 隔板

作用：隔板插放在正负极板之间，防止正、负极板互相接触造成短路。

要求：应具有良好的绝缘性、多孔性、耐酸性、抗氧化性能。

隔板有许多微孔，让电解液畅通无阻。隔板一面平整，一面有沟槽。沟槽面对着正极板。使充、放电时，电解液能通过沟槽及时供给正极板，当正极板上的活性物质 PbO_2 脱落时能迅速通过沟槽沉入容器底部。避免与负极板接触造成短路，如图 2-12 所示。部分蓄电池采用带薄膜隔离的极板，如图 2-13 所示。其实物图如图 2-14 所示。

图 2-12 蓄电池隔板

图 2-13 带薄膜隔离的极板

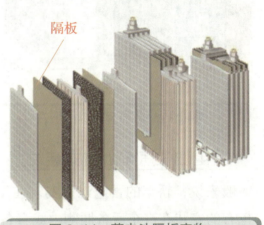

图 2-14 蓄电池隔板实物

3. 电解液

电解液在蓄电池的化学反应中起到离子间导电的作用，并参与蓄电池的化学反应，电解液由相对密度为 1.84 g/cm³ 的化学纯硫酸（H_2SO_4）与蒸馏水按一定比例配制而成，其相对密度一般为 1.24~1.30 g/cm³，如图 2-15 所示。使用中应根据地区、气候条件和制造厂的要求而定。

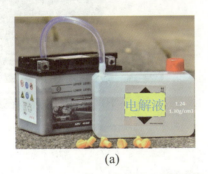

(a)　　　(b)

图 2-15 蓄电池电解液加注及加注位置

蓄电池电解液

⚠ **注意**：不允许用工业硫酸和自来水、井水、河水等配制。因其杂质多，易引起蓄电池自放电，从而影响蓄电池寿命。电解液有较强的腐蚀性，避免接触到皮肤和衣物。

4. 其他

壳体作用：盛放极板和电解液。有硬橡胶、塑料两种。

联条作用：串联各单格电池，材料为铅，如图 2-16 所示。

加液孔盖：蓄电池的每个单格都有一个加液孔，用于加注电解液和检测电解液密度，孔盖上有通气孔，该小孔应经常保持畅通，以便排除蓄电池化学反应产生的气体，防止外壳涨裂发生事故，如图 2-17 所示。

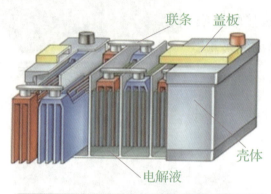

图 2-16 蓄电池其他结构

图 2-17 蓄电池加液孔盖

5. 蓄电池在汽车上的安装位置

一般来说，轿车的蓄电池多安装在发动机舱内或风窗玻璃前的流水槽内，如图 2-18 所示。也有的安装在汽车后备厢侧内或者备胎井内，还有少数蓄电池安装在乘客舱内的座椅下面，如图 2-19 所示。货车安装在车架中前部的左侧或右侧，客车多装在车厢底部。它们都用特制的金属框架和防振垫固定。

图 2-18 蓄电池安装在发动机舱

图 2-19 蓄电池安装在乘客舱座椅

五、免维护蓄电池

汽车免维护蓄电池又称 MF 蓄电池，因其在规定寿命期内不需要补充蒸馏水，且自行放电少，储电保持能力强、极柱腐蚀轻等优点，被广泛应用在汽车上。免维护蓄电池与普通蓄电池相比，运行中只是免去了添加蒸馏水、调整电解液液面的工作，并非免去一切维护工作。其结构如图2-20所示。

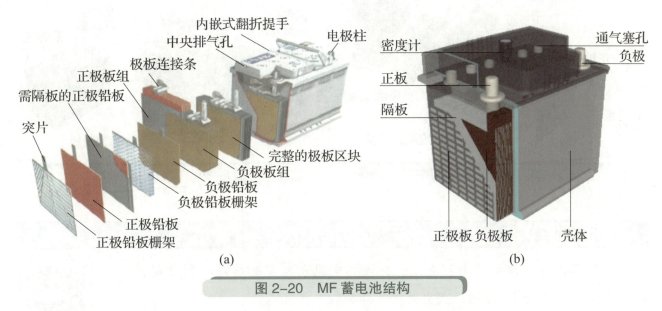

图2-20 MF蓄电池结构

免维护蓄电池通常采用极柱外露的全封闭式外壳，能够有效防止杂质侵入和水分蒸发，MF蓄电池实物图如图2-21所示。由于充电时依然有少量气体从盖上方的中央通气孔溢出，所以设有通气孔塞，维修过程中注意不要遇见明火。免维护蓄电池一般都内置密度计（又称电眼），也有的叫蓄电池状态指示器，如图2-22所示。通过观察电眼的颜色状态可判断蓄电池的技术状况。

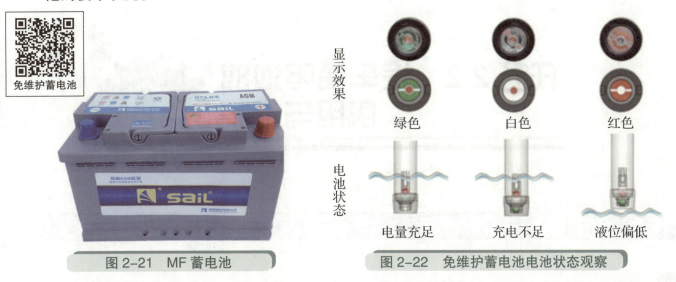

图2-21 MF蓄电池

图2-22 免维护蓄电池电池状态观察

💡提示：汽车用蓄电池必须满足发动机起动需要，即短时间内向起动机提供大电流（汽油机约为200~600 A，柴油机可高达1 000 A），这种蓄电池通常称为起动型蓄电池，如图2-23和图2-24所示。

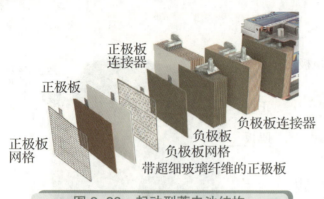

图 2-23 起动型蓄电池结构

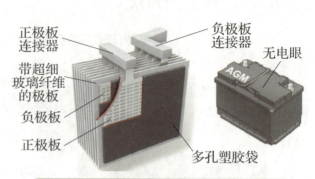

图 2-24 起动型蓄电池

任务小结

1. 汽车电源系统主要由蓄电池、交流发电机及其配套的电压调节器、充电指示灯（或电流表）、线束、点火开关等组成。

2. 汽车常用蓄电池分为普通铅酸蓄电池和免维护蓄电池。

3. 电解液由相对密度为 1.84 g/cm³ 的化学纯硫酸（H_2SO_4）与蒸馏水按一定比例配制而成。

新能源汽车电池

任务 2.2 汽车蓄电池的使用与维护

理论指引

一、汽车蓄电池的使用

蓄电池的性能与使用寿命不仅取决于其结构和质量，而且还与使用条件和维护质量密切相关。加强蓄电池的维护，合理地使用蓄电池，对延长蓄电池的使用寿命特别重要。

1. 蓄电池的充电方法

蓄电池的充电方法：定流充电（恒流充电）、定压充电（恒压充电）及快速脉冲充电。

①定流充电。定流充电指充电电流保持恒定的充电方法。广泛用于初充电、补充充电和去硫化充电等，如图 2-25 所示。

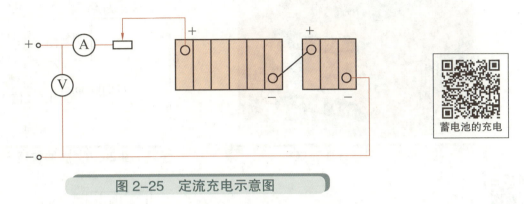

图 2-25　定流充电示意图

定流充电的优点：适用性好，可任意选择和调整充电电流，有益于延长蓄电池的使用寿命。这种充电方式可用于各种不同的蓄电池，如新蓄电池的初充电、去硫充电、补充充电等，均可采用这种方式。

定流充电缺点：充电时间长，且需要经常调节充电电流。

②定压充电。在充电过程中，加在蓄电池两端的电压保持恒定的方法称为定压充电，采用定压充电，充电电压必须适当。过高不但充电初期充电电流过大，而且会发生过充电现象；过低，则充电不足，如图 2-26 所示。

定压充电的优点：一是充电效率高。开始充电 4~5 h 内，蓄电池就能获得 90%~95% 的充电量，因而可大大缩短充电时间。二是操作方便，不易过充电。

定压充电的缺点：由于充电初期电流太大，易造成电解液温升过快、极板弯曲、活性物质

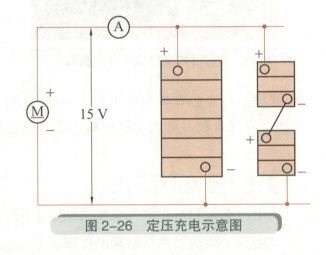

图 2-26　定压充电示意图

脱落，从而影响蓄电池的技术性能和使用寿命。因此，这种方法除在短时间补充充电的情况下，一般很少使用。

③快速脉冲充电。快速脉冲充电必须用快速脉冲充电机进行，如图 2-27 所示。快速脉冲充电过程：先用额定容量 80%~100% 的大电流进行恒流充电，使蓄电池在短时间内充至额定容量的 50%~60%，当单格电池电压升至 2.4 V，开始冒气泡时，由充电机的控制电路自动控制，开始脉冲快速充电。以后的充电过程一直按正脉冲充电—停充—负脉冲瞬时放电—停充—正脉冲充电……的循环过程进行直至充足电，如图 2-28 和图 2-29 所示。连接方式如图 2-30 所示。

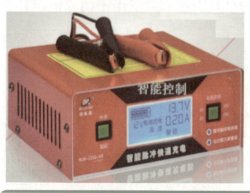
图2-27 快速脉冲充电机

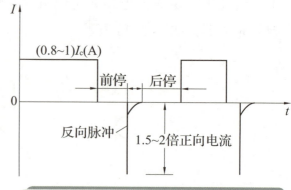
图2-28 脉冲快速充电波形图

交流发电机功用

图2-29 快速脉冲充电机正在为蓄电池充电

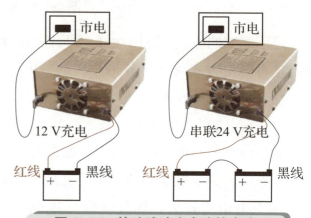
图2-30 快速脉冲充电连接方式

⚠ 注意：在蓄电池与充电机的连接过程中，要小心谨慎，必须蓄电池正极与电源正极相联，蓄电池负极与电源负极相联，禁止接错极性！

2. 蓄电池的正确使用

①电压必须和汽车电气系统的额定电压一致。
②容量必须满足汽车起动的要求，禁止长时间使用起动机。
③最好选用与原厂品牌、规格、容量相一致的产品。
④进行蓄电池充电时，应选择合适的充电方法，不能过充。

蓄电池充放电接近终了的现象和特征

二、汽车蓄电池的维护

蓄电池的日常维护

为了使蓄电池经常处于完好的技术状态，对使用中的蓄电池，应做好下列维护工作：
①观察蓄电池外壳是否有裂纹和电解液泄漏，并做适当处理。
②检查蓄电池的安装是否牢固，电极接线柱与接线连接是否紧固，如图2-31所示。
③经常清除蓄电池上的灰尘、泥土、接线柱和接线端子上的氧化物，通常应涂以保护

剂，如图 2-32 所示。

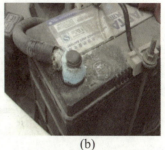

蓄电池的外观检查

(a)　　　　　　　　(b)

图 2-31　检查蓄电池紧固　　　　图 2-32　清除蓄电池上的灰尘和氧化物

④若是普通铅酸蓄电池，应定期检查蓄电池的电解液液面高度，其液面高度应在最高与最低刻度线之间，如图 2-33 所示。保持表面清洁，通气孔畅通。液面高度应在 10~15 mm，如图 2-34 所示。

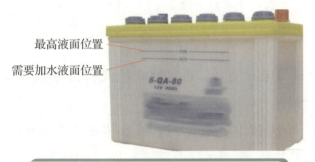
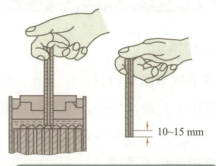

图 2-33　检查蓄电池的液面高度　　　　图 2-34　电解液液面高度检测

电解液密度计的使用

冰点仪的使用

蓄电池的季节性维护

任务小结

1. 蓄电池的充电方法：定流充电（恒流充电）、定压充电（恒压充电）及快速脉冲充电。

2. 蓄电池的充电工艺：初充电、浮充充电、均衡充电。

3. 对于普通铅酸蓄电池在维护时，注意检查电解液面高度以及电解液密度（由专业人员进行）。

安全蓄电池端子

任务 2.3 汽车蓄电池常见故障及检修

理论指引

一、汽车蓄电池的检测

1. 蓄电池的拆卸

①将点火开关置于断开位置,使全车用电设备与电源断开。拆卸时,应先拆蓄电池负极接线柱,后拆蓄电池正极接线柱。装复时按相反顺序。

②在拆卸蓄电池时,带有 ECU 控制的系统,应先读取其故障码。或收集相关系统的密码,防止断电后锁死相关系统。

2. 蓄电池的检测

（1）蓄电池电压检测

起动电压、充电电压测量:将万用表旋转至 20 V 直流电压挡,用红表笔接蓄电池正极,黑表笔接蓄电池负极,在起动瞬间读取电压表读数应在 11 V 左右,如图 2-35 所示。

发动机正常运转 10 min 以后,读取电压表读数应在 14 V 左右,如图 2-36 所示。

图 2-35 起动电压测量

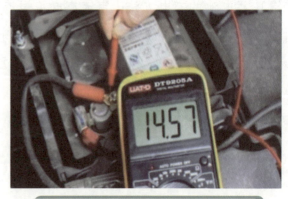

图 2-36 充电电压测量

（2）蓄电池放电电压检测

测量蓄电池放电电压主要用于判断蓄电池的放电程度，以此来判断蓄电池的技术状况。检测时，可用高率放电计或蓄电池检测仪检测，如图2-37所示。

检测时，将高率放电计的正、负放电针分别压在蓄电池的正、负极柱上，保持5 s，如果电压稳定在9.6~10.6 V，说明性能良好，但存电不足，应进行补充充电；如果电压稳定在10.6~11.6 V，说明存电充足；如果电压迅速下降，说明蓄电池有故障，应进行修理或更换。

⚠ **注意**：此项测量不能连续进行，必需间隔1 min后才可以再次测量，测量时间不超过5 s，以防止蓄电池损坏！

另一种蓄电池检测方法可用检测仪，如图2-38所示，是针对汽车蓄电池的工作能力判断的专业分析检测设备。能够精确测量蓄电池两端电压和内阻，并以此来判断蓄电池电池容量和技术状态的优劣。

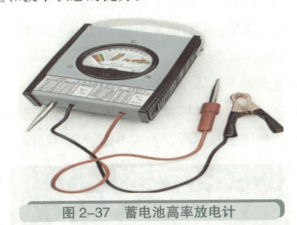

图2-37　蓄电池高率放电计　　　图2-38　蓄电池检测仪

二、汽车蓄电池的常见故障及检修

蓄电池常见的故障可分为外部故障和内部故障。外部故障主要是极柱氧化、壳体碰损、接线端子损坏、电解液泄漏等，一般都可修复。常见内部故障主要有：蓄电池自放电、电解液消耗过快、极板硫化、极板短路等。当出现内部故障时，由于大多汽车用蓄电池均为壳体密封，不易拆解，故出现内部故障时，蓄电池应予以更换新的（注意更换同型号规格容量的蓄电池）。

汽车蓄电池的常见故障

蓄电池的维护与使用

1. 蓄电池亏电无法起动

车辆遇到蓄电池亏电无法起动，最实用的应急处理方法是用一个正常的蓄电池和故障车蓄电池相连，进行跨接起动，如图2-39和图2-40所示。

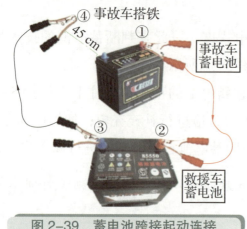 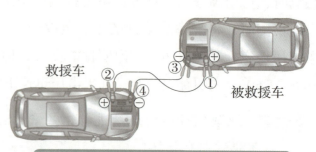

图 2-39 蓄电池跨接起动连接　　　　图 2-40 车载蓄电池跨接起动连接

2. 蓄电池车身漏电

检测车身漏电的方法，一般是将电流表串接在负极电缆中，先把万用表旋转至直流 20 A 挡，如果发现放电电流很小，再转换到直流 mA 挡，黑表笔接蓄电池负极，红表笔接蓄电池负极电缆，这时表中的读数即为车身的漏电量，如图 2-41 所示。

电流表的读数等于或大于 50 mA，说明存在电流泄漏（具体车型会随制造商的不同而标准不一样），如图 2-42 所示，则应在熔断器盒或配电盒找原因，每拆掉一个熔断器，然后观察电流表，如果拆掉某个熔断器时的电流减小，说明拆掉的该熔断器所保护的电路就是问题源。

图 2-41 蓄电池车身漏电检测　　　　图 2-42 漏电电流检测

3. 蓄电池需更换的几种情况

当一个蓄电池出现起动困难故障时，一般通过以下几种情况来判定是否需要更换。

① 使用时间超过两年以上，或超过厂家规定的使用年限；
② 经过反复充电后，仍不能恢复其正常使用性能；
③ 存在严重的自放电现象，例如车辆放置一夜后无法起动；
④ 免维护蓄电池的指示器显示为需更换状态。

⚠ **注意**：在进行蓄电池检测或更换时，切记不要把工具随意摆放到蓄电池上，以免造成蓄电池短路！

项目二 汽车蓄电池的维护与检修

任务小结

1. 在拆卸蓄电池时,带有ECU控制的系统,应先读取其故障码。
2. 蓄电池的检测主要是:电解液面高度、电解液密度、蓄电池起动电压、充电电压及放电电压情况。
3. 蓄电池外部轻微故障可予以修复,但出现内部故障时,可更换同型号规格容量的新蓄电池。

蓄电池能量管理系统

任务情景解读

情景导入中,近期车主反映,车辆隔夜停放后,第二天车辆无法正常起动,现象为起动时起动机运转无力,开启前大灯灯光昏暗,按下喇叭,喇叭声音沙哑。此现象说明蓄电池电量不足,属于亏电状态,需要进行蓄电池充电。由于是就车救援,因此用充满电的蓄电池跨接起动即可,车辆运行正常后,发电机可以给蓄电池充电。若隔夜再次出现上述现象,要查明是否是车辆漏电引起的蓄电池亏电,若是蓄电池本身问题,则予以更换同型号规格容量的蓄电池。

 匠心课堂

坚守二十余载 用创新托起"智造中国"

穿上一身红工装,他是一名工模具钳工高级技师;换上便装,他是集诸多荣誉于一身的最牛工人;走进生产车间,他手中的量具是最好的发声工具;走上演讲舞台,"工匠精神"是他身上最耀眼的标签。他就是盛保柱,轻型商用车制造公司轻卡一厂工模具钳工技能大师。

通向"工匠"的道路没有捷径,每一个人的起点也并无二致,我们心怀把大海煮开的梦想,更应有一杯一杯去煮的勇气和行动,把一个岗位站住、站牢,将一份责任握紧、握实,潜心"修炼"才能在发展的浪潮中经受住洗礼。

项目三
汽车交流发电机的使用与检修

任务情景导入

　　一辆别克威朗轿车，行驶了5万km，近期客户反映夜间行驶时，出现前照灯明显忽明忽暗现象。蓄电池前期更换过。经检查蓄电池正常，无亏电状态，进一步检查电源系统，怀疑发电机调节器故障，用检测设备对调节器进行试验，确认调节器功能异常。更换新的发电机后，此故障现象消失。此事例中是由于充电系统电压调节器失效，造成瞬间电压过高过低，出现上述现象。电源系统中电压调节器又承担着怎样的角色？作为汽车维修人员如何正确地判断故障并予以排除呢？通过交流发电机相关知识的学习就会得到答案。

任务描述

　　汽车有蓄电池和交流发电机两个电源，蓄电池的电量是有限的，不能满足汽车长时间供电需求。在发动机正常工作的情况下，交流发电机是汽车的主要电源，交流发电机工作不良会引起电源系统故障。为掌握电源系统的检修方法，必须了解交流发电机结构和工作原理，学会交流发电机的拆装、检修以及交流发电机相关线路故障的检测。

学习目标

知识目标

1. 了解交流发电机的功用和分类；
2. 熟悉交流发电机的组成与工作原理；
3. 熟悉电压调节器的工作原理及作用。

项目三　汽车交流发电机的使用与检修

能力目标

1. 能正确分析电源系统电路图；
2. 能正确对交流发电机中的主要部件进行检测；
3. 掌握电源系统故障原因及诊断方法。

情感素养目标

1. 树立安全意识、效率意识、规范意识；
2. 培养较强的动手操作能力；
3. 培养严谨细致的工作态度和工匠精神。

任务 3.1　交流发电机结构原理认知

理论指引

一、概述

当今汽车的电子装置日益增多，使得电源供电系统变得越来越重要。各种电控系统能否正常工作完全取决于汽车行驶时蓄电池充电情况及交流发电机产生的电流大小。

1. 交流发电机的功用

交流发电机与蓄电池协同工作，共同构成汽车电源系统。交流发电机与电压调节器配合工作，其主要功用是在发动机正常运转时（怠速以上），向所有用电设备（起动机除外）供电，同时向蓄电池充电，如图 3-1 所示。

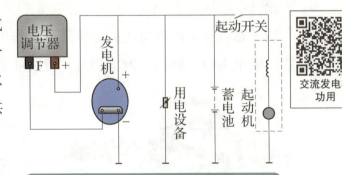

图 3-1　交流发电机功用

2. 交流发电机分类

汽车所使用的发电机多为交流发电机，其种类繁多，分类方法也很多，主要有以下几类。

① 普通交流发电机。它指无特殊装置和特殊功能的汽车交流发电机，如图 3-2（a）所示。

②整体式交流发电机。它指内装电子调节器的交流发电机,如图3-2(b)所示。

③无刷交流发电机。它指无电刷和滑环结构的交流发电机,如图3-2(c)所示。

(a)

(b)

(c)

转子工作原理

汽车交流发电机的结构原理

图3-2 交流发电机的类型

(a)普通交流发电机;(b)整体式交流发电机;(c)无刷交流发电机

二、交流发电机的结构认知

普通交流发电机主要由转子总成、定子总成、整流器、电刷和电刷架、前后端盖以及带轮、风扇等部件组成,如图3-3和图3-4所示。

图3-3 交流发电机

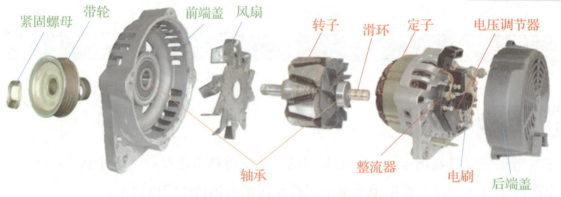

交流发电机分解图

图3-4 交流发电机分解图

1. 转子总成

转子总成是交流发电机的磁场部分,作用是产生磁场,如图3-5所示。转子总成主要由两块低碳钢爪磁、磁轭、磁场绕组、转子轴和滑环等组成,如图3-6所示。

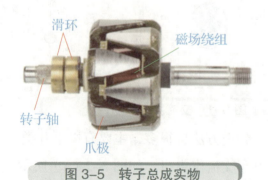

图3-5 转子总成实物

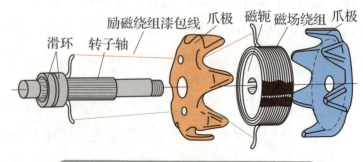

图3-6 转子总成结构

当两集电环（滑环）通入直流电时（通过电刷），磁场绕组中就有电流通过，并产生轴向磁通，使爪极一块被磁化为 N 极，另一块被磁化为 S 极，从而形成六对相互交错的磁极。当转子转动时，就形成了旋转的磁场。

2. 定子总成

定子总成也称电枢，由定子铁芯和定子绕组组成，如图 3-7 所示。定子用于切割磁力线产生电流，作用是产生三相交变电动势。

当转子转动时，定子线圈切割旋转磁场的磁力线而产生三相交流电动势。三相绕组的连接方法可以分为星形（Y 形）连接和三角形（△形）连接两种，如图 3-7 和图 3-8 所示。

图 3-7　定子总成及表示形式　　　　图 3-8　定子总成三角形接法及表示形式

星形连接在发电机低速旋转时也能发出足够的电量，所以被广泛用在汽车硅整流发电机上。三角形连接的优点是发电机内部损失小，在高转速时能产生较大的输出电流，因而主要用在高转速时要求有高输出功率的交流发电机上。为保证电枢三相绕组产生大小相等、相位差为 120°的对称电动势，每相绕组的线圈个数和每个线圈的匝数应完全相等。

3. 整流器

整流器的作用是把交流发电机产生的三相交流电转变成直流电输出，整流器一般由 6 只整流二极管和散热板组成，如图 3-9 和图 3-10 所示。

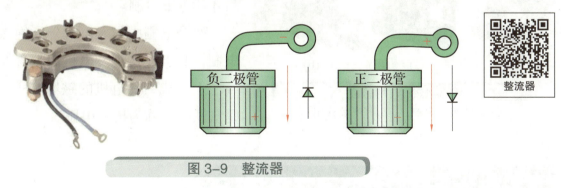

图 3-9　整流器

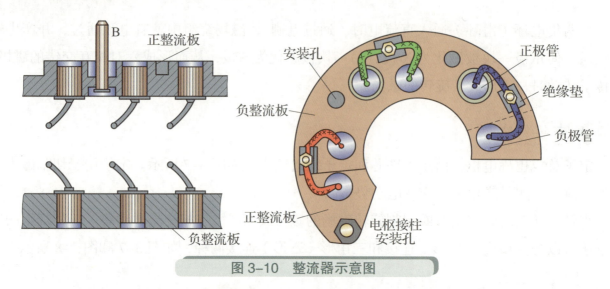

图 3-10 整流器示意图

交流发电机用的整流二极管分为正极二极管和负极二极管两种,如图 3-11 所示。3 只正极二极管的外壳压装或者焊接在铝合金散热板的 3 个孔中,共同组成发电机的正极。由固定散热板的螺栓通至外壳外(元件板与外壳绝缘),作为交流发电机的输出接线柱"B"接线柱(也有标"+"或"电枢"字样)。负极二极管的中心引线为负极,外壳为正极,管壳底部一般有黑字标记。3 只负极二极管的外壳压装或焊接在另一散热板上(此板与后端盖相接),或者直接压装在后端盖的 3 个孔中,和发电机的外壳共同组成发电机的负极。

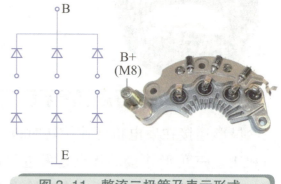

图 3-11 整流二极管及表示形式

4. 电刷及电刷架

电刷的作用是通过滑环给励磁绕组提供电流。在后端盖内装有两只电刷,装在电刷架中的导孔内,借助弹簧的弹力与滑环保持接触,如图 3-12 所示。电刷架有两种形式:一种是外装式,从发电机的外部拆下电刷弹簧盖板即可拆下电刷;另一种是内装式,需拆开发电机后才能拆下电刷。

两个电刷中与发电机外壳绝缘的称为绝缘电刷,其引线接到发电机后端盖外部的接线柱"F"上,成为发电机的磁场接柱。另一个电刷是搭铁的,称为搭铁电刷。

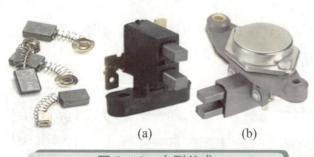

图 3-12 电刷总成
(a)外装式电刷;(b)内装式电刷

三、交流发电机的工作原理

交流发电机产生交流电的基本原理是电磁感应原理,如图 3-13 所示。发动机工作时转子线圈中有电流通过，产生磁场，安装于转子轴上的两块爪极被磁化为 N 极和 S 极。转子旋转，磁极交替穿过定子铁芯，形成一个旋转磁场，它与固定的三相定子绕组之间产生相对运动，于是在三相定子绕组中便产生三相交流电流（电动势）。

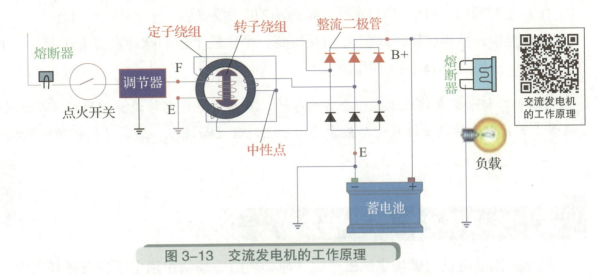

图 3-13　交流发电机的工作原理

发电机产生的三相交流电流，经整流器后变为直流电流，然后向汽车用电设备供电，同时为蓄电池充电。

四、交流发电机的整流原理

整流原理利用二极管具有单向导电特性，当给二极管加上正向电压（正极电位高于负极电位）时，二极管导通；当给二极管加上反向电压（正极电位低于负极电位）时，二极管截止，如图 3-14 所示。

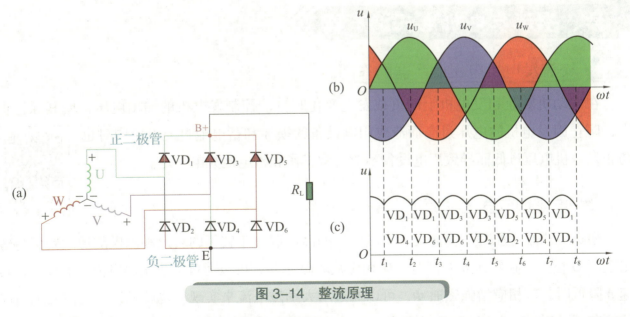

图 3-14　整流原理

在 $t_1 \sim t_2$ 时间内，U 相的电压最高，V 相的电压最低，故 VD_1、VD_4 处于正向电压下而导通，

负载 R_L 两端得到的电压为 U_{UV}。

在 $t_2 \sim t_3$ 时间内，U 相的电压最高，W 相的电压最低，故 VD_1、VD_6 处于正向电压下而导通，负载 R_L 两端得到的电压为 U_{UW}。

在 $t_3 \sim t_4$ 时间内，VD_3、VD_6 导通，R_L 两端的电压为 U_{VW}。

以此类推，循环反复，就在 R_L 两端得到一个比较平稳的脉冲直流电压 U_L，1 个周期内有 6 个波形，如图 3-14（c）所示。

> ⚠ **注意**：二极管只允许电流朝一个方向导通，有些交流发电机还会使用 6 只以上的整流二极管，若蓄电池的极性接反，二极管将由于电流过大而烧毁，造成发电机功能损坏。

其他形式的整流原理

五、交流发电机的励磁方式

汽车交流发电机的磁场靠励磁产生，即必须给磁场绕组通电才会有磁场产生，称为励磁（也成激磁），如图 3-15 所示。交流发电机的励磁方式有两种形式：一是发动机转速低时，采用蓄电池供电，称为他励；当发电机转速达到一定值后，发电机电压达到蓄电池电压，由发电机自己供给励磁电流，称为自励。

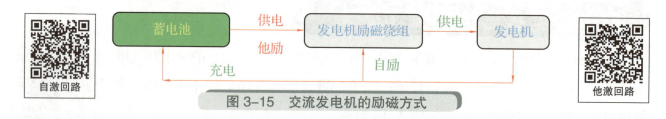

图 3-15 交流发电机的励磁方式

六、交流发电机电压调节器

1. 交流发电机电压调节器的作用

在发动机转速和发电机上的负载发生变化时自动控制发电机的输出电压，使其保持恒定，防止因发电机的电压过高而造成用电设备的损坏和蓄电池过充电，同时也防止发电机电压过低而导致用电设备不能正常工作和蓄电池充电不足。

2. 电压调节器工作原理

根据电磁感应原理，交流发电机端电压的高低取决于转子的转速和磁极磁通。要保持输出电压 U 恒定，在转速 n 升高时，应相应减弱磁通 Φ，可以通过减小励磁电流来实现；在转速 n 降低时，应相应增强磁通 Φ，可以通过增大励磁电流来实现。也就是说，交流发电机电压调节器是通过动态调节励磁电流的大小来实现发电机输出电压的稳定的。

3. 电压调节器的控制类型

（1）晶体管式电压调节器

晶体管式电压调节器是利用晶体管的开关特性来控制发电机的励磁电流，使发电机的输出电压保持稳定的，如图3-16所示。14 V电压调节器的调压值一般为13.5~14.5 V，28 V电压调节器调压值一般为27~29 V。

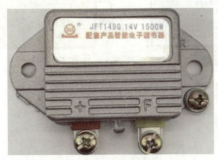 

汽油机交流发电机调节器(14 V)　　柴油机交流发电机调节器(28 V)

图3-16　晶体管式电压调节器

（2）集成电路式电压调节器

集成电路式电压调节器也称IC电压调节器，如图3-17所示。基本工作原理与晶体管电压调节器完全一样，都是根据发电机的电压信号（输入信号），利用晶体管的开关特性控制发电机的励磁电流，进而实现稳定发电机输出电压的目的。

电子式电压调节器　　　　　　　　　　　　　电压调节器

图3-17　集成电路式电压调节器

（3）带有蓄电池温度传感器的发电机电压调节器

将温度传感器安装在蓄电池底部，通过线束与电压调节器相连。利用实时的温度信号调整充电电压的大小，以保证在该温度下蓄电池获得最佳的充电效果，如图3-18所示。

（4）利用车载计算机直接控制发电机输出电压

车载计算机可直接控制发电机磁场绕组的励磁电流，进而实现对发电机输出电压的控制。

该系统通过占空比方式，由车载计算机以每秒400个脉冲的固定频率向磁场提供脉冲励磁电流，通过改变励磁电流通与断的时间，得到正确的励磁电流平均值，从而使发电机发出适当的输出电压，如图3-19所示。

图3-18 带有温度传感器的发电机电压调节器

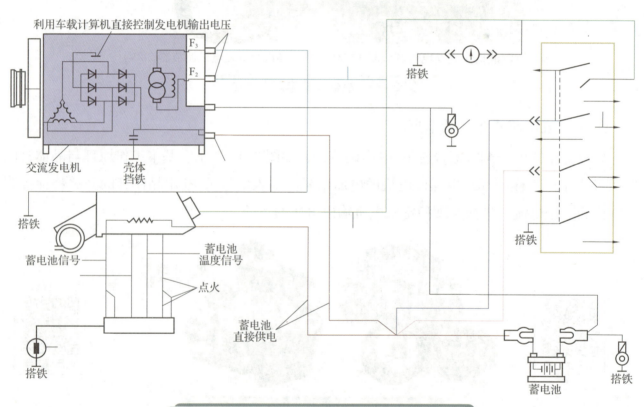

图3-19 车载计算机直接控制发电机输出电压

任务小结

1. 交流发电机主要由转子、定子、整流器、电压调节器及前后端盖等组成。
2. 交流发电机的励磁方式为先他励，后自励。
3. 利用车载计算机直接控制发电机输出电压能精确地处理充电效率。
4. 交流发电机的整流原理是利用二极管具有单向导电特性。

无刷交流发电机

任务 3.2 汽车电源系统典型电路分析

理论指引

一、充电指示灯控制电路

目前,国内外许多汽车的仪表上都装有充电指示灯,以指示发电机的工作情况。但由于控制方式不同,显示的意义也有所不同,如图 3-20 所示。大多数汽车是接通点火开关时,充电指示灯亮,而发动机起动后,交流发电机工作正常时,充电指示灯熄灭。发动机正常工作时,充电指示灯不熄灭或突然发亮,则表示充电系统有故障。

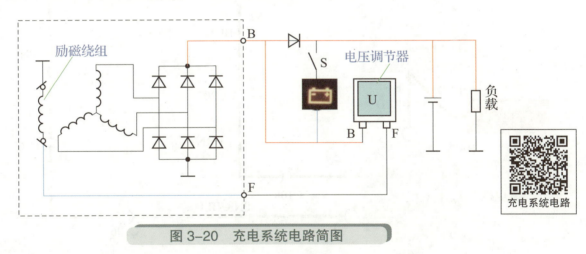

图 3-20 充电系统电路简图

接通点火开关,蓄电池正极→点火开关 S→充电指示灯→调节器 B→磁场端子 F→励磁绕组→搭铁蓄电池负极。充电指示灯点亮。当发电机转速升高,输出电压超过蓄电池电压时,发电机自励,充电指示灯因两端电压差趋于零而熄灭。

二、部分品牌汽车电源系统电路

① 通用车系汽车电源系统电路如图 3-21 所示。

电路分析:发电机输出电压通过起动机主接线柱给用电设备供电和给蓄电池充电,充电电路为:发电机→起动机电磁线圈 B+→蓄电池→接地线。

"F"接线柱为电压调节器供电电路：点火开关位于 ON 或 ST 挡时，蓄电池正极→点火开关→10 A 熔断器 F2→发电机 F 端。

充电指示灯电路：点火开关位于 ON 或 ST 挡时，蓄电池正极→点火开关→10 A 熔断器 F4→仪表板组合仪表充电指示灯→发电机"L"端。此电路控制充电指示灯的亮与灭。

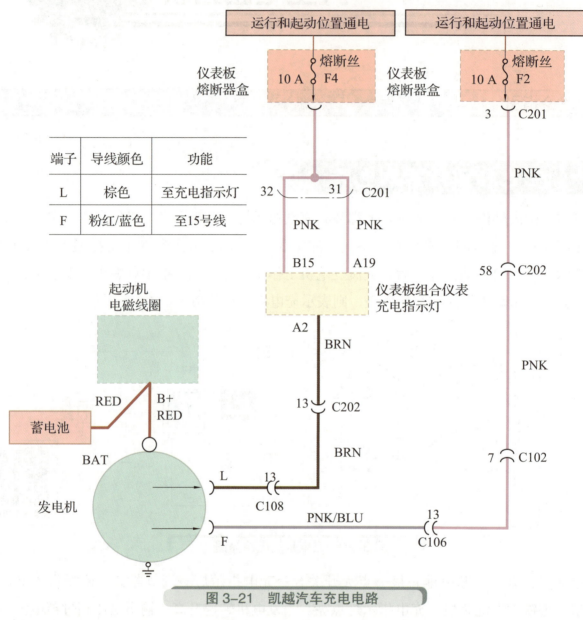

图 3-21 凯越汽车充电电路

②现代索纳塔汽车充电电路如图 3-22 所示。

电路分析：

发电机 L 端为充电指示灯电路：蓄电池→继电器盒丝 40 A→EM11 插接器的 9#→M03 插接器的 5#→点火开关的 ON 挡→M03 插接器的 4#→插接器 1/P-E 的 14#→1/P-G 的 5#→仪表盘插接器 M08 的 29#→充电指示灯→L 端子。当交流发电机电压高于蓄电池电压时，充电指示灯熄灭。

充电电路为：发电机 E63 的 1#→蓄电池盒内的熔断器 ALT 15 A 熔断丝→蓄电池正极。

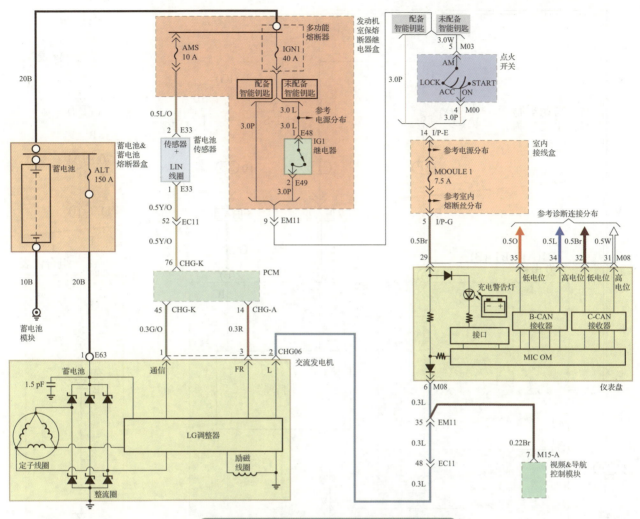

图 3-22 现代索纳塔汽车充电电路

③丰田卡罗拉充电系统电路如图 3-23 所示。

充电指示灯控制。电路为：蓄电池电压→7.5 A 仪表熔断丝—组合仪表 33 接线柱→仪表内部充电指示灯→组合仪表 39 接线柱→发电机 B4（L）端。发电机电压高于蓄电池电压时充电指示灯熄灭。

接通点火开关但未起动发动机时，蓄电池通过"IG"端子给 IC 调节器提供电源。电路为：从点火开关来的电压→10 A 2 号 ECU-IG 熔断丝→发电机 B2（IG）端子。

充电电路为：发电机 A1 端→120 A ALT→FL 主熔断丝 3.0W→蓄电池→蓄电池接地点→发电机接地点，给蓄电池充电。

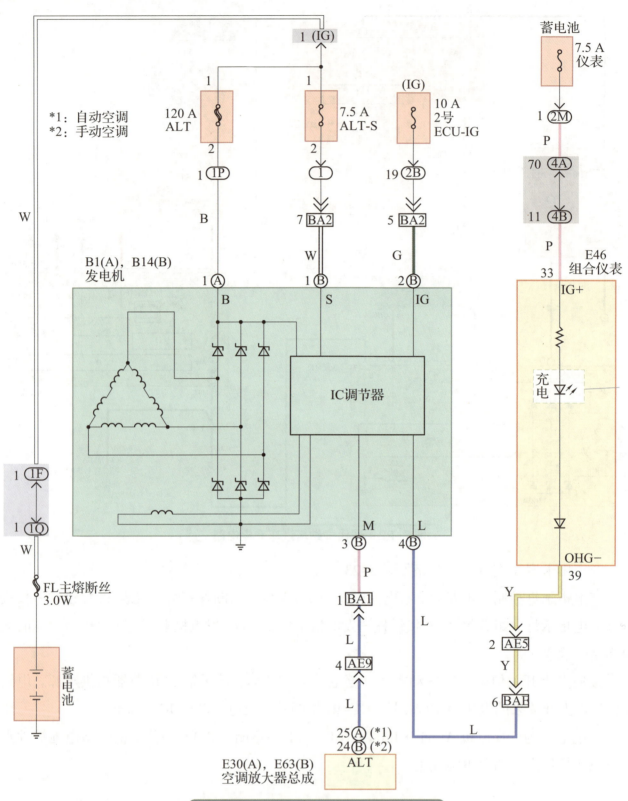

图 3-23 丰田卡罗拉充电系统电路

④大众朗逸充电系统电路如图3-24所示。

发电机的DFM接线端以脉宽调制的方式,向发动机控制单元反馈自己当前转速下的负荷。发动机控制单元通过负荷数据来调整发动机转矩和转速,从而调节发电机的输出电压。发电机为整体式外搭铁型,当起动发动机或发动机正常运转时,充电系统工作。其充电回路为交流发电机B+端子→熔断丝SA1→蓄电池正极→蓄电池→蓄电池负极→电路2搭铁→电路10→发电机负极。

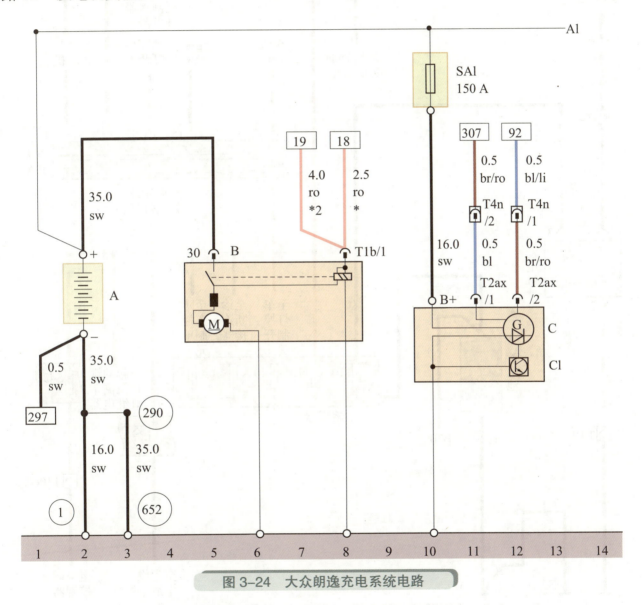

图3-24 大众朗逸充电系统电路

⑤大众捷达充电系统电路图如图3-25所示。

电路分析:当起动发动机或发动机正常运转时,充电系统工作。当起动发动机或发动机正常运转时,充电系统工作。蓄电池正极→主熔断器盒110 A熔断丝→发电机3端子→发电机1端子→至组合仪表→充电指示灯点亮。当发电机电压高于蓄电池电压时,指示灯熄灭。

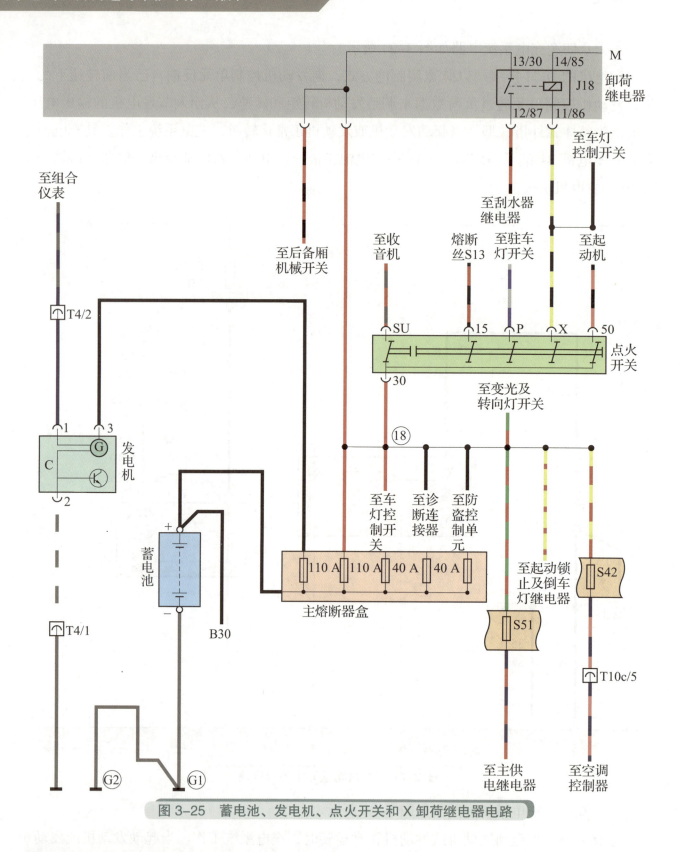

图 3-25 蓄电池、发电机、点火开关和 X 卸荷继电器电路

三、汽车电源管理系统

随着汽车技术的不断发展，车辆上应用的电子和电气部件数量在不断增加，为车载电源的供电提出了更高要求，传统的中央继电器盒模式已经难以适应中高档车的供电要求。因

此，新型的车载电网管理系统应运而生。

车载电网管理系统主要由熔断器盒、继电器盒和中央电气系统控制单元等组成，如图3-26所示。

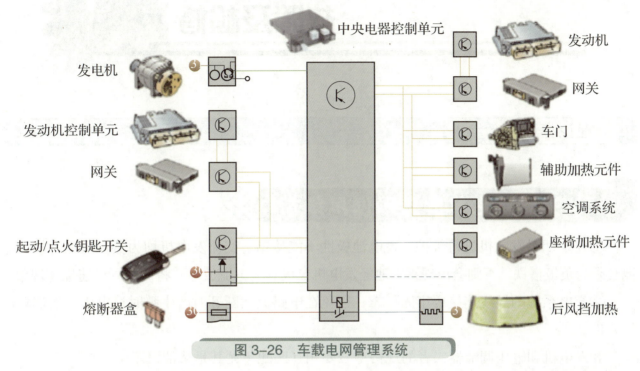

图 3-26　车载电网管理系统

为了确保蓄电池有足够的电能使发动机顺利起动和正常运转，控制单元会根据发动机转速、蓄电池电压和发电机的 DF 端子负载信号的数据进行评估。在保证安全行驶的前提下，适当地关闭舒适功能的用电设备。

任务小结

1. 交流发电机端子符号含义："B"或"B+"（或"+"A+）表示电压输出端，即为正极。"E"或表示负极搭铁或接地。"F"表示励磁接线（磁场）。"N"表示中性点，用于控制部分继电器。"D+"表示充电指示灯控制端。"L"为充电指示灯接线端子。"IG"点火开关接线柱，一般通过此线来控制交流发电机的工作。

2. 接通点火开关时，充电指示灯亮，而发动机起动后，交流发电机工作正常时，充电指示灯熄灭。

3. 晶体管调节器分为内搭铁和外搭铁两种形式。

新能源汽车电池管理系统

任务 3.3 汽车电源系统常见故障及检修

理论指引

一、交流发电机的正确使用维护

①要定期对发电机进行维护，蓄电池极性不能接错。交流发电机均为负极搭铁，故蓄电池必须为负极搭铁，否则会出现蓄电池经发电机二极管大电流放电、将二极管迅速烧坏现象。

②充电系统的导线连接要牢固可靠，以免在电路突然断开时产生瞬时过电压，而烧坏电气元件。

③发电机和电压调节器二者的规格型号要相互匹配（尤其是柴油汽车）。

④发电机运转时，禁止采用将发电机电枢接线柱与搭铁接线柱短路的方法检查发电机是否发电。否则会使二极管烧坏或烧坏保险及线路。

⑤经常检查发电机V形带的张紧程度和损坏程度，发电机V形带与带轮的啮合情况。

二、交流发电机的检测

1. 交流发电机的不解体检测

①检查V形带外观。

用肉眼观看有无裂纹或磨损现象，如有此现象应更换。驱动皮带的外观检查如图3-27所示。检查驱动带的挠度。用100 N的力压在带的两个传动轮之间，新带挠度为5~10 mm，旧带为7~14 mm。检查皮带张力示意，如果挠度过大应进行调整或更换驱动带。

②发电机导线连接的检查、发电机噪声的检查、检查是否发电。

③测量各接线柱之间的电压值。

用万用表测量B+端子和E之间的电压，应在13~14.8 V，如图3-28所示。

项目三 汽车交流发电机的使用与检修

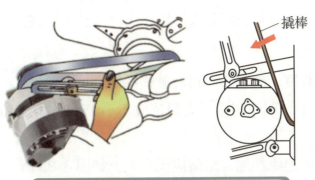

图 3-27 检查 V 形带外观

图 3-28 交流发电机的发电量检测

用万用表测 F 与 E 端子之间的电阻值,如表 3-1 所示。若交流发电机有中性节点(N)接线柱,可用万用表二极管挡,测 N 与 E、N 与 B 的数值。

表 3-1 各接线柱之间的参考值

交流发电机型号		F 与 E 之间 /Ω	B 与 E 之间 /mV		N 与 E 之间 /mV	
			正向	反向	正向	反向
有刷	JF13、JF15、JF21	5~6	500~700	∞	500~700	∞
	JF22、JF23、JF25	19.5~21				
无刷	JFW14	3.5~3.8				
	JFW28	15~16				

2. 交流发电机的关键部件检测

（1）转子总成检测

①目视检查。检查滑环变脏或烧蚀的程度,如图 3-29 所示。旋转时滑环和电刷接触,使电流产生。电流产生的火花会产生脏污和烧蚀。

②滑环的检查。使用万用表检查滑环之间是否导通,如图 3-30 所示。

③检查滑环和转子之间的绝缘,如图 3-31 所示。

图 3-29 滑环清洁

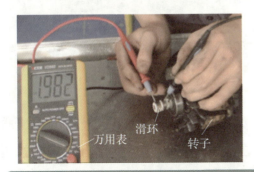

图 3-30 滑环导通检测

图 3-31 滑环搭铁检测

应当说明的是：转子总成属于一个单元体，任何某一部分损坏后，应更换转子总成。

（2）定子总成的检测

①目视检查。检查定子总成变脏或烧蚀的程度，漆包线不得有破损的地方。

②用万用表分别测量线圈两端之间的电阻值，两两测量。其阻值应不小于1Ω，若阻值不符，则说明定子绕组断路，如图3-32所示。

③用万用表分别测量各绕组间与定子铁芯的绝缘性能，阻值应无穷大，如图3-33所示。

图3-32 定子断路检测

图3-33 定子搭铁检测

应当说明的是：定子总成属于一个单元体，任何某一部分损坏后，应更换同型号规格的发电机。

（3）电刷组件的检测

电刷与电刷架应无破损或裂纹，电刷在电刷架中应能活动自如，不得出现卡滞现象。如图3-34所示。电刷长度是指电刷露出电刷架的长度，又叫电刷高度。如不符合规定值，应予以更换同型号规格的电刷组件。

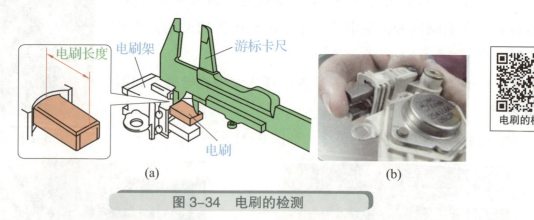
图3-34 电刷的检测

（4）整流器总成的检测

整流器总成的检测主要是检测整流器二极管，如图3-35所示。当二极管的引出端头与定子绕组的引线端子拆开后，即可用万用表对每只二极管进行检测。使用万用表的二极管测试模式。若有某一二极管损坏，直接更换同型号规格的整流器总成。

（5）电压调节器的检测

由于电压调节器属于集成电路式且都已封装，因此不易解体检查，应就车检查，起动发动机，使其运转正常，然后使发动机加减速，用万用表测量输出电压是否稳定，如图3-36所示。

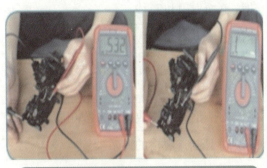

图3-35 整流器总成的检测

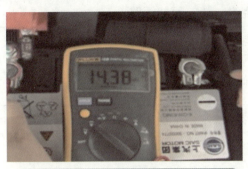

图3-36 电压调节器的检测

电压调节器的检测

三、汽车电源系统常见故障及排除

汽车电源系统的故障可根据车上电流表（柴油机汽车）或充电指示灯的工作情况反映出来。汽车电源系统有故障时，应及时进行检修来排除故障，以免造成更大的损失。

诊断汽车电源系统故障时，应综合考虑整个系统各部分之间的关系，仔细阅读说明书和线路图，按照一定的检查步骤逐步找出故障点。

汽车电源系统常见故障及排除方法如表3-2和表3-3所示。

表3-2 交流发电机不充电故障及排除方法

故障部位		故障原因	排除方法
风扇皮带		过松或断裂	调整或更换
电流表或指示灯		损坏	更换
发电机	定子绕组	断路或搭铁	建议更换发电机总成
	励磁绕组	断路或搭铁	建议更换发电机总成
	滑环或碳刷	滑环严重烧蚀、脏污或裂纹，碳刷过度磨损、卡滞	机加工修复、更换碳刷总成
	整流器	二极管损坏	建议更换整流器总成或发电机总成
调节器		晶体管调节器损坏	更换同型号规格的调节器
外部线路		断路或接线柱松脱	重新更换同型号规格的线路、拧紧接线柱

表 3-3　交流发电机充电电流过小故障及排除方法

故障部位		故障原因	排除方法
风扇皮带		张紧度不够	按要求张紧
发电机	定子绕组	匝间短路	建议更换发电机总成
	励磁绕组	匝间短路	建议更换发电机总成
	滑环或碳刷	滑环严重烧蚀、脏污或裂纹，碳刷磨损不均、接触不良	可用细砂纸打磨滑环、更换碳刷及碳刷弹簧
	整流器	个别二极管损坏	建议更换整流器总成或交流发电机总成
	调节器	晶体管调节器损坏	更换同型号、规格的调节器
外部线路		接线柱松动或接触不良	拧紧接线柱

应当说明的是，由于现代交流发电机采用新技术新工艺，集合程度高，若判断是交流发电机内部总成故障，为提升维修效率，采用直接更换同型号规格的交流发电机。

任务小结

1. 要定期对发电机进行维护，蓄电池极性不能接错。发电机和电压调节器二者的规格型号要相互匹配（尤其是柴油汽车）。

2. 拆卸交流发电机前，应对 ECU 等元件内保存的信息做一个记录，防止锁死某些应用系统。

3. 汽车电源系统的故障可根据车上电流表（柴油机汽车）或充电指示灯的工作情况反映出来。

双电池电源系统

任务情景解读

别克威朗电源系统装有新型交流发电机电压调节器，采用了数字化控制技术调节励磁电流，实际以 400 Hz 频率脉冲控制励磁电流大小。电压调节器控制交流发电机电压输出的稳定性，但由于电压调节器控制失效，励磁电流大小与电压调节器发送给转子的电流脉冲信号不匹配，造成了其输出电压忽大忽小。便出现了客户反映夜间行驶时，出现前照灯明显忽明忽暗现象。电压调节器集成在交流发电机内部，不便解体更换。为提高维修效率，经与客户沟通后，更换同型号规格的交流发电机一台。更换新的发电机后，试车此故障现象消失。电源系统运转正常。

 匠心课堂

"金牌工人"许振超

　　许振超，山东港口青岛港前湾集装箱码头公司固机高级经理。只有初中文化的他，以爱岗敬业、无私奉献的主人翁精神，艰苦奋斗、努力开拓的拼搏精神，与时俱进、争创一流的创新精神，团结协作、互相关爱的团队精神，干一行、爱一行、精一行，在平凡的岗位上做出了不平凡的业绩，被誉为"金牌工人"。

　　"我们在20世纪80年代时有两个梦想：一是集装箱年吞吐量达到100万标准箱，二是装卸效率世界第一。20世纪90年代中期，我们就实现了第一个梦想。2003年，我们的装卸效率实现了世界第一！这个效率后来又被工友们屡次刷新。"许振超说，"做就要做第一，做第二也是落后，也是跟着别人跑。"

项目四
汽车起动系统的使用与检修

任务情景导入

一辆别克威朗轿车，行驶 16 万 km，接通点火开关起动车辆时，客户反映该车起动时起动机不转。维修人员用外接蓄电池进行起动，起动机仍不能正常工作。拖回维修厂后进一步检查，用高率放电计对蓄电池进行检测，确认蓄电池正常。如何诊断起动机不转这一故障呢？假如是起动机的故障，又该怎样对其进行检修呢？

任务描述

发动机必须依靠外力带动曲轴旋转后，才能进入正常工作状态，通常把汽车发动机曲轴在外力作用下，从开始转动到怠速运转的全过程，称为发动机的起动。因此，汽车起动系统担任着重要的起动任务。汽车起动系统主要由起动机及其控制电路组成。起动系统的主要作用就是起动发机，在满足发动机正常起动所需的条件下，起动系统的工作时间通常在 3~5 s。起动系统常见故障有起动机不转、运转无力或空转等。为了掌握起动系统的检修方法，必须了解起动机的作用和类型，掌握串励直流起动机的结构和工作原理以及学会起动机的拆装、检修和安装操作方法。

学习目标

知识目标

1. 了解汽车起动系统的组成和功用；
2. 了解起动机的工作过程；
3. 熟悉起动机的控制电路。

能力目标

1. 掌握起动机的拆装、性能检测方法；

2. 能对起动机的技术状况进行正确检查；

3. 能对起动系统的常见电路进行初步的识读分析，并能对起动系统常见电路的故障进行诊断与排除。

情感素养目标

1. 树立安全意识、效率意识、规范意识；

2. 培养较强的动手操作能力；

3. 培养严谨细致的工作态度和大国工匠精神。

任务 4.1　起动机结构原理认知

理论指引

一、汽车起动系统概述

起动机的作用是将蓄电池的电能转变为机械能，驱动发动机使其起动。发动机起动之后，起动机便立即停止工作。发动机常用的起动方式有人力起动、辅助汽油机起动和电力起动机起动。现代车辆都已采用电力起动机起动。电力起动机起动方式是由直流电动机通过传动机构将发动机起动，电力起动机是采用装有电磁开关的电动机作为起动动力的。电力起动机具有操作简单、体积和质量小、安全可靠、起动迅速并可重复起动等优点，一般将这种电力起动机简称为起动机。起动机安装在汽车发动机飞轮壳前端的座孔上并用螺栓紧固，如图4-1所示。其实物图如图4-2所示。

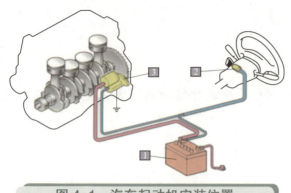

图4-1 汽车起动机安装位置

图4-2 起动机实物图

二、汽车起动系统的组成及分类

1. 起动系统的组成

现代汽车起动系统一般由蓄电池、起动机和起动控制电路等组成,如图4-3所示。其中起动控制电路又包括起动按钮或开关、起动机电缆、起动继电器等。

起动机在点火开关或起动按钮的控制下,将蓄电池的电能转化为机械能,通过飞轮齿环带动发动机曲轴转动。为增大转矩,便于起动,起动机与曲轴的传动比要求:汽油机一般为13~17,柴油机一般为8~10。

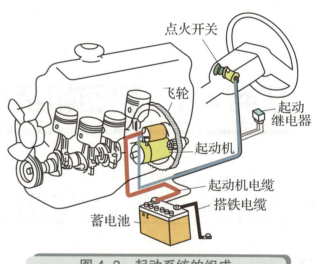

图4-3 起动系统的组成

> **注意**:对起动系统的基本要求:
>
> ①起动机的功率应和发动机起动所必需的功率相匹配,以保证起动机产生的电磁力矩大于发动机的起动阻力矩,带动发动机以高于最低起动转速的转速运转。
>
> ②蓄电池的容量必须和起动机的功率相匹配,保证为起动机提供足够大的起动电流和必要的持续时间。
>
> ③起动电路的连接要可靠,起动主电路导线电阻和接触电阻要尽可能小,一般都在0.01Ω以下。因此,起动主电路的导线截面积比普通的导线大得多,并且连接要非常牢固、可靠。
>
> ④发动机起动后,起动机小齿轮自动与发动机飞轮退出啮合或滑转,防止发动机带动起动机运转。

2. 起动机的分类

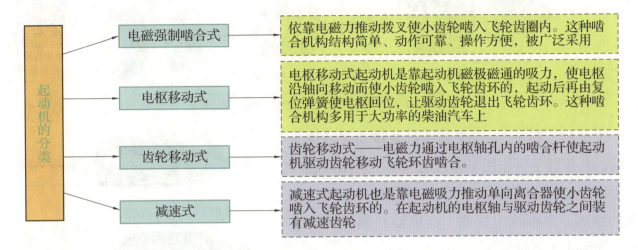

三、汽车起动机结构认知

汽车起动系统的核心部件——起动机，如图 4-4 所示，由直流电动机、控制机构（操纵机构）和传动机构三大部分组成。

图 4-4　起动机的组成

1. 直流电动机

根据磁场绕组和电枢绕组连接方式的不同，直流电动机可分为并励、串励和复励 3 种形式。为了获得较大的起动转矩，一般均采用串励直流电动机，串励是指电枢绕组与磁场绕组串联。由于串励直流电动机工作电流大、转矩大、工作时间短（一般为 5~10 s），因此要求零件的机械强度高，电路电阻小。

串励直流电动机的构造

串励直流电动机主要由电枢（转子）、磁极（定子）、电刷与电刷架、机壳、端盖等部件构成，如图 4-5 所示。实物图如图 4-6 所示。

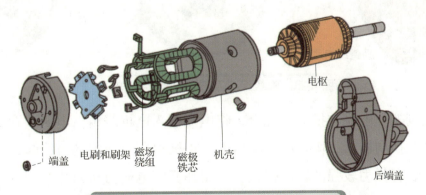

图 4-5　串励直流电动机的结构

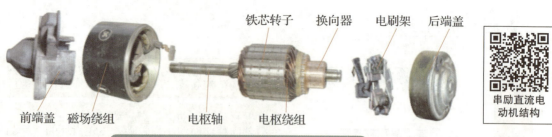

图 4-6 串励直流电动机结构实物

①电枢（转子）。直流电动机的转动部分称为电枢，又称转子。作用是通入电流后，在磁极磁场作用下产生电磁转矩。转子由外圆带槽的硅钢片叠成的铁芯、电枢绕组线圈、电枢轴和换向器等组成，如图 4-7 所示。

电枢绕组各线圈的端头焊接在换向器的换向片上，通过换向器和电刷将蓄电池的电流引进，并适时地改变电枢绕组中电流的方向。

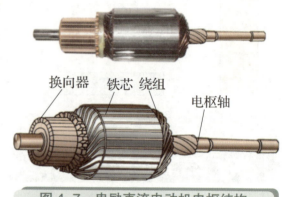

图 4-7 串励直流电动机电枢结构

为了获得足够的转矩，通过电枢绕组的电流一般为汽油机 200~600 A，柴油机达 1 000 A 以上。因此，电枢绕组用很粗的矩形截面的铜线采用波绕法绕制而成。

②磁极（定子）。磁极又称定子，分励磁式和永磁式两类。为增大转矩，汽车起动机通常采用四个磁极，两对磁极相对交错安装，它由铁芯和励磁绕组组成，其作用是在电动机中产生磁场。如图 4-8 所示。

一般采用四个（两对）磁极，磁场绕组也是采用粗扁铜线绕制而成，并与电枢绕组串联。

永磁式磁极采用永久磁铁，可节省材料，而且能使电动机磁极的径向尺寸减小，条形永久磁铁可用冷粘接法粘在机壳内壁上或用片弹簧均匀地固装在起动机机壳的内表面上。由于结构尺寸及永磁材料性能的限制，永磁起动机的功率一般不大于 2 kW。

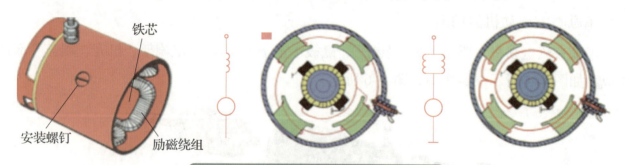

图 4-8 磁极组成及励磁绕组连接方式

③电刷及电刷架。电刷与换向器配合，将电流引入电枢绕组。电刷装在电刷架中，借弹簧压力将它压紧在换向器上，固定在前端盖上，正极电刷架与前端盖绝缘，负极电刷架直接搭铁，电刷架上装有弹力较强的盘形弹簧。电刷弹簧使电刷与换向片之间具有适当的压力以保持配合，如图 4-9 所示。

2. 控制机构（操纵机构）

起动机控制机构也叫操纵机构或控制装置，如图 4-10 所示。它的作用是控制驱动齿轮与飞轮齿圈的啮合与分离，并控制电动机电路的接通与切断。在现代汽车上，起动机均采用电磁式控制电路，电磁式控制装置是利用电磁开关的电磁力操纵拨叉，使驱动齿轮与飞轮啮合或分离。下面简单介绍其组成和工作过程。

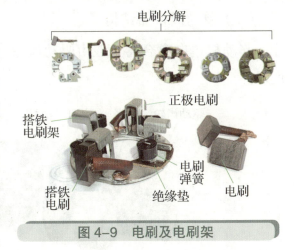

图 4-9　电刷及电刷架

组成

控制机构（电磁开关）主要由吸引线圈、保持线圈、复位弹簧、活动铁芯、接触片等组成，如图 4-10 所示。其中，端子 50 接点火开关，通过点火开关再接电源；端子 30 直接接蓄电池正极。

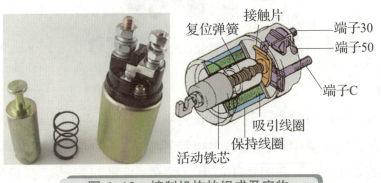

图 4-10　控制机构的组成及实物

3. 传动机构

一般起动机的传动机构是指包括驱动齿轮的单向离合器和拨叉，如图 4-11 所示。

单向离合器的作用是在起动发动机时，将电动机的转矩传给发动机曲轴，起动发动机；而当发动机起动后，能自动打滑，保护起动机不致飞散。常用的单向离合器有滚柱式单向离合器、摩擦片式离合器、弹簧式单向离合器和棘轮式单向离合器。拨叉的作用是使离合器作轴向移动，将驱动齿轮啮入和脱离飞轮齿环。现代汽车上一般采用电磁式拨叉。

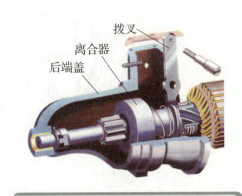

图 4-11　起动机传动机构组成

(1) 单向离合器结构

起动机单向离合器一般由驱动齿轮、滚柱、滑环、拨叉和啮合弹簧等组成，如图4-12所示。

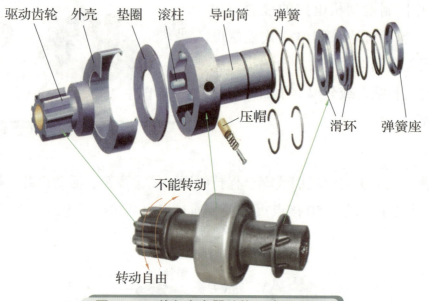

单向离合器工作原理

图4-12 单向离合器结构组成及实物

(2) 工作过程

起动机不工作时，驱动齿轮和飞轮齿环脱离啮合，如图4-13（a）所示。发动机起动时，按下按钮或起动开关，线圈通电产生电磁力将铁芯吸入，带动拨叉推出离合器，使驱动齿轮啮入飞轮齿环，如图4-13（b）和图4-13（c）所示。发动机起动后，只要松开按钮或开关，线圈即断电，电磁力消失，在复位弹簧的作用下，铁芯退出，拨叉返回，拨叉头将打滑工况下的离合器拨回，驱动齿轮脱离飞轮齿环。

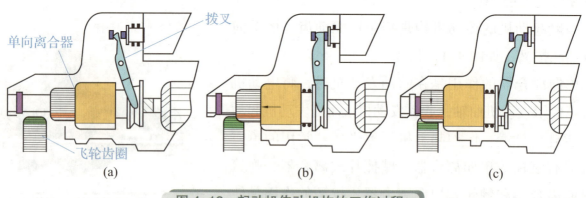

图4-13 起动机传动机构的工作过程

三种起动机　启动继电器的起动工作过程

任务小结

1. 汽车起动系统一般由蓄电池、起动机和起动控制电路组成。
2. 汽车起动系统由直流电动机、控制机构（操纵机构）和传动机构三大部分组成。
3. 起动机的特性取决于直流电动机的特性，串励直流电动机的特点是起动转矩大，故汽车起动机广泛采用此直流电动机。
4. 影响起动机功率的主要因素：导线电阻、蓄电池容量、温度及发动机运行阻力。

任务 4.2 起动机的控制电路与工作过程分析

理论指引

一、汽车起动机的控制原则

① "先啮合后接通"的原则。即首先使驱动齿轮进入啮合，然后使主开关接通，以免驱动齿轮在高速旋转过程中进行啮合，引起打齿并且啮合困难。

② "高起动转速"原则。即起动机控制装置应尽量减少消耗蓄电池电能，以便使蓄电池的电能尽可能多地用于起动电机，提高起动转速。

③ 切断主电路后，驱动齿轮能迅速脱离啮合。

④ 车辆安全起动状态检测判断。

二、控制电路与工作过程分析

常见的起动系统控制电路有起动开关直接控制、起动继电器控制和车载计算机（ECU）控制等型式。下面分别结合实例对有关起动控制电路和工作过程进行介绍。

1. 起动开关直接控制的起动系统

起动开关直接控制是指起动机由起动开关（点火开关或起动按钮）直接控制，如图 4-14 和图 4-15 所示，用于起动功率较小的汽车。起动机起动时，分为三个状态，即开始起动→起动中→停止起动。

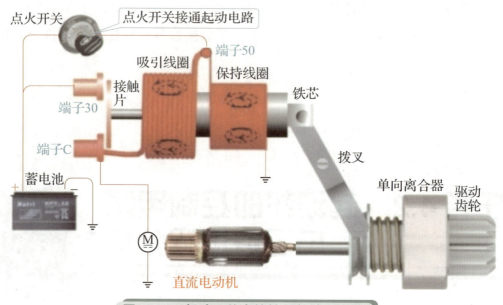

图 4-14 起动开关直接控制起动机电路

工作过程分析：

①起动时：点火开关接至起动挡时，电路电流流向为：蓄电池正极→点火开关起动挡→端子 50→吸引线圈→端子 C→励磁绕组→电枢绕组→搭铁→蓄电池负极；与此同时（时间极短），保持线圈中也通过电流：蓄电池正极→点火开关起动挡→端子 50→保持线圈→搭铁→蓄电池负极。

此时，吸拉线圈与保持线圈产生的磁场方向相同，在两线圈电磁吸力的作用下，活动铁芯克服复位弹簧的弹力而被吸入。拨叉将驱动齿轮推出使其与飞轮齿圈啮合。

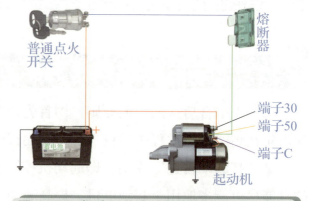

图 4-15 起动开关直接控制起动机实物连接

②起动中：齿轮啮合后，接触片将 30 端子和 C 端子接通，即起动机主电路接通，电流流向为：蓄电池正极→端子 30→接触片→端子 C→励磁绕组→电枢绕组→搭铁→蓄电池负极。蓄电池便向电动机的励磁绕组和电枢绕组供电，产生正常的转矩，带动起动机转动。

与此同时，吸引线圈被短路，齿轮的啮合位置由保位线圈的吸力来保持。

③停止起动时：由于磁滞后与机械的滞后性，活动铁芯不能立即复位，端子 C 与端子 30 仍保持接通状态，这时保持线圈与吸引线圈中电流方向相反，两个线圈中磁场相互抵消，

在复位弹簧的作用下，活动铁芯复位，端子C与端子30随之断开，驱动齿轮在拨叉的作用下退出啮合，起动机停止起动。

此起动系统由于直接受点火开关控制，加之起动电流较大，容易烧坏点火开关触点，且电路无保护功能，故采用此控制起动系统的车辆较少，已被带有保护功能的起动控制系统所替代。

2. 起动继电器控制的起动系统

起动继电器控制是指利用起动继电器触点控制起动机电磁开关的大电流，而用点火开关或起动按钮控制继电器线圈的小电流。起动继电器的作用就是以小电流控制大电流，保护点火开关，减少起动机电磁开关线路电压。

（1）采用起动继电器控制的起动系统

在电磁操纵式起动机的使用中，常通过起动继电器的触点接通或切断起动机电磁开关的电路控制起动机的工作，以保护起动开关，如图4-16所示。

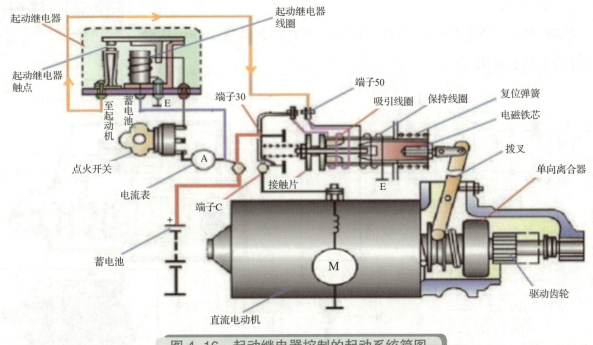

图4-16 起动继电器控制的起动系统简图

工作过程分析：

①起动继电器线圈电路接通。其电路为：蓄电池正极→电流表→点火开关接线柱→起动继电器"点火开关"接线柱→线圈→搭铁E接线柱→蓄电池负极。

②电磁线圈电路接通。此时继电器触点闭合，同时接通吸引线圈和保持线圈电路，分两路：一路为吸引线圈电路：蓄电池正极→电流表→点火开关→起动继电器闭合触点→端子50→吸引线圈→端子C→励磁绕组→电枢绕组→搭铁→蓄电池负极；

另一路保持线圈中也通过电流，电路为：蓄电池正极→点火开关→端子50→保持线圈→搭铁E→蓄电池负极。

③起动机主电路接通。电流流向为：蓄电池正极→30端子→接触片→端子C→励磁绕组→电枢绕组→搭铁→蓄电池负极。蓄电池便向电动机的励磁绕组和电枢绕组供电，产生正常的转矩，带动起动机转动。

④起动继电器停止工作，触点张开。起动继电器触点张开后，直流电动机开关断开。电磁开关内两个线圈磁场方向相反，磁场相互抵消，在复位弹簧的作用下，活动铁芯复位，端子C与端子30随之断开，驱动齿轮在拨叉的作用下退出啮合，起动机停止起动。

（2）带有起动保护继电器控制的起动系统

现代汽车均采用电力起动方式，即用直流电动机带动发动机转动，实现发动机的起动。

为了实现起动系统的安全和可靠控制，在车辆起动前增加了起动安全检测状态，如图4-17所示。通过保护继电器控制判断是否允许起动。其监测状态一般有以下几方面。

①起动开关是否闭合。

②装有自动变速器的车辆，自动变速器的挡位开关是否处于"P"或"N"挡位。

③发动机是否在运转中。若在运转中，不允许起动机工作，从而保护起动机和发动机。

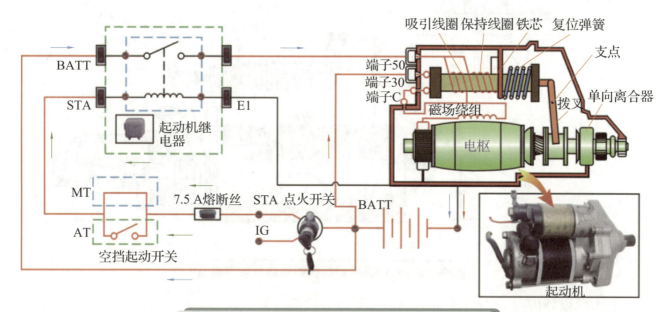

图4-17 带有起动保护继电器控制的起动系统

控制过程：当点火开关置于START位，且A/T挡位开关（自动变速器开关）置空挡位置或离合器互锁开关（手动变速器）闭合时，起动机继电器线圈通电，产生电磁吸力使其触点吸合，接通起动机电路。其后续工作过程同图4-17带有起动保持继电器控制的起动系统过程类似。当发动机正常运转时，若点火开关再次置于START位，由于起动继电器无法通电，将切断起动机继电器线圈通电，无法接通起动机电路，从而保护起动机和发动机。

3. 车载计算机（ECU）控制起动系统

随着车载计算机（ECU）在汽车上应用越来越广泛，在部分乘用车上安装了车载计算机（ECU）控制的起动防盗报警系统，起动机的运行受车载计算机（ECU）的控制，其监测状态增加了车辆起动防盗识别过程，如图4-18和图4-19所示。

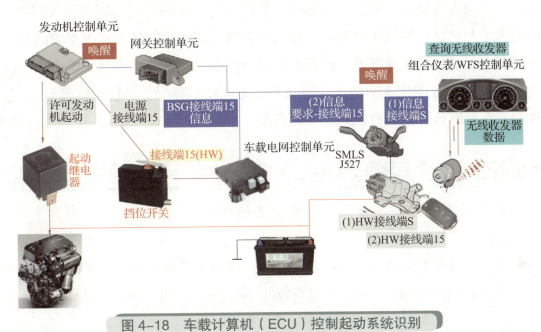

图4-18 车载计算机（ECU）控制起动系统识别

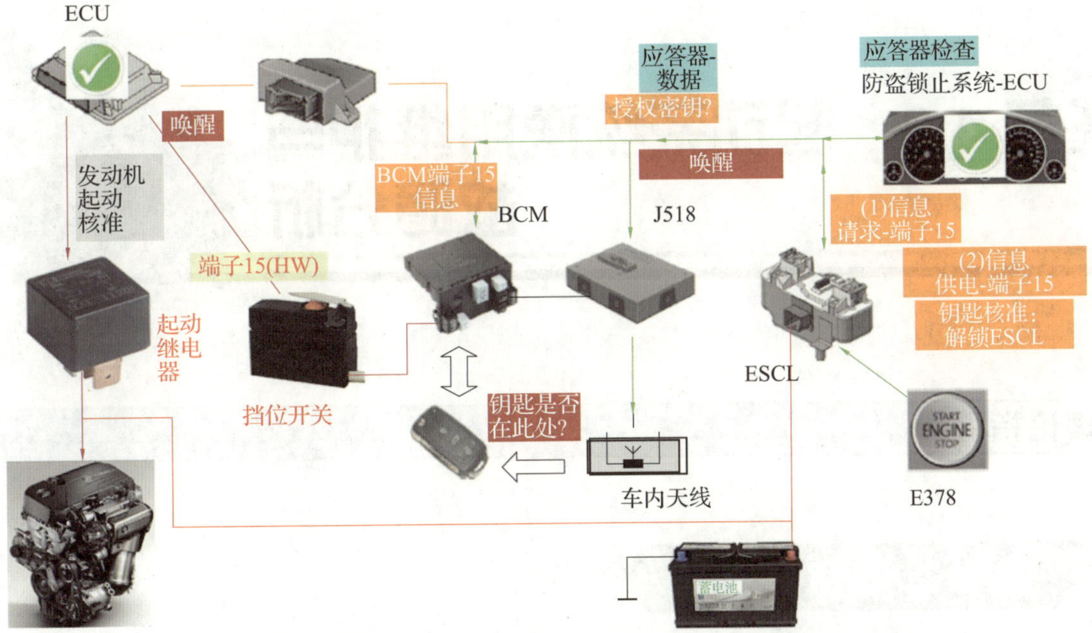

图4-19 车载计算机（ECU）控制起动系统通过识别

控制过程：汽车起动前，将点火钥匙插入点火开关，然后进行钥匙匹配，经匹配唤醒成功后，进入待起动状态。系统同时将判断变速器换挡杆是否置于P挡（停车挡或驻车档）或N挡（空挡）或是否踩下制动踏板。经上述判别后，ECU确定信号无误后，将控制起动继电器准备接通。如果发动机和自动变速器 ECU 收不到空挡起动开关传来的信号，发动机便不能起动运转。只有正确的信号确定后，起动机才能正常工作。其工作原理同前述起动机工作过程，不再赘述。

防盗识别是一种安全保护检测，串接在起动继电器线圈的供电回路中。正常情况下，防盗器内的有关电路将起动继电器线圈搭铁端，在接收准确的起动信号后，可以使起动系统正常起动工作。当防盗器处于守候防盗状态时，其内的有关电路将起动继电器线圈的搭铁端断开，从而切断了起动继电器线圈的电流通路。起动机无法起动，从而实现车辆的保护功能。

随着汽车电子技术的飞速发展，将有更多的新技术应用在汽车电气系统中，实现控制的自动化、智能化、网络化。控制装置的应用对环保、节能、提高运行安全性和汽车的综合性能具有极其重要的意义。

汽车起动系统

任务小结

1. 常见的起动系统控制电路有起动开关直接控制、起动继电器控制和车载计算机（ECU）控制等。
2. 现代车辆普遍采用带防盗功能的起动系统，增加了车辆安全起动状态检测判断。
3. 电枢电流接近制动电流一半时，起动机输出功率最大，将此功率作为起动机的额定功率。

任务 4.3　起动系统使用维护与故障分析

理论指引

一、起动机使用维护

起动系统的性能与使用和维护密切相关，为了提高起动系统的工作可靠性，延长起动机的使用寿命，必须严格遵守操作规程，做到正确使用、合理维护。

1. 起动机正确使用要求

①起动时踩下离合器踏板，将变速器挂入空挡或停车挡。

②每次接通起动机的时间不得超过 5 s，两次之间应间歇至少 15 s 以上。

③发动机起动后应马上松开点火开关（一键起动开关）。

④发现起动系统工作异常时，应及时诊断并排除故障后再起动。

2. 起动系统的检测维护

（1）起动机的不解体检测维护

起动机的检测维护分为解体检测和不解体检测两种。解体检测随解体过程一同进行；不解体检测可以在拆解之前或装复后进行。

⚠ **注意：以下测试必须在 5 s 内完成，以防止线圈烧坏，损坏起动机。**

①电磁开关测试（吸引线圈与保持线圈）。

如图 4-20 所示，将电磁开关上与起动机连接的端子 C 断开，并与蓄电池负连接。电磁开关壳体与蓄电池负连接。将电磁开关上与点火开关连接的端子 50 与蓄电池正连接，此时，起动机驱动齿轮应向外移出，否则说明电磁开关有故障，应予以修理或更换。

继续按照图 4-20 所示，在测试完上述过程后，将蓄电池连接上，把蓄电池正极（+）从接线柱上断开（红色虚线部分），此时驱动齿轮应迅速复位。如不能复位，说明复位弹簧失效，应予以更换电磁开关。

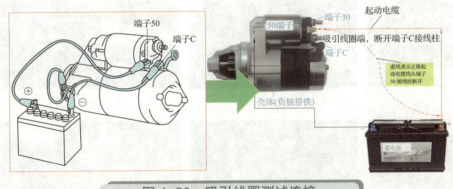

图 4-20 吸引线圈测试连接

②起动机的空载测试。

首先固定好起动机，按照图 4-21 所示方法连接导线。

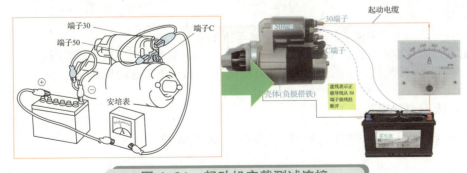

图 4-21 起动机空载测试连接

接通起动电路后，驱动齿轮应移出，同时起动机应平稳运转。此时读取安培表的数值，应符合标准值（正常电流：在 11.5 V 时小于 90 A）。断开端子 50 后（蓝色虚线部分），起动机应立即停止转动，同时驱动齿轮缩回。若工作不正常，则应视情况维修或更换起动机。

（2）起动机的解体检测维护

> ⚠ 注意：①从车上拆卸起动机前，应先关闭点火开关，将蓄电池的搭铁线拆除，再拆除电磁开关上的蓄电池正极线。尤其是电脑控制发动机的车辆更要注意这一点。
> ②在安装起动机时，则应先连接电磁开关上的蓄电池正极线，再接上蓄电池的正极线、负极线。接蓄电池正、负极线之前要确保点火开关关闭。
> ③部分组合件无故障时不必彻底解体。如电磁开关、定子铁芯及绕组等
> ④起动机解体和组装时，对于配合较紧的部件，严禁生砸硬敲，应使用拉、压工具进行分离与装入，以防止部件的损坏。

Step1：就车拆卸起动机

清理工位，将车辆驶入工位。拉紧驻车制动器，并将变速器换挡杆置于 P 挡。打开发动机舱盖，安装翼子板罩布、前格栅罩布及保护套。进行就车拆卸起动机，如图 4-22 所示。

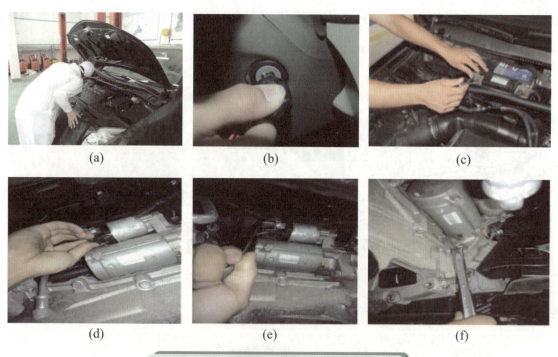

图 4-22 起动机的就车拆卸步骤

（a）拆卸前检查及准备工作；（b）关闭点火开关；（c）断开蓄电池负极搭铁线；
（d）取下端子 50 接线柱；（e）取下端子 30 接线柱；（f）拆下起动机的固定螺栓

Step2：解体及检查起动机

拆下起动机后，对起动机进行解体与检查，如图 4-23 所示。

项目四 汽车起动系统的使用与检修

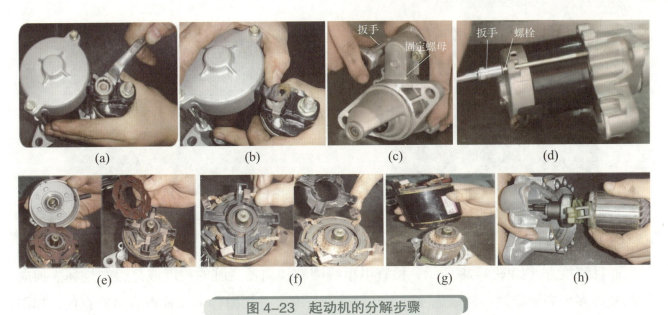

图 4-23 起动机的分解步骤

（a）用梅花扳手拆下电磁开关端子 C 连接线；（b）分离端子 C 连接线；（c）拧出电磁开关的固定螺母并取下电磁开关；（d）用扳手拧出后端盖的螺栓；（e）将后端盖和绝缘垫片取下；（f）小心取出电刷和电刷架；（g）小心取出定子线圈和外壳；（h）小心取出电枢、单向离合器和拨叉

Step3：检查起动机分解部件

起动机分解完成后，接下来将进行分解部件的检查。

①电磁开关及拨叉检查。

a. 检查电磁开关，用手指按住柱塞。松开手指之后，检查柱塞是否很顺畅地返回其原来位置，若不能回位应更换，如图 4-24 所示。

b. 检查电磁开关的导通情况，如图 4-25 所示。用万用表检查端子 50 和端子 C 之间的导通情况。如果吸引线圈正常，则两个端子之间为导通。如果吸引线圈断开，则不导通。

图 4-24 电磁开关回位检查

图 4-25 吸引线圈检查

c. 检查端子 50 和壳体之间的导通情况，如图 4-26 所示。如果保持线圈正常，则端子 50 和开关体之间为导通。如果保持线圈断开，无法导通，应更换电磁开关。

d. 检查拨叉有没有变形、破裂，若有变形、破裂直接更换，如图 4-27 所示。

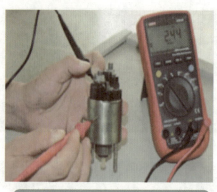

图 4-26 保持线圈检查

图 4-27 拨叉检查

②起动机电枢（转子）检查。

a. 目测检查。如图 4-28 所示，检查电枢线圈和换向器变脏的程度或是否被烧坏。换向器的故障多为表面烧蚀。轻微烧蚀可用 0 号砂纸打磨，并用游标卡尺检查换向器直径，如图 4-29 所示，应符合规定标准。若烧损严重，则直接更换电枢总成。

图 4-28 电枢换向器打磨

图 4-29 换向器直径检查

b. 起动机电枢绝缘和导通检查。

如图 4-30 所示，用万用表执行下列检查：换向器和电枢铁芯之间的绝缘情况。如果零部件正常，说明换向器和电枢铁芯之间的状态为绝缘。若导通则说明未绝缘，应直接更换总成。换向器片之间两两均应处于导通状态。

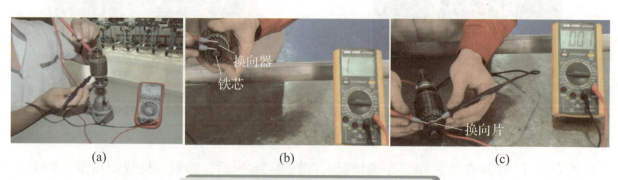

图 4-30 起动机电枢绝缘和导通检查

（a）换向器与电枢绝缘检查；（b）换向器与电枢铁芯绝缘检查；（c）换向器片之间的导通检查

③起动机励磁绕组（定子）绝缘和导通检查。

a. 检查励磁线圈。

用万用表测量励磁绕组两端的导通情况。若导通则说明正常；若不导通，说明有断路，如图4-31所示，需更换总成。

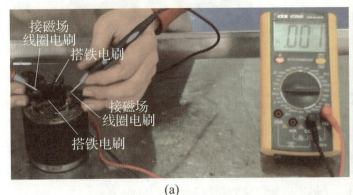
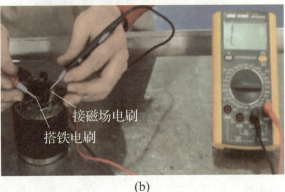

图 4-31　检查励磁线圈导通与绝缘情况

（a）测量两个接磁场线圈电刷之间的导通情况；（b）测量接磁场线圈电刷与搭铁电刷之间情况

b. 检查励磁线圈与壳体绝缘情况。

用万用表测量励磁绕组一端与起动机壳体之间的绝缘情况，若不导通，说明正常；若导通则说明出现搭铁现象，如图4-32所示。

④起动机电刷及单向离合器检查。

a. 检查电刷长度：电刷被弹簧压在换向器上。如果电刷磨损程度超过规定限度，弹簧的夹持力将降低，与换向器的接触将变弱。这会使电流的流动不畅，起动机可能因此而无法转动。其标准长度为16 mm，极限长度为10.5 mm。若磨损严重，应更换，如图4-33和图4-34所示。

图 4-32　检查励磁线圈与壳体绝缘情况

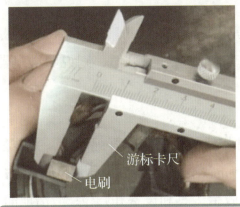

图 4-33　电刷的检查

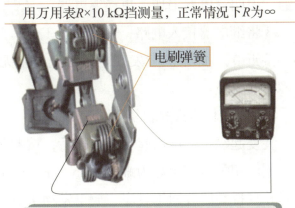

图 4-34　电刷弹簧的检查

b. 单项离合器的检查：用手转动起动机离合器，检查单向离合器是否处于闭锁状态，如

图 4-35 所示。单向离合器仅向一个旋转方向传送扭矩，如图 4-36 所示，若顺时针和逆时针均转动，则说明单向离合器损坏，应更换其总成。

图 4-35 单向离合器检查

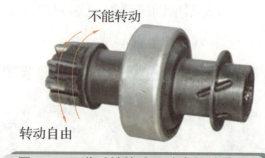

图 4-36 逆时针转动驱动齿轮被锁止

Step4：起动机继电器的检查

继电器是一种利用小电流控制大电流的电磁开关。如图 4-37 所示，端子 85 和端子 86 是线圈，属于控制部分；端子 87 和端子 30 是触点，属于被控制部分（即输出端）。

对于继电器的检查不能只通过测量线圈的电阻值来判断好坏，要通过多种方法来检测继电器的好坏，如图 4-38 所示。

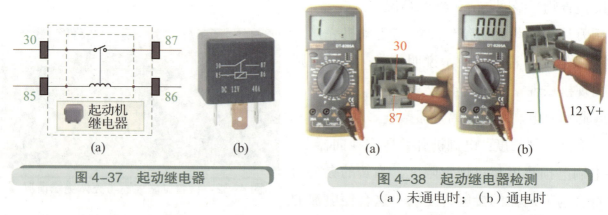

图 4-37 起动继电器

图 4-38 起动继电器检测
（a）未通电时；（b）通电时

①通过万用表的电阻挡测量控制部分线圈的电阻是否符合标准，如果不符合更换继电器。

②在不给继电器通电的状态下，用万用表的电阻挡测量触点（输出端）是否导通，如果导通，说明继电器损坏，更换继电器。

③将继电器接入电路，使继电器工作，此时用万用表的电阻挡测量输出端的电阻是否很小（接近 0），如果测量发现电阻触点电阻无穷大或者阻值超过标准值，则说明继电器出现故障需要更换。

Step5：起动机的装复

装复起动机：排除起动机故障后，按照与拆卸时相反的顺序装配好起动机，并装复到发动机上。相关装配扭矩为螺栓 37 N·m，线束 9.8 N·m。整理工位将翼子板罩布、前格栅布收起并且折叠后放回工具车，放下发动机舱盖；清洁收拾工具和设备并归位；清洁地面卫生。

二、起动系统故障分析

起动系统常见故障分为电气线路故障和机械部分故障。主要有：起动机不工作（不转）；起动运转无力；起动机驱动齿轮可与飞轮齿圈啮合但起动机不转；起动机空转；起动完毕后起动机不停转；起动机异响等故障。起动系统常见故障、原因、排除方法见表4-1。

表4-1 起动系统常见故障、原因及排除方法

故障现象	故障部位	故障原因	排除方法
起动机不转	蓄电池与电气线路	①蓄电池严重亏电；②蓄电池与起动机之间导线接头松脱或太脏及严重氧化，蓄电池搭铁不良	①检查充电系统，排除蓄电池不充电；②检查导线，必要时更换；清洁接线柱并紧固
	起动继电器	①触点严重烧蚀、氧化脏污；②起动继电器线圈损坏短路、断路或弹簧力不足	更换同型号规格继电器
	停车/空挡继电器	①变速器手柄未处于停车挡或空挡，或未踩下制动踏板起动；②停车/空挡继电器线圈损坏短路、断路或弹簧力不足	①将变速器手柄拨至停车挡或空挡；②更换同型号规格继电器
	点火开关	点火开关起动挡损坏	更换同型号规格的点火开关
	起动钥匙	起动钥匙不匹配，造成防盗功能开启	使用原车起动钥匙
	起动机	①电磁开关损坏；②吸引或保持线圈损坏；③电刷磨损严重、弹力不足、电刷接触不良等；④换向器烧蚀、脏污；⑤励磁绕组、电枢绕组短路；⑥轴套磨损，电枢与磁极碰擦	检查并找出故障部位修复，必要时直接更换起动机
起动机运转无力，发动机不能起动	蓄电池	蓄电池亏电，充电不足或导线接触不良	①检查充电系统并充电；②检查导线，必要时更换；清洁接线柱并紧固
	电磁开关	电磁开关内部接触盘触点接触不良、氧化、脏污	更换同型号电磁开关，必要时更换起动机
	起动机	①电刷磨损严重、弹力不足、电刷接触不良等；②换向器烧蚀、脏污；③励磁绕组、电枢绕组短路；④轴套磨损，电枢与磁极碰擦	检查并找出故障部位修复，必要时直接更换起动机
起动机空转	起动机传动机构	①单向离合器打滑；②飞轮齿环有几个齿损坏；③拨叉脱落或断裂	更换同型号传动机构，必要时直接更换起动机

续表

故障现象	故障部位	故障原因	排除方法
起动机驱动齿轮可与飞轮齿圈啮合但起动机不转	起动机	①电磁开关内部主接触点接触不良；②电刷与换向器接触不良；③电枢与励磁绕组损坏	检查并找出故障部位修复，必要时直接更换起动机
单向离合器不回位	蓄电池	蓄电池亏电，起动无力，起动机咬住	检查并找出故障部位修复，必要时直接更换起动机
	继电器	继电器触点烧死	
	电磁开关	主接触盘与主接线柱烧结，开关复位弹簧折断，活动铁芯卡死	
	起动机安装	起动机安装松动，电机轴线倾斜	
驱动齿轮与飞轮齿环不能啮合，并有齿响	起动机	起动机驱动齿轮与分类齿环的齿损坏	更换同型号传动机构，必要时直接更换起动机
	电磁开关	①开关闭合过早；②电磁开关有故障，磁力不足	
起动完毕后起动机不停转	点火开关	点火开关损坏	更换同型号规格的点火开关
	起动继电器	起动继电器内部触点烧结	更换同型号规格的起动继电器
	起动机	①电磁开关触点烧结；②传动机构损坏	更换同型号规格的起动机

三、起动系统故障诊断流程

起动系统常见故障分为电气线路故障和机械部分故障，根据故障诊断排除由易到难的一般原则，诊断流程如下：

蓄电池电量情况 → 检查起动系统线路情况 → 点火钥匙及挡位情况 → 检查起动机情况，必要时拆解 → 修复或更换部件及起动机

★应当说明的是，现代汽车维修已更换为主，为节省时间和提高检修效率，判断为起动机本身故障时，可直接更换同型号规格的起动机。

减速起动机的拆装与检修

任务小结

1. 在进行起动系统故障诊断时，可以分别检查电动机故障、电磁开关故障和控制电路故障。

2. 起动机性能可通过空载实验和全制动实验来检验。但全程测试时间不超过5 s。

3. 起动系统常见故障分为电气线路故障和机械部分故障，根据故障诊断排除由易到难的一般原则进行检修。

减速起动机工作过程

项目四　汽车起动系统的使用与检修

任务情景解读

维修人员对车辆起动系统进行全面检测，发现起动机控制装置即电磁开关损坏，造成起动系统无法正常工作。电磁开关的作用是控制驱动齿轮与飞轮齿圈的啮合与分离，并控制电动机电路的接通与切断。电磁开关损坏导致供电和起动信号丢失，进而起动机不转。经与客户沟通，为节省时间提高维修效率，更换同型号的起动机，检测完成后，顺利起动车辆。至此起动机故障排除。

匠心课堂

"国之大匠"黄大年

黄大年精神是新的爱国精神，是新时代的"工匠精神"，是我们民族复兴崛起道路上的一颗充分燃烧的"能量球"。

心怀爱国之情，笃行报国之志。2009年，黄大年毅然放弃国外优越条件回到祖国，投身科研贡献自己的力量。8年间，他带领科研团队勇于创新、顽强攻关，取得了一系列重大科技成果，填补多项国内技术空白，部分成果达到国际领先水平；他夜以继日、忘我工作，不计得失、甘为人梯，为了国家事业奋斗至生命最后一息。回顾黄大年同志58岁的生命历程，始终澎湃着"只要祖国需要，我必全力以赴"的爱国之情，践行着"振兴中华，乃我辈之责"的报国之志，在人们心中树立起一座巍然屹立的精神丰碑。

项目五
汽车点火系统的维护与检修

任务情景导入

一辆别克威朗轿车，行驶了4万km，车主反映该车发动机运转不稳并且加速时顿挫感明显，发动机故障灯点亮。冷车时车速能达到70 km/h，而热车后，车速最多能达到60 km/h。经检修，发现是由于三缸火花塞陶瓷体破裂漏电造成。更换新的火花塞后，故障消除。这个案例是典型的点火系统故障案例，由于一个气缸不工作，造成发动机动力不足。因此，对于熟悉汽车点火系统的维护和检修是非常重要的。

任务描述

汽油机气缸内被压缩的可燃混合气是靠高压电火花点燃的，而产生电火花的功能是由点火系统实现的。点火系统的工作直接影响燃油燃烧质量，从而对车辆的动力性、燃油经济性、工作稳定性和排放污染等产生重要影响。因此，点火系统是汽油发动机最关键的系统之一。虽然不同的厂商所采用的点火系统有很多不同之处，但所有点火系统的基本工作原理都相同。正确掌握汽车点火系统的结构组成、工作原理和使用检修是十分重要的。

学习目标

知识目标

1. 了解点火系统的功用；
2. 熟悉点火系统的组成与工作原理；
3. 熟悉点火系统各主要元件的作用、结构组成与工作原理。

能力目标

1. 能正确分析点火系统的电路图；
2. 能正确对点火系统中的主要部件进行检测；
3. 掌握点火系统故障原因及诊断方法。

情感素养目标

1. 树立安全意识、效率意识、规范意识；
2. 培养较强的动手操作能力；
3. 培养严谨细致的工作态度和大国工匠精神。

任务 5.1 汽车点火系统的结构原理认知

理论指引

汽油发动机混合气的着火方式为点燃式，故在汽油发动机上设有点火系统。汽车点火系统是汽油发动机的重要组成部分之一，它对发动机的动力性、经济性、起动性能和排放等均有一定的影响。

一、点火系统概述

1. 点火系统的功用

将蓄电池或发电机的低压电（12~14 V）变成高压电（20~30 kV），在压缩行程终了时，再按发动机各气缸工作顺序，及时用电火花点燃气缸内可燃混合气体，使发动机运转，如图 5-1 所示。

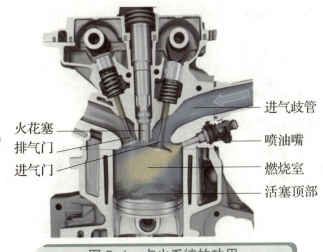

图 5-1　点火系统的功用

2. 汽油发动机连续运转（正常着车）的必备条件

为使汽油发动机连续运转（正常着车），必须具备"有油、有电、有压缩"这三个基本条件，如图 5-2 所示。

①进入气缸的可燃混合气浓度必须适宜，既不能太浓，也不能太稀。

②点火系统必须在正确的点火时刻进行点火，且电火花要足够强烈。

③在压缩行程接近终了时，燃烧室内要有较高的压缩压力。

图 5-2　汽油发动机着车运转

3. 对点火系统的基本要求

点火系统是发动机的重要组成部分，其工作状况的好坏对发动机的工作有十分重要的影响，为此要求点火系统必须能在各种工况下准确可靠地点燃混合气。点火系统必须符合以下要求：

①能产生足够高的电压（20 kV 以上），以便击穿火花塞的间隙，点燃混合气。

②要有足够的点火能量，以维持火花塞产生的电火花，火花能量越大，混合气越容易被点燃，发动机的着火性能就越好。

③点火系统应按照发动机的工作顺序进行点火，并且点火时刻应适应发动机各种工况的变化。

二、点火系统的基本组成

现代汽车点火系统主要由低压电源、点火开关、ECU、点火线圈、火花塞、点火控制器、分缸高压线等组成，如图 5-3 所示。

电子点火系的组成

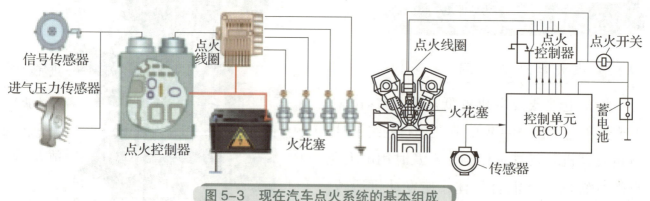

图 5-3　现在汽车点火系统的基本组成

1. 点火线圈

点火线圈的作用是将电源提供的低压电转换成点火所需的高压电，使火花塞电极能击穿跳火。利用电磁感应原理，初级线圈和次级线圈自感、互感，产生直流高压电。点火线圈分为双缸点火线圈和独立点火线圈，如图 5-4 和图 5-5 所示。

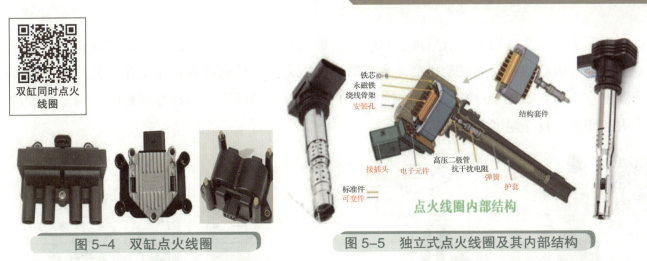

图 5-4 双缸点火线圈　　　图 5-5 独立式点火线圈及其内部结构

双缸式点火方式是指两个气缸合用一个点火线圈，即一个点火线圈有 2 个高压输出端，分别与火花塞相连，负责对 2 个气缸同时点火。

独立式点火方式是指每一个气缸分配一个点火线圈，即点火线圈和输出放大器集成在一个部件上，点火线圈直接安装在火花塞的顶部。现代车辆广泛采用独立式点火线圈。

点火线圈的工作原理为利用互感现象，是由初级线圈、次级线圈、铁芯构成的高压变压器，如图 5-6 所示。当初级线圈接通电源时，随着电流的增长四周产生一个很强的磁场，铁芯储存了磁场能；当开关装置使初级线圈电路断开时，初级线圈的磁场迅速衰减，由于次级线圈匝数非多，因此次级线圈感应出来高电压来击穿火花塞间隙。

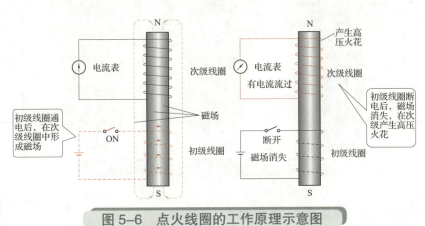

图 5-6 点火线圈的工作原理示意图

应当说明的是：各种类型的点火控制模式均为控制初级线路（初级绕组）的导通使次级线路（次级线圈）产生高压电。现代车辆应用的独立点火线圈为高能点火线圈。

2. 火花塞

火花塞的作用是将点火线圈产生的高压电引入发动机的燃烧室，在其电极间隙中形成电火花，以点燃可燃混合气，其结构如图 5-7 所示。火花塞的工作条件极其恶劣，它要受到高压、高温以及燃烧产物的强烈腐蚀。火花塞工作的好坏，对汽车的动力有着非常直接的影响。

火花塞的主要结构类型有单极、双极、多极，如图5-8所示。火花塞的热特性是指火花塞发火部位吸收热量并向发动机冷却系统散热的能力。要使火花塞正常工作，其绝缘体裙部的温度应保持在500~700℃，使落在绝缘体上的油滴立即烧掉，不致形成积碳。这个温度称为火花塞的"自净温度"。

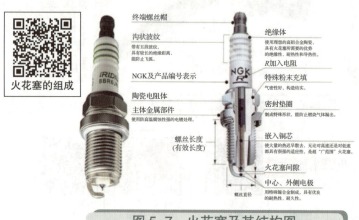

图5-7 火花塞及其结构图

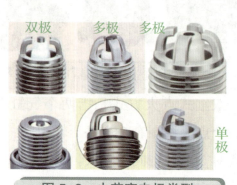

图5-8 火花塞电极类型

火花塞的热特性主要取决于绝缘体裙部的长度。绝缘体裙部长的火花塞的受热面积大，传热距离长，散热困难，裙部温度高，称为"热型"火花塞；反之，裙部短的火花塞，吸热面积小，传热距离短，散热容易，裙部温度低，称为"冷型"火花塞。如图5-9和图5-10所示。

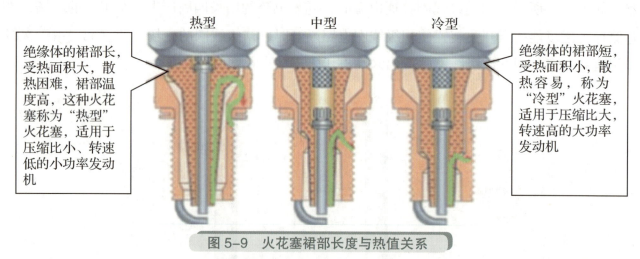

图5-9 火花塞裙部长度与热值关系

⚠ **注意**：火花塞选用第一原则是"原厂原则"。火花塞类型相当繁杂，一旦选用不同类型火花塞经常会对发动机造成严重后果，影响其车辆动力性。火花塞的热特性必须与发动机相适应，以保证火花塞在发动机内良好工作。

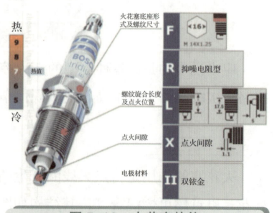

图5-10 火花塞热值

3. 点火控制器

点火控制器又称电子点火组件和电子点火器，

如图 5-11 所示。其主要功能是根据信号发生器产生的点火脉冲信号接通或切断点火线圈初级绕组的电路，它用于电子点火系统车型。现在有较少部分车型还在使用。

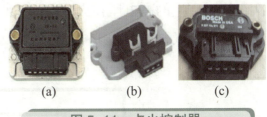

图 5-11 点火控制器

4. 分缸高压线

缸线即高压导线，如图 5-12 所示。它将点火线圈产生的高压电流传送到火花塞，一般应用在双缸同时点火中。现代车辆普遍采用独立式点火系统，省去了分缸高压线，如图 5-13 所示。

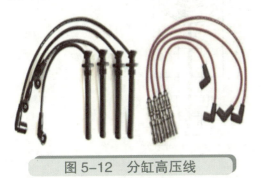

图 5-12 分缸高压线

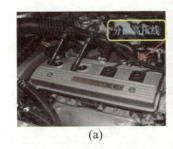

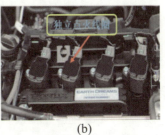

图 5-13 分缸高压线的点火系统
（a）带分缸高压线；（b）不带分缸高压线

三、点火系统工作原理

当发动机运转时，根据发动机 ECU 输出的点火正时信号（IGT），蓄电池的电流通过点火器流到初级线圈，初级电路被接通。在线圈周围产生磁力线，此线圈在中心包含一个磁芯。此时初级线圈中的电流在不断增长，如图 5-14 所示。

当发动机继续运转时，点火器按发动机电子控制单元（ECU）输出的点火正时信号（IGT）快速地停止流往初级线圈的电流，此时初级线圈的磁通量开始减小。通过初级线圈的自感和次级线圈的互感作用，在次级线圈互感效应产生约为 30 kV 高压电动势，次级电路接通。这样火花塞便产生火花放电。点火线圈

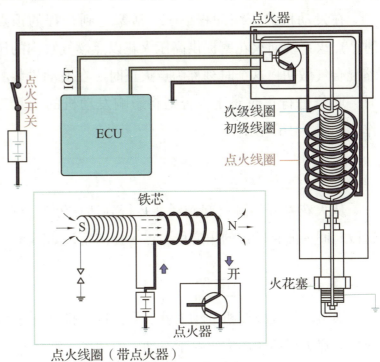

图 5-14 点火电路初级线路导通

次级绕组产生的高电压在火花塞的中心电极和接地电极之间产生火花，点燃气缸中的已压缩的可燃混合气，如图5-15所示。

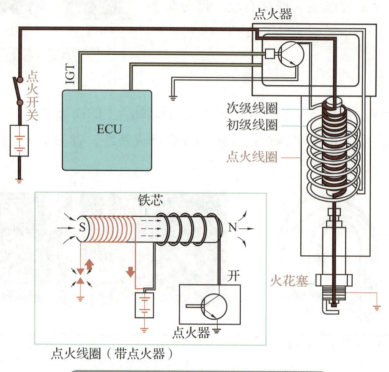

图5-15 点火电路次级线路导通

四、点火正时

在发动机的压缩冲程终了，活塞达到行程的顶点时，点火系统向火花塞提供高压火花以点燃气缸内的压缩混合气做功，这个时刻称为点火正时。在发动机装配时，必修进行正时对正，否则将影响发动机的正常工作，如图5-16所示。

图5-16 发动机正时对正

1. 点火提前角 ∅

从火花塞开始跳火起到活塞运行到达压缩上止点，这段时间内曲轴转过的角度称为点火提前角，如图5-17所示。

2. 最佳点火提前角

通常将能使发动机的动力性、经济性和排放均达到最佳值的点火提前角称为最佳点火提前角。点火提前角的大小对于发动机的功率、油耗、爆燃和排放污染等影响极大。

3. 点火提前角的类型

（1）初始点火提前角

初始点火提前角是由发动机自身的工作特性确定的一个固定点火提前角。任何发动机在其装配完成时，在其装配记号对准后，如图5-16所示，初始点火提前角就已经确定。发动机ECU的控制程序中就预设有此初始点火提前角。不同车型、不同发动机，其初始点火提前角不完全一致。

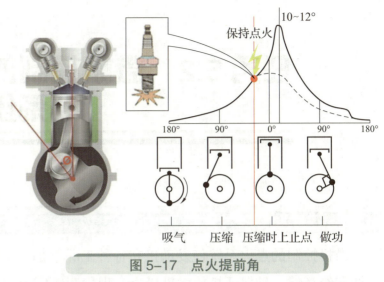

图 5-17 点火提前角

（2）基本点火提前角

基本点火提前角是ECU根据发动机转速和负荷这两个描述发动机工况的主要指标确定的点火提前角。发动机转速高时应适当增大点火提前角，当发动机负荷较大时，应适当减小点火提前角。

（3）修正点火提前角

修正点火提前角是指发动机正常运转时，ECU根据发动机冷却液温度、爆震传感器信号、进气温度信号、海拔高度信号、氧传感器信号等参数确定出的点火提前角修正量。

应当说明的是：由于初始点火提前角是固定的，因此微机控制点火正时的实质是根据发动机的运行工况和使用条件计算基本点火提前角、确定修正点火提前角，使实际点火提前角尽可能与最佳点火提前角接近。

点火系统智能IGBT技术

任务小结

1. 为使汽油发动机连续运转（正常着车），必须具备"有油、有电、有压缩"这三个基本条件。

2. 现代车辆应用最为广泛的是高能独立点火线圈，使点火能量更强大。

3. 热型火花塞适用于低压缩比、低转速、小功率的发动机；冷型火花塞适用于功率大、转速高和压缩比大的发动机。

4. 点火系统控制的基本模式为控制初级电路的导通，使次级电路产生高压电。

任务 5.2 微机控制的点火系统分析

理论指引

微机控制的点火系统使发动机在各种工况下都有最佳的点火提前角，提高了发动机的动力性和经济性，且保证排放污染最小。现代车辆广泛采用微机控制的点火系统。

一、微机控制的点火系统优点

①采用爆燃传感器闭环控制，使发动机工作在爆燃的边缘而又不发生爆燃，发动机的热效率高，动力性能、经济性能好；

②减小了点火能量损失，保证发动机在高速时有足够的次级电压和点火能量；

③能在不同的负荷和转速条件下提供最佳的点火提前角；

④具有故障自诊断功能，当点火监测信号3次以上没有反馈信号时，ECU强制切断燃油喷射，并显示点火系统有故障。

二、微机控制点火系统的组成

微机控制点火系统主要由电控单元（ECU）、各种传感器及开关、执行器（如点火控制器、点火线圈等）组成，如图5-18所示。

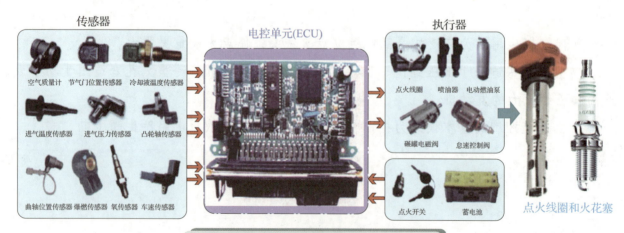

图5-18 微机控制点火系统的组成

微机控制点火系统的工作原理如图5-19所示。发动机工作时，各种传感器不断地将发动机的各工作参数信号送给ECU，ECU根据曲轴位置和凸轮轴位置确定初始点火提前角，并依据发动机转速和负荷信号从存储器中调出基本点火提前角的原始数据；再根据传感器信号，对基本点火提前角进行修正；ECU将此与其预先储存的最佳控制参数进行比较，修正出该工况下最佳点火提前角和初级电路的最佳导通时间，然后向点火模块发出指令。点火模块接收到指令后，控制初级电路的导通和截止，使次级电路产生高压电，送到火花塞，点燃气缸内的混合气。

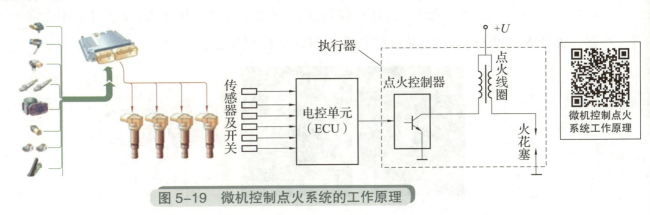

图 5-19 微机控制点火系统的工作原理

三、与点火系统有关的主要传感器

传感器是监测发动机各种运行工况信息的装置。与点火系统有关的传感器主要有曲轴位置传感器、凸轮轴位置传感器、爆震传感器等。

1. 曲轴位置传感器

曲轴位置传感器是发动机集中控制系统中最重要的传感器之一。可提供发动机转速、曲轴转角、位置及活塞行程位置信号，以确定发动机的基本喷油时刻及点火时刻，如图5-20所示。

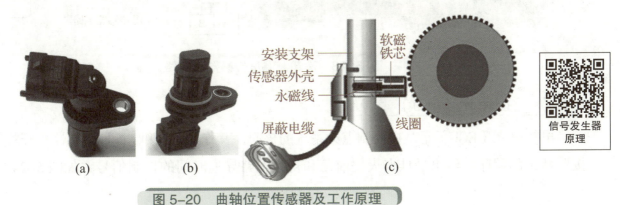

图 5-20 曲轴位置传感器及工作原理

2. 凸轮轴位置传感器

凸轮轴位置传感器的作用是采集配气凸轮轴的位置信号，并输入ECU，以便ECU识别气缸压缩上止点，从而进行顺序喷油控制、点火时刻控制和爆燃控制。此外，凸轮轴位置信号还用于发动机起动时识别出第一次点火时刻，如图 5-21 所示。

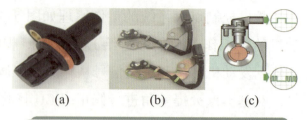

图 5-21　凸轮轴位置传感器及工作原理

3. 爆震传感器

爆震传感器安装在气缸体上，用来检测发动机爆燃状况，将检测的信号输送至 ECU，在 ECU 内进行计算，并且根据爆震传感器的信号调整点火时刻使汽油发动机工作在临界爆震状态，如图 5-22 所示。在安装爆燃传感器时，应特别注意扭紧力矩。

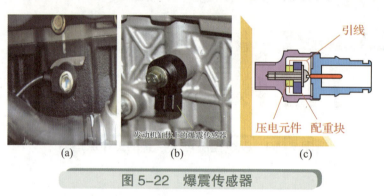

图 5-22　爆震传感器

4. 冷却液温度传感器

测定冷却液温度，并向 ECU 输送对应的电信号。ECU 据此判别发动机处于什么工况，（冷车、暖机、热机）进而修正基本喷油量和修正点火提前角，并控制起动和暖机期间的点火提前角，如图 5-23 所示。

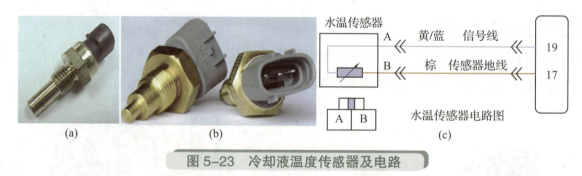

图 5-23　冷却液温度传感器及电路

5. 电控单元（ECU）

电控单元（ECU）是微机控制点火系统的核心，其作用是：接收各种传感器和开关的信号，按照特定的程序，给出最佳点火提前角和初级电路导通时间的控制信号，如图 5-24 所示。

6. 点火系统执行器点火线圈

根据主 ECU 输出的点火控制信号，控制点火线圈一次侧电路的通断，产生二次侧高压使火花塞点火；同时，把点火确认信号 IGF 反馈给 ECU，如图 5-25 所示。

图 5-24 微机控制点火系统 ECU

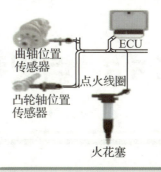

图 5-25 点火系统执行器

微机控制点火提前角的确定

四、爆震控制

发动机爆燃（爆震）是指气缸内的可燃混合气在燃烧火焰的前锋尚未达到之前就自行燃烧而导致缸内压力急剧上升而引起缸体振动的现象，如图 5-26 所示。剧烈的爆震会使发动机的动力性和经济性严重恶化，而当发动机工作在爆震的临界点或有轻微的爆震时，发动机热效率最高，动力性和经济性最好。因此，利用点火提前角的爆震控制能够有效地控制点火提前角，从而使发动机工作在爆震的临界状态，如图 5-27 所示。发动机爆燃的控制是均采取闭环控制的方式，当发动机工作时，ECU 首先根据各个传感器提供的信号，从 ROM 中查寻出相应的最佳点火提前角，以实现点火时刻的控制。而控制的结果又由爆燃传感器反馈回 ECU 的输入端，再由 ECU 对点火提前角进行进一步的修正。

图 5-26 发动机爆燃产生爆震

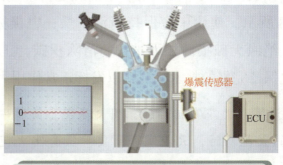

图 5-27 爆震控制

任务小结

1. 微机控制点火系统的主要功能包括点火提前角、通电时间、爆燃控制。
2. 各种类型的点火控制模式均为控制初级线路（初级绕组）的导通使次级线路（次级线圈）产生高压电。现代车辆应用的独立点火线圈为高能点火线圈。
3. 传感器是监测发动机各种运行工况信息的装置。与点火控制有关的传感器主要有曲轴位置传感器、凸轮轴位置传感器、爆震传感器等。
4. 发动机爆燃的控制是均采取闭环控制的方式，从而使发动机工作在爆震的临界状态。
5. 影响发动机点火提前角的因素包括发动机转速、发动机负荷、燃料性质以及其他因素。

柴油机喷油正时

任务 5.3 点火系统的使用维护与故障检修

理论指引

点火系统的维护一般以清洁、检查和调整作业为主。点火系统的许多故障都与汽车所处的特殊使用环境有关，如路面的颠簸，泥水的侵蚀、锈蚀等，导致线路接触不良从而影响点火系统性能。

一、点火系统的使用维护

1. 火花塞选用

火花塞的选用，应根据发动机性能和使用条件而定，一般按照汽车使用说明书的规范要求选配，如图 5-28 所示。使用中应保持清洁干燥，电极完整无油污，绝缘无破损。加强维护，清除积碳，正确使用，使之保持完好的技术状况，以发挥正常作用。

更换火花塞的注意事项

⚠ 注意：火花塞拆卸时，用火花塞套筒逐一卸下各缸的火花塞时，火花塞套筒要确实套牢火花塞，否则，会损坏火花塞的绝缘瓷体。可用一只手扶住火花塞套筒，另一只手转动手柄，卸下的火花塞应按顺序排好。拆下火花塞后，用干净布块堵住火花塞孔，避免杂物掉进气缸里。

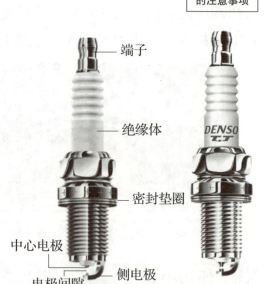

图 5-28 火花塞选用

按要求力矩拧紧火花塞，过松会造成漏气，过紧会使密封垫失去弹性，同样会造成漏气。因此，更须按照规定力矩紧固。

2. 检查连接线束

检查点火系统各部件连接线束的情况，当发现有连接松动、外部有破损时，及时进行检验或更换，如图 5-29 所示。

3. 防止点火线圈受潮、进水

点火线圈上的水分只能用布擦干，绝不能用火烘烤，否则会损坏点火线圈；应在发动机熄火时进行擦拭。

4. 点火正时检查

点火正时检查需到专业的汽车维修企业或者相关车型的4S店进行。发动机的点火正时非常重要。不准确的点火正时会影响发动机性能，轻则发动机功率下降，车辆无法起动，重则会导致发动机爆燃，进而损伤发动机。

图5-29 点火系统线束连接情况检查

二、点火系统的故障及检修

现代车辆点火系统均属于微机控制的，其常见故障主要有以下几种情况：

点火系统线束连接情况检查（1）　点火系统线束连接情况检查（2）　点火系统线束连接情况检查（3）

1. 点火线圈故障

故障现象：如线圈绕组短路、断路或搭铁，会导致不产生高压电；另外，点火线圈绝缘层材料老化，绝缘性能变差，点火线圈漏电，则使电火花弱，点火能量不够，以致引起怠速不稳、间断熄火和不能着火等。造成发动机工作不正常，发动机加速无力，抖动发艮。故障灯亮。另外，点火线圈坏了还会出现发动机振动厉害，怠速时发动机抖动，尾气汽油味较大。

故障原因：点火控制器损坏、点火线圈漏电、绕组短路和断路。点火线圈损坏一般直接更换同型号规格的点火线圈。若是整体式点火线圈，则要全部更换，如图5-30所示。如果更换的点火线圈总是被烧坏，先看下发电机的问题，如果发电量过高、点火线圈的负载过重，则容易烧坏。

图5-30 整体式点火线圈

2. 火花塞故障

故障现象：火花塞出现的常见故障为火花塞严重烧蚀和火花塞有沉积物，如图5-31所示。此时发动机会出现失火故障，运转不平稳，动力下降，故障灯点亮。良好的火花塞如图5-32所示。

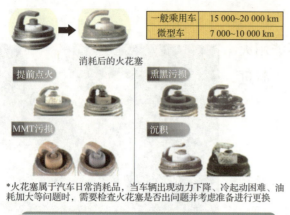

图5-31 火花塞故障状态

图5-32 良好的火花塞状态

故障原因：当火花塞严重腐蚀或电极老化时，会发生电极蚀损或绝缘体破坏；燃油牌号不对、点火过早引起爆震、发动机过热、早燃等，会使火花塞电极熔断。当火花塞上出现油性沉积物时，就表明润滑油已进入燃烧室内，有黑色沉积物，通常表明气缸内混合气体过浓。

火花塞外观检查：火花塞电极间隙检查，如图5-33所示。火花塞外观检查，如图5-34所示。

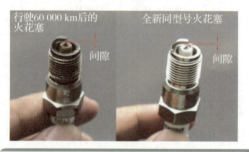

图5-33 火花塞电极间隙检查

图5-34 火花塞裙部陶瓷破裂

如图5-35所示。正常情况下，火花塞表面温度保持在550~700℃，这样落在火花塞上的油滴就能被蒸发，所以550~700℃称火花塞的自净温度。低于自净温度，落在火花塞上就不能蒸发，造成积碳。超过自净温度800℃以上，混合气体引起自燃，形成发动机爆燃。

图5-35 火花塞使用后正常表面

3. 传感器或者电控单元ECU故障

故障现象：发动机起动困难、控制速不稳、油耗增大、动力性差、排放劣化等。

故障原因：凸轮轴、曲轴位置传感器一旦出现断路、断路的故障及该位置传感器安装不正确的情况，就会导致汽车起动发动机的过程中，ECU无法接收传感信号，从而造成错误判断，不利于供油和点火的控制，最终会造成发动机无法起动。发动机的ECU尽管可靠性很高，但是随着使用年限的增加，容易出现如集成块损坏，焊脚接头开焊，电阻、电容元件失效，连线松动等故障。应进行传感器更换或电器元件更换。对于集成模块更换难度较高的ECU，建议更换新的同型号规格的ECU。

4. 低压线路故障

汽车电控发动机点火系统中,一旦低压线出现断路或断路的问题,那么电源产生的电流就会无法有效地通过线路传输至点火线圈,点火线圈无初级电流的供给,就会导致点火系统无法正常工作,一般情况下是因为线路插头接触不良或者是熔断丝烧坏引起的。

任务小结

1. 火花塞的选用,应根据发动机性能和使用条件而定,一般按照汽车使用说明书的规范要求选配。
2. 可用电脑解码仪对点火系统故障读取,为检测维修提供辅助。
3. 火花塞更换一般全部更换,避免出现点火系统故障。

柴油机 SCR 系统

任务情景解读

使用诊断仪检测,显示故障码为 P0303(含义为检测到发动机 3 缸缺火),读出车辆数据流后,首先检查第 3 缸火花塞是否损坏,打开发动机装饰盖拆卸点火线圈和火花塞,观察到火花塞的绝缘体破损、龟裂,再用塞尺测量火花塞电极间隙为 1.15 mm,而原厂维修手册上的标准值为 0.75~0.90 mm,这说明火花塞点火间隙过大。火花塞电极间隙过大将导致点火线圈的负荷增加,火花失火严重,造成各气缸工作不均匀,发动机运转不稳并且加速时有顿挫感,加速不良等问题。如果火花塞不及时更换,会影响点火线圈性能,易造成点火线圈被击穿。最好的维修方案就是更换全套火花塞,以此延长点火线圈的使用寿命。更换火花塞后试车,故障码消失,车辆行驶正常。

 匠心课堂

摸透机器"脾气"的"柴油机医生"鹿新弟

"工匠精神是对设计的独具匠心,对质量的精益求精,对技艺的尽善尽美。在工作中做到精细,耐得住长期寂寞,不浮躁、不放弃。"对于工匠精神,道依茨一汽(大连)柴油机有限公司的高级技师鹿新弟有着自己的理解,也用这样的标准严格要求自己,用近 30 年的时间完成了"柴油机医生"的梦想。

鹿新弟不畏国外技术权威,为国家节能环保工作,提升行业国际地位做出了突出贡献。他找出二甲醚柴油机的设计缺陷,通过加大柱塞直径、增大喷油量、取消喷油泵止推阀等措施,成功解决了中国首辆二甲醚汽车动力不足问题,为中国在这个领域赶超世界先进水平做出了突出贡献。

项目六

汽车照明及信号系统的维护与检修

任务情景导入

一辆别克威朗轿车,行驶里程为 10 500 km,客户反映夜间行驶时,打开远光灯后,左侧远光灯不亮,其余灯光正常工作。经检测发现 F5UA 熔断丝的烧坏且保险供电端左侧远光灯的火线对负极短路,导致熔断丝损坏。简单修复此段线路,更换同规格、型号的 F5UA 熔断丝,试车打开远光灯故障排除,左侧远光灯正常点亮。由于汽车灯光系统关系到自身和他人的安全,因此我们不能忽视对汽车灯光系统的检修。

任务描述

为了保证夜间汽车行驶的安全性,减少交通事故的发生,汽车上都装有照明系统。照明系统如果有故障,会给行车的安全造成严重隐患。信号系统的作用是用于警告其他车辆和行人,保证行车安全。信号系统主要包括灯光信号装置和声响信号装置。为了掌握照明系统的维修方法和信号系统的维修方法,必须了解照明及信号系统的组成、部件结构及原理,掌握汽车照明及信号系统电路及其检测维修方法。

学习目标

知识目标

1. 了解照明与信号系统的作用;
2. 熟悉照明与信号系统的组成及工作原理;

3. 了解照明与信号系统的新技术。

能力目标

1. 能熟练操作照明与信号系统的开关；
2. 能对汽车照明与信号系统技术状况进行检查；
3. 能够对照明与信号系统电路分析与故障诊断。

情感素养目标

1. 树立安全意识、效率意识、规范意识；
2. 培养较强的动手操作能力；
3. 培养严谨细致的工作态度和大国工匠精神。

任务 6.1 汽车照明系统认知

理论指引

汽车照明与信号系统能够保证车辆在黑夜、恶劣天气及复杂交通状况下的行车安全。汽车照明系统是为了保证汽车在光线不好的条件下提高车辆行驶的安全性和运行速度而设置的；汽车信号系统是用于汽车指示其他车辆或行人的灯光（声音）信号（或标志），以保证汽车行驶的安全性。

一、汽车照明系统概述

汽车照明系统根据安装位置和用途不同，一般可分为：外部照明和内部照明，如图 6-1 和图 6-2 所示。外部照明系统包括前照灯、前雾灯、倒车灯、牌照灯等，内部照明系统包括顶灯、仪表灯、阅读灯、后备厢灯、工作灯、门控灯等，如图 6-3 所示。其作用是在夜间或能见度低的情况下，向驾驶员、乘客和交通管理人员提供照明。汽车照明系统除了用于照明外，还用于汽车装饰。

图 6-1 威朗外部前照灯

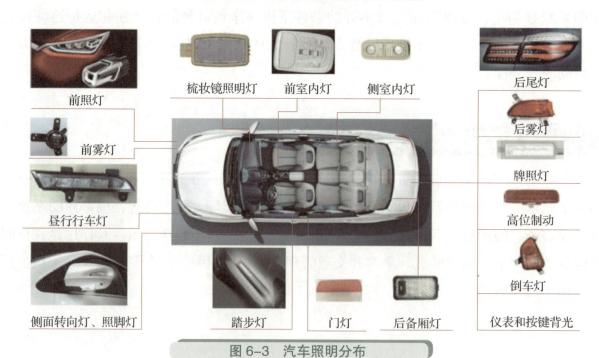

图 6-2 威朗后尾灯

图 6-3 汽车照明分布

外部灯具光色一般采用白色、橙黄色和红色；执行特殊任务的车辆，如消防车、警车、救护车、工程抢修车，则采用具有优先通过权的红色、黄色或蓝色闪光警示灯。

随着汽车电子技术的应用程度的不断发展，汽车照明系统正在朝着智能化、网络化方向发展。汽车中的照明灯较多，常见类型、特点及用途如表6-1所示。

表6-1 汽车照明灯的类型、特点及用途

类型	外部照明灯			内部照明灯		
	前照灯	雾灯	牌照灯	顶灯	仪表灯	后备厢灯
工作时的特点	白色常亮远近光变化	黄色或橙色单丝常亮	白色常亮	白色常亮	白色常亮	白色常亮
用途	为驾驶员安全行车提供保障	雨雪雾天保证有效照明及提供信号	用于照亮汽车尾部牌照	用于夜间车内照明	用于夜间观察仪表时的照明	用于夜间拿取行李物品时的照明

二、汽车照明系统的组成

汽车照明系统主要由电源、控制装置（组合开关）、指示灯、照明灯具、控制线路、保护装置（熔断器与（闪光）继电器）等组成，如图6-4所示。

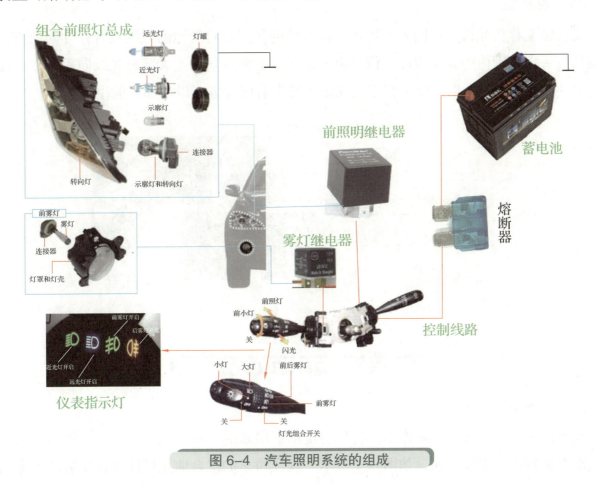

图6-4 汽车照明系统的组成

其作用是保证汽车在夜间无光或微光条件下安全行驶，并使其他车辆和行人注意本车的行驶状况，保证车辆和行人的安全。

1. 前照灯

对前照灯的基本要求

由于汽车前照灯的照明效果对夜间行车安全影响很大，故世界各国多以法律的形式规定了前照灯的照明标准，其基本要求主要有以下两个方面。

① 前照灯应能保证车前有明亮而又均匀的照明，使驾驶员能够看清车前至少 100 m 内路面上的任何障碍物。随着现代汽车行驶速度的不断提高，对前照灯的要求也越来越高。现代高速汽车前照灯的照明距离应达到 200~250 m。

② 前照灯应具备防止炫目的功能，以避免夜间两车相会时，使对方驾驶员炫目而造成交通事故。

汽车前照灯一般由光源（灯泡）、反射镜和配光镜（散光玻璃或高透亮塑料）三部分组成，如图 6-5 所示。也称为前照灯的光学系统。

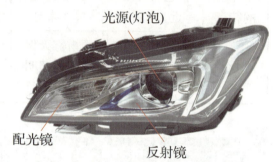

图 6-5 前照灯光学系统

（1）反射镜

反射镜又称反光镜，如图 6-6 所示。反射镜的作用是将灯泡的光线聚合并导向前方。使车辆具有一定范围内的光照强度，位于反射镜焦点上的灯丝的绝大部分光线向后射在立体位 ω 范围内，经反射镜发射后将平行于主光轴的光束射向远方，以增加照射距离。

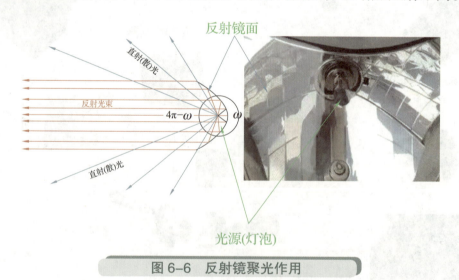

图 6-6 反射镜聚光作用

（2）配光镜

配光镜又称散光玻璃，其作用是将反射镜反射出来的平行光束进行折射，使车前路面和路缘都有良好而均匀的照明，如图 6-7 所示。现今轿车的组合前照灯往往将反射镜和配光镜合为一体，反射镜经过计算机辅助设计，既能起到反光作用，又能进行光的合理分配。外观一般用高透光塑料制成。

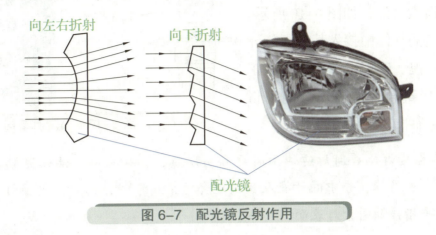

图 6-7　配光镜反射作用

（3）光源（灯泡）

目前，常用的汽车前照灯的灯泡有白炽灯泡、卤素灯泡、HID 气体放电灯灯泡（氙气灯泡）和 LED 灯泡等几种，如图 6-8 和图 6-9 所示。

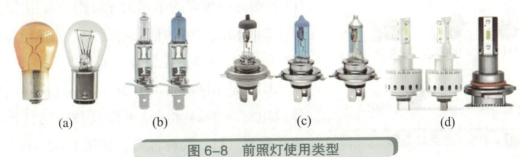

图 6-8　前照灯使用类型

（a）普通白炽灯；（b）H 形卤素灯单丝；（c）H 形卤素灯双丝；（d）LED 灯

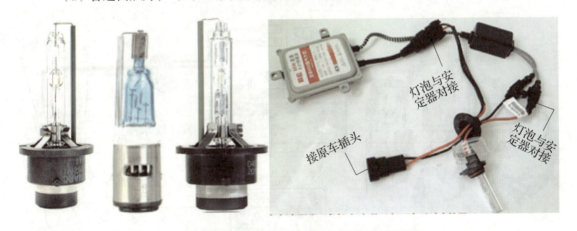

图 6-9　HID 气体放电灯及控制组成

① 白炽灯泡。

白炽灯泡的灯丝用熔点高、发光强的钨丝制成，如图 6-8(a) 所示。钨丝受热后会蒸发，会缩短灯泡的使用寿命。随着汽车技术的不断发展，除部分车型用于后尾灯做信号用外，普通白炽灯泡已被淘汰。

② 卤素灯泡。

现代汽车上广泛使用利用卤钨再生循环原理制造的卤素灯泡，如图 6-10 所示。它是在充入灯泡的气体中掺入某一卤族元素，如氟、氯、溴、碘等，卤素灯泡在工作时温度和气压都较普通白炽灯泡高得多，因此具有寿命长、亮度大的特点。

图 6-10　卤素灯结构

⚠ 注意：石英卤素灯比普通灯泡使用时更容易发热，如果有润滑油油脂黏其表面，会缩短灯泡使用寿命。另外，手中的汗液及指纹也会污染卤素灯，因此，更换灯泡时，要握住其凸缘，避免手指接触卤素灯表面。

图 6-11　卤素灯类型

卤素灯泡从外形上可分为：H1、H2、H3、H4、H7、9005 及 9006 等，如图 6-11 所示。其中 H1、H4、H7、9005 及 9006 在前照灯上应用广泛，H1 和 H7 分别为前照灯的单丝远光灯泡，常用作辅助前照灯（如雾灯）。H4 为前照灯远、近光双丝灯泡。

③ HID 气体放电灯。

HID 是 High Intensity Discharge Lamp（高亮度气体放电灯）的简称。这种灯具放电的气体是氙气，故亦称氙气灯，简称氙灯，如图 6-12 所示。

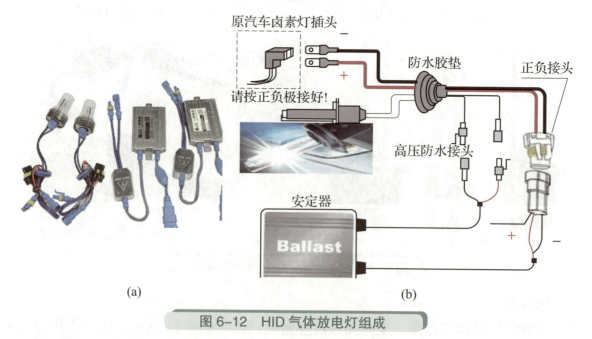

图 6-12　HID 气体放电灯组成

HID 气体放电灯的灯泡里没有传统灯泡的灯丝，取而代之的是装在石英管内的两个电极，管内充有氙气及微量金属（或金属卤化物），克服了传统钨丝灯的缺陷。在电极上加上足够高的触发电压后,气体开始电离而导电发光。HID 气体放电灯以汽车 12 V 蓄电池为电源,利用一个特制的镇流器,在极短的时间内产生约为 23 kV 的触发电压(亦称引弧电压)点亮灯泡。

HID 工作特性:

①起动快;②应急性;③电压适应范围宽;④寿命长。

(4) LED 灯泡

LED 车灯是指采用 LED 发光二极管为光源的车灯,随着 LED 技术的发展,已经越来越多的汽车厂商将 LED 车灯作为汽车灯的首选。具有使用寿命长、环保节能、点亮无延迟以及体积小等优点,如图 6-13 所示。

LED 发光二极管是一种半导体器件,可以将电能转为可见光,在 LED 中,有一个晶片,是由 N 型半导体和 P 型半导体组成的,这两部分连接起来会形成一个 P-N 结,当电流通过这个晶片时电子会在 P 区内发生能量,会以可见光的形式呈现。

图 6-13 LED 车灯类型

2. 雾灯

雾灯分为前雾灯和后雾灯,是在有雾天气使用的照明灯,又称防雾灯,如图 6-14 所示。雾灯灯光为黄色或橙色,这两种光的波长较长,有较好的穿透能力,所以能照亮车前方较远距离的路面。

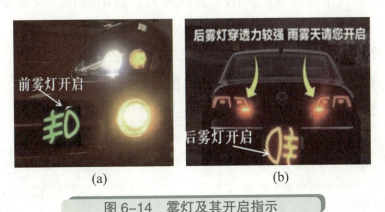

图 6-14 雾灯及其开启指示

2. 其他照明灯

①仪表及开关照明灯。如图 6-15(a)所示。仪表及开关照明灯主要用于夜间行车时仪表及开关的照明以及为驾驶员及时查看仪表及操作开关提供了便利条件。

②牌照灯。如图6-15（b）所示。它装于汽车尾部牌照上方或左右，用来照亮后牌照，确保行人在后方20 m能够清楚地看见牌照上的文字。

③倒车灯。如图6-15（b）所示。倒车灯是倒车时用来照明后方道路并提醒其他车辆和行人注意的照明、信号两用灯。倒车灯的颜色是白色，驾驶员挂上倒挡，就自动接通倒车灯，灯的亮度应照亮7.5 m的距离。

④车门灯。如图6-15（c）所示。一般用于轿车或旅行车。当车门打开时，车门灯电路即接通，车门灯被点亮；当车门关上时，车门灯便熄灭。

⑤顶灯、阅读灯、后备厢灯。如图6-15（d）和图6-15（e）所示。顶灯安装在驾驶室顶部，主要用于车辆的内部照明。阅读灯一般装于乘客座位旁边供乘客阅读使用，提供给乘坐人员足够的亮度。汽车后备厢灯主要用于取放物品用。

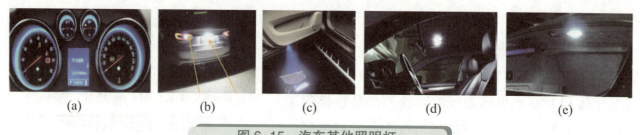

图6-15 汽车其他照明灯

（a）汽车仪表灯；（b）汽车倒车灯、牌照灯；（c）汽车车门灯；
（d）汽车顶灯、阅读灯；（e）汽车后备厢灯

三、汽车照明前照灯防炫目措施

①前照灯采用双丝灯泡，如图6-16所示，远光灯丝位于反射镜的焦点上，射出的光线远而亮；近光灯的灯丝位于反射镜焦点的上方或前方，射出的光线大部分向下倾斜，且光线较弱，可防炫目。

②采用不对称光形，如图6-17所示，E形非对称及Z形非对称。

③采用前照灯自动控制系统。前照灯自动控制系统可以根据对方车辆灯光的亮度自动变远光为近光或变近光为远光。

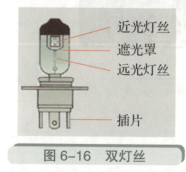

图6-16 双灯丝

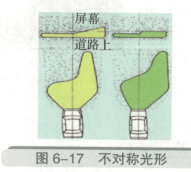

图6-17 不对称光形

四、汽车照明灯控制电路

1. 灯光开关

轿车多采用组合开关，将各种不同功能的电气开关组装在一个组合体内，安装在汽车的转向柱上。组合开关分为拨杆式和旋钮式，如图 6-18 和图 6-19 所示。它具有控制前照灯、远近变光、超车信号、前小灯、尾灯、停车灯、转信号灯、刮水器、洗涤器等功能，操作灵活，使用方便。

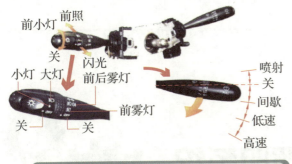

图 6-18 汽车灯光组合开关

图 6-19 旋钮式灯光开关

2. 汽车照明灯控制电路

为了提高工作可靠性，车灯均采用并联电路，在每个灯具支路上还安装了熔断器，以确保某支路出现故障时，不会影响其他支路电器的工作。

汽车前照灯因车型不同，控制方式也有差别。其继电器控制电路分为控制火线方式和控制搭铁线方式两种，如图 6-20 所示。

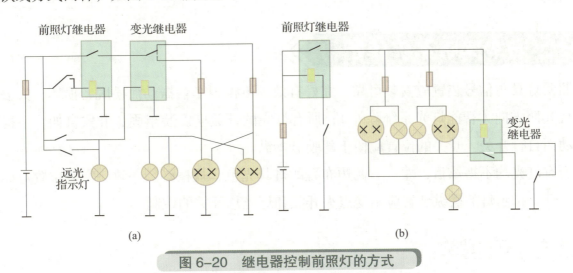

图 6-20 继电器控制前照灯的方式

（a）继电器控制火线方式；（b）继电器控制搭铁线方式

一汽大众宝来轿车前照灯控制系统电路

别克威朗轿车近光灯控制系统电路

丰田凯美瑞轿车前照灯控制系统电路

北京现代索纳塔轿车前照灯控制系统电路

任务小结

1. 汽车照明一般可分为：外部照明和内部照明。

2. 前照灯主要由灯泡、反射镜和配光镜三部分组成。

3. 前照灯应具备防止炫目的功能，以避免夜间两车相会时，使对方驾驶员炫目而造成交通事故。

4. 为了提高工作可靠性，车灯均采用并联电路，以确保某支路出现故障时，不会影响其他支路电器的工作。

AFS 随动转向灯光系统

任务 6.2 汽车照明系统维护与检修

理论指引

一、汽车照明系统维护

照明灯具与信号装置应安装可靠、完好有效，不得因车辆振动而松脱、损坏、失去作用或改变光照方向（智能灯光系统除外）；所有灯光的开关应安装牢固、开关自如，不得因车辆振动而自行开关。开关的位置应便于驾驶员操纵。

所有灯光均不得炫目，左、右两边布置的灯具光色、规格必须一致，安装位置对称。危险报警灯、指示灯的操纵装置应不受点火开关和灯光总开关的控制。

1. 前照灯的调整

为保证前照灯的性能，应及时对前照灯进行检测和调整。前照灯的检验可采用屏幕法检验和前照灯检测仪检验两种方法，如图 6-21 和图 6-22 所示。

项目六　汽车照明及信号系统的维护与检修

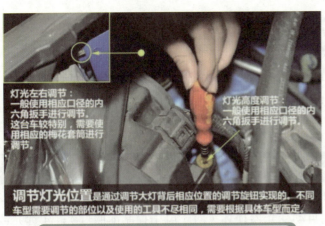

图 6-21　前大灯灯光调节位置

前大灯灯光调节（2）

大灯的调整方法（1）

图 6-22　前照灯检测仪

前照灯发光强度要求。机动车每只前照灯的远光光束发光强度应达到表 6-2 所示的要求。测试时，其电源系统应处于充电状态。灯光检测不符合表中发光强度要求时，应予以调整或者更换相关前照灯。

表 6-2　前照灯远光光束发光强度要求　　　　　　　　　　　　　　　　　　单位：cd

项目	新注册车		在用车	
	两灯制	四灯制	两灯制	四灯制
汽车	15 000	12 000	12 000	10 000

2. 前照灯的更换

现以更换汽车 LED 前照灯为例，简要介绍其前照灯的更换方法，如图 6-23 所示。

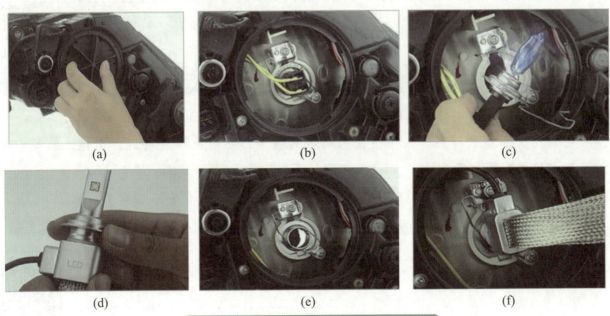

图 6-23　汽车 LED 前照灯更换步骤

（a）打开发动机盖，找到前照灯防尘盖；（b）逆时针拧下防尘盖，注意线束；（c）取下固定卡扣和原车卤素灯泡；（d）将 LED 大灯卡扣旋转取出；（e）检查线束及灯具清洁情况；（f）将 LED 大灯装入前照灯原位置，固定卡扣，并开灯试测是否正常工作

二、汽车照明系统常见故障与检修

前照灯的故障主要有前照灯不亮、远光或近光不亮、灯光变暗等。这些故障一般是由于灯泡损坏、灯丝烧断、电路断路、开关损坏和控制失效等引起的，具体情况如表6-3所示。

表6-3 前照灯常见故障及原因

故障现象	故障原因
所有灯不亮	①蓄电池至总开关之间的火线短路；②灯总开关损坏，电源总熔断丝熔断；③电子控制自动变光器损坏（对于电子控制前照灯）；④远光或近光的导线都断路或接触不良；⑤前照灯搭铁失效
远光或近光灯不亮	①变光开关或自动变光器损坏；②远光或近光灯的导线有一根断路；③双丝灯泡的远光或近光灯丝有一根烧断；④灯光继电器损坏；⑤传感器损坏；⑥远光或近光熔断丝熔断
前照灯灯光暗淡	①电源电压低；②熔断丝松动及导线接头松动；③前照灯开关或继电器触点接触不良；④发动机输出电压低；⑤用电设备漏电，负荷过大
一侧前照灯亮，另一侧前照灯暗	前照灯暗的一侧搭铁不良或变光开关接触不良
灯泡经常烧坏	发电机输出电压过高或灯泡安装不牢固碰损

应当说明的是，检测前照灯故障时，应按照先易后难的原则，熔断丝→灯泡→线路控制→灯光开关。损坏的灯光部件直接更换同型号、规格的。特别是新型的灯光控制技术以及后来改装的灯光系统，更要注意检修时安全性。明确故障后再进行检修操作。

汽车照明系统新技术

任务小结

1. 危险报警灯、指示灯的操纵装置应不受点火开关和灯光总开关的控制。
2. 检修灯光系统故障时，应按照由易到难的顺序，明确故障后再进行拆换，新型灯光控制系统在检修时要注意安全。
3. 前照灯的故障主要有前照灯不亮、远光或近光不亮、灯光变暗等常见故障。

随动前照灯

任务 6.3 汽车信号系统认知

理论指引

汽车信号系统是用于汽车指示其他车辆或行人的灯光（声音）信号（或标志），它通常由转向信号装置、制动信号装置、电喇叭等组成，以保证汽车行驶的安全性。信号系统包括灯光信号和声响信号两大类。

一、汽车信号系统概述

汽车信号系统主要包括灯光信号装置和声音信号装置。主要作用是通过声、光信号向环境（如行人、非机动车驾驶人、其他车辆）发出警告、示意信号，以引起有关人员注意，确保车辆行驶安全。灯光信号主要包括外部信号灯和内部信号灯，如图 6-24 和图 6-25 所示。汽车常见信号灯工作时特点及用途如表 6-4 所示。

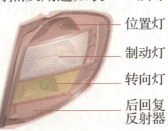

图 6-24 汽车外部信号灯

图 6-25 汽车内部信号灯

表 6-4 常见信号灯工作时特点及用途

种类	外部信号灯					内部信号灯	
	转向灯	示廓灯	停车灯	制动灯	倒车灯	转向指示灯	其他指示灯
工作时的特点	琥珀色交替闪	白或黄色常亮	白或红色常亮	红色常亮	白色常亮	白色闪亮	白色常亮
用途	告知路人或其他车辆将转弯	标志汽车宽度轮廓	表明汽车已经停驶	表示已减速或将停车	告知路人或其他车辆将倒车	提示驾驶员车辆的行驶方向	提示驾驶员车辆的状况

声音信号主要包括电喇叭、转向或倒车蜂鸣器、车辆行驶状态监测蜂鸣器等，如图 6-26~图 6-28 所示。用于提醒行人及其他车辆驾驶员或车辆行驶状态检测，以保证行车及人身安全。

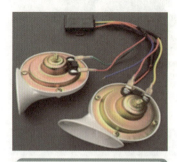

图 6-26　汽车电喇叭

图 6-27　汽车转向或倒车蜂鸣器

图 6-28　行驶状态监测蜂鸣器

二、汽车信号系统的组成

汽车信号系统主要由电源、信号控制开关、转向信号装置、制动信号装置、倒车信号装置、电喇叭、继电器、指示灯和蜂鸣器等组成。

1. 汽车转向信号及危险报警系统

在汽车起步、转弯、变更车道或路边停车时，需要打开转向信号灯以表示汽车的趋向，提醒周围车辆和行人注意。

转向信号及危险报警系统由闪光继电器（简称闪光器）、转向灯开关、转向信号灯和转向指示灯等组成，如图 6-29 所示。其电路图如图 6-30 所示。

危险信号报警电路一般由左、右转向灯，闪光器继电器，危险报警开关等组成，不受点火开关控制，如图 6-29 所示（虚线表示部分）。当危险报警开关闭合时，左、右转向灯同时闪烁。其电路如图 6-30 所示，其电路为：蓄电池正极→危险报警开关→闪光器继电器→转向信号灯及转向指示灯→搭铁，此时，转向信号灯及仪表板上的转向指示灯同时闪烁。

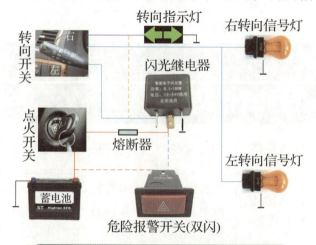

图 6-29　转向信号及危险报警系统组成

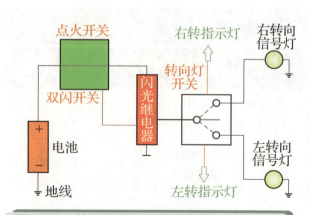

图 6-30　转向信号及危险报警系统电路简图

汽车转向信号用于指示车辆的转弯方向，其灯光信号采用闪烁的方式，用来指示车辆左转或右转，以引起交警、行人和其他驾驶员的注意，提高车辆行驶的安全性。危险警示信号通过操纵危险警示开关，使全部转向灯闪亮，发出警示信号，请求其他车辆避让，如图6-29所示。

2. 汽车制动信号系统

制动信号灯是与汽车制动系统同步工作的，它通常由制动信号灯开关控制。制动信号灯安装在汽车的尾部，当踩下制动踏板时，红色信号灯亮，给尾随其后的车辆发出制动信号，以避免造成追尾事故。

制动信号系统主要由电源、制动信号灯开关和制动信号灯组成，如图6-31所示。制动信号灯由制动信号灯开关控制，制动信号灯电路一般不受点火开关控制，直接由电源、熔断丝连到制动信号灯开关。其电路简图如图6-32所示。

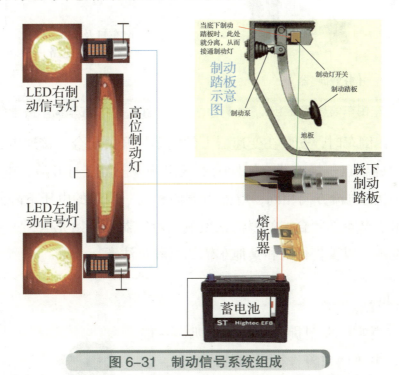

图6-31 制动信号系统组成

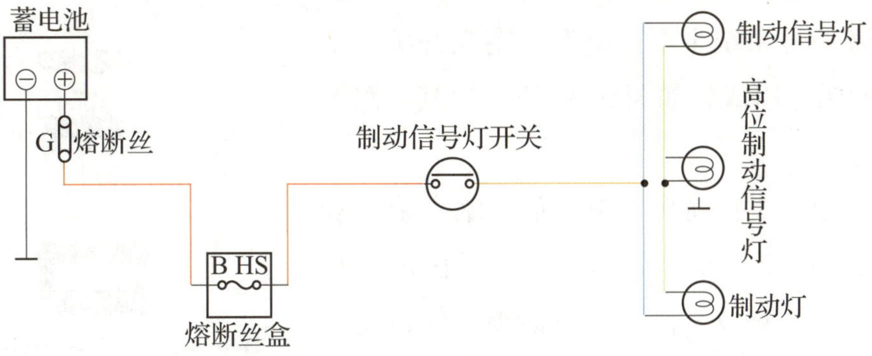

图6-32 制动信号系统电路简图

制动信号系统还安装有高位制动信号灯,它装在后窗中心线、靠近窗底部附近。这样当前后两辆车靠得太近时,后面汽车驾驶员就能从高位制动信号灯的工作情况,判断前面汽车的行驶状况,以防止发生追尾事故。

3. 汽车倒车信号系统

汽车倒车时,为了警示车后的行人和其他车辆注意避让,在汽车的后部装有倒车灯和倒车蜂鸣器(或倒车语音报警器),它们均由装在变速器上的倒挡开关控制,如图6-33所示。其电路简图如图6-34所示。

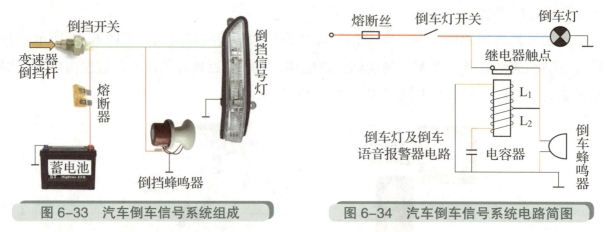

图6-33　汽车倒车信号系统组成

图6-34　汽车倒车信号系统电路简图

其工作原理为:倒车时,安装在变速器上的倒车灯开关闭合→接通电路,倒车灯亮→同时电流经继电器中的触点→蜂鸣器,使蜂鸣器发出响声。触点打开后,电容器经L_1和L_2充放电→使L_1和L_2中的电流方向相同,电磁力方向相同→两端的电压下降到一定值时,磁吸力小于弹簧弹力触点又重新闭合→蜂鸣器又发响。电容器又开始充电,重复上述过程。从而控制蜂鸣器间歇发声,以警告行人和其他车辆的驾驶员注意。

4. 汽车电喇叭

汽车上都装有喇叭,大型货车装有气喇叭,一般轿车使用电喇叭。主要用来警告行人和其他车辆,以引起注意,保证行车安全,同时还可用于催行与传递信号。汽车声音信号系统主要由电源、喇叭开关、喇叭继电器、电喇叭等组成,如图6-35所示。其电路图如图6-36所示。

电喇叭的外形种类:筒形、螺旋形(蜗牛形)和盆形三种,如图6-37所示。筒形喇叭:以扬声筒作为共鸣辐射体,其音响效率高,音色清晰,但占用空间大。螺旋形(蜗牛形)喇叭:与筒形喇叭原理完全

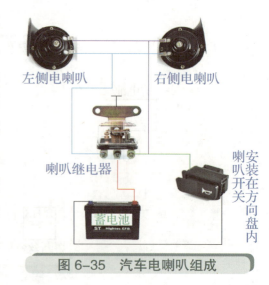

图6-35　汽车电喇叭组成

一样，性能十分相近，音色优美，而占用空间较小。盆形喇叭：体积和质量小，方向性好，噪声小。

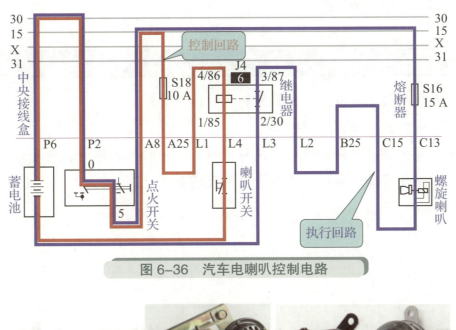

图 6-36　汽车电喇叭控制电路

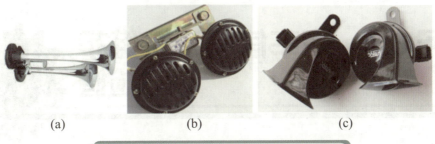

图 6-37　电喇叭的类型
（a）筒形喇叭；（b）盆形喇叭；（c）螺旋形喇叭

5. 其他辅助信号

示廓灯也叫示廓灯、小灯。如图6-38和图6-39所示。仅从字面上看，"示"是警示的意思，"廓"表示轮廓，所以，示廓灯是一种警示标志的车灯，用来提醒其他车辆注意的指示灯。示廓灯一般安装在汽车顶部的边缘处，这既能表示汽车高度又能表示宽度。安全标准规定在车高高于3 m的汽车必须安装示廓灯。

图 6-38　汽车示廓灯位置

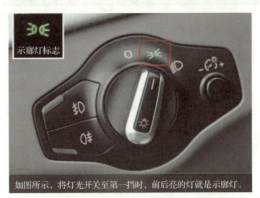

图 6-39　汽车示廓灯开启指示

警车、救护车、消防车等都需要加装音响报警装置，用于提醒过往车辆和行人及时避让，不得妨碍行驶。其他辅助信号还有倒车雷达、倒车影像等，此部分内容将在项目八当中具体讲解。

像素交互式尾灯

任务小结

1. 汽车信号系统主要包括灯光信号装置和声音信号装置。
2. 汽车倒挡信号由倒挡开关直接控制。
3. 灯光信号装置主要有转向信号灯、危险报警灯、示廓灯、尾灯、制动灯、倒车灯等。
4. 乘用车普遍采用螺旋形喇叭，改善音质以及增强音量。

任务6.4 汽车信号系统维护与检修

理论指引

汽车信号系统是车辆行驶时操作较为频繁的系统之一，良好的汽车信号系统对于行驶车辆的安全性具有重要意义。

一、汽车信号系统维护

1. 在进行汽车信号系统线路排查前，对于复杂故障，应认真研读其汽车信号系统电路，按正确思路步骤排查，提高效率。
2. 汽车信号系统不得进入灰尘、水迹等，防止损坏其电气元件。
3. 应正确操作汽车信号控制开关，避免操作不当，引起信号失误，造成后方车辆误解信号提示。
4. 在更换汽车信号系统部件时，应采用原车同型号规格的部件，并按照说明要求规范安装。

二、汽车信号系统常见故障与检修

汽车信号系统常见故障及排除方法如表 6-5 所示。

表 6-5 汽车信号系统常见故障及排除方法

故障现象	故障部位及原因	排除方法
转向灯不亮或不闪烁	熔断丝损坏	更换同型号规格的熔断丝
	闪光器损坏	更换同型号规格的闪光器
	转向灯均烧毁	排除烧毁原因，更换同型号、规格的转向灯
	转向灯开关损坏	检修或更换
转向灯亮而不闪烁	闪光器损坏或闪光器搭铁不良、危险报警开关有故障	更换闪光器或检查线路，紧固线路，更换报警开关
左转向时转向灯闪烁正常，右转向时闪烁变快	右转向灯的功率较小	更换同型号、同功率的灯泡
	所有右转向灯中有一个灯泡烧坏	更换烧坏的同型号、规格的灯泡
	线路中有接触不良或搭铁不良	检查紧固线路
左右转向灯闪烁频率不一样，或其中一只不工作	闪光器损坏；其中一只灯泡使用非标准灯泡；灯泡搭铁不良	更换同型号、规格的闪光器；检查线路紧固线路，更换同型号灯泡
制动时，全部制动灯不亮	熔断丝烧毁；灯丝全部烧毁；制动开关损坏；控制线路断路	检查熔断丝烧毁原因，更换同型号、规格的熔断丝；更换同型号、规格的灯泡；检修或更换制动开关；检修控制线路，使其搭铁回路正常
制动时，某一制动灯不亮	灯丝烧坏；控制线路搭铁不良	更换烧坏的灯泡；检修搭铁线路
倒车灯不亮	熔断丝损坏；灯泡烧毁；倒车开关损坏	检查保险烧毁原因，更换同型号、规格的熔断丝；更换同型号、规格的灯泡；检修或更换倒挡开关

电喇叭的故障与排除：

（1）电喇叭音量小

故障原因是电喇叭触点烧蚀，电喇叭搭铁不良。排除方法：电喇叭触点烧蚀，更换电喇叭；搭铁不良，视情处理。对于螺旋（蜗牛）形电喇叭，使用中不要进水，安装时注意方向，开口朝下。

（2）电喇叭不响

故障原因是熔断丝熔断、继电器或电喇叭按钮有故障。先检查熔断丝、电喇叭搭铁情况、继电器及线路连接。

（3）电喇叭音量调整

音量的调整靠调整喇叭内触点顶压力（即控制喇叭线圈的电流大小）来实现，触点的接触压力增大时，喇叭的音量则变大，反之音量变小。

调整方法：旋转音量调节螺钉，逆时针方向转动时，触点压力增大，音量增大，顺时针方向转动时，触点压力减小，音量减小，如图6-40所示。

一般发动机起动前，按喇叭按钮时，常出现喇叭声音沙哑这种情况，多数是由于蓄电池亏电造成的。如果起动发动机后，待蓄电池充满电量时，发动机运转正常且达中速以上时，再按喇叭按钮，喇叭声音恢复正常，就无须再调整了。

应当说明的是，检查汽车信号系统时，应明确故障后再进行检修操作。按照先易后难的原则，熔断丝→信号装置→线路控制→开关按钮。损坏的部件应直接更换同型号、规格的。

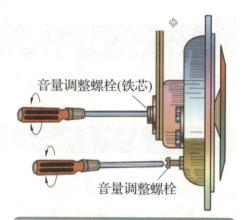

图6-40　电喇叭的调整

汽车灯光改装　　电喇叭的调整

任务小结

1. 汽车常见信号系统故障主要有转向信号灯不工作、闪烁频率不正常、倒车灯不工作、喇叭不响等。

2. 检查汽车信号系统时，应明确故障后再进行检修操作。按照先易后难的原则，熔断丝→信号装置→线路控制→开关按钮。损坏的部件应直接更换同型号规格的。

任务情景解读

打开远光灯后，左侧远光灯不亮，其余灯光正常工作。经检测发现F5UA熔断丝烧坏且保险供电端左侧远光灯的火线对负极短路。简单修复此段线路，更换同规格、型号的F5UA熔断丝，试车打开远光灯故障排除，左侧远光灯正常点亮。由于汽车灯光系统关系到自身和他人的安全，因此我们不能忽视对汽车灯光系统的检修。

 匠心课堂

大国工匠艾爱国

艾爱国是工匠精神的杰出代表，在焊工岗位奉献50多年，精益求精，追求卓越，勇于自主创新，攻克了数百项技术难关，成为怀有一身绝技的焊接行业"领军人"。

台上一分钟，台下十年功。我常看的技术书籍就有数百册，做的工作笔记有几十万字。我的第一点体会是，当一个好工人就要勤于钻研。每次攻关前，我都要翻阅大量的焊接资料，对症下药，选择正确的焊接方法，制定完善的焊接工艺。每次工作结束，还要好好总结，记下的焊接工艺案例笔记有十几本，这就是我的财富，或者说是"核心竞争力"。

项目七
汽车仪表信息显示及报警系统维护与检修

任务情景导入

一辆2019款别克昂科威车，搭载1.5T发动机，累计行驶里程约为2万km。车主反映，车辆行驶过程中，组合仪表上的多个故障灯突然点亮，且发动机转速表指针、燃油油位表指针、冷却液温度表指针等瞬间降至最低刻度线处。接车后首先试车，确认故障现象的确如车主所述。用专用故障检测仪检测，读得到的故障代码发现多个控制模块与组合仪表、收音机、远程信息处理控制模块失去通信，且为当前故障。经检测发现其串行数据网关模块损坏，更换新的串行数据网关模块后故障排除。只有了解汽车仪表与报警系统的工作过程，结合仪器设备才能准确高效排除上述故障。

任务描述

汽车仪表信息显示及报警系统用来指示汽车运行以及发动机运转的状况，以便驾驶员随时了解各系统的工作情况，保证汽车安全而可靠地行驶。汽车仪表信息显示及报警系统是汽车安全行驶和经济行驶不可缺少的部件，它对汽车内部造型美观也起到一定的作用。为了掌握汽车仪表信息显示及报警系统的维修方法，必须了解汽车仪表信息显示及报警系统的组成、部件结构及原理，掌握汽车仪表信息显示及报警系统电路的控制及其检测维修方法。

学习目标

知识目标

1. 熟悉汽车仪表信号显示的功用及含义；
2. 熟悉汽车各种仪表报警装置的工作原理。

能力目标

1. 能准确描述汽车仪表指示灯的表示含义；
2. 能对汽车仪表信息显示及报警系统技术状况进行检查。

情感素养目标

1. 树立安全意识、效率意识、规范意识；
2. 培养较强的动手操作能力；
3. 培养严谨细致的工作态度和大国工匠精神。

任务 7.1 汽车仪表信息显示及报警系统认知

理论指引

如今汽车技术发展日新月异，大量先进电子控制技术被运用到了汽车上，汽车仪表信息显示及报警系统将大量的行车数据及各种指示灯结合在一起，显示信息极为丰富。作为专业维修人员的我们，不能仅仅只停留在会开车这种简单的层面上，更要学会与车辆进行沟通，通过各种指示灯、故障灯来了解车辆的各种情况。汽车信息显示系统是汽车运行状况的动态反映，是汽车与驾驶员进行信息交流的界面，同时也是维修人员发现和排除故障的重要依据。

一、汽车仪表信息显示及报警系统概述

为了便于驾驶员随时了解汽车行驶运行状态，特别是发动机的各种工作参数是否正常，汽车上都设置各种仪表，如图 7-1 和图 7-2 所示。仪表是车辆和驾驶员进行信息沟通的最重要和最直接的人机界面。汽车信息显示及报警系统主要由汽车仪表系统和汽车报警信息系统两部分组成，为驾驶员提供必要的汽车运行信息，保证行车安全，并及时发现和排除车辆存在的故障。

汽车仪表灯类型

图 7-1 汽车仪表

图 7-2 汽车仪表（混动汽车用）

汽车仪表灯类型及灯光颜色代表主要有以下三类。

指示类：用来说明车辆的一些基本状况，表示车辆目前的一个工作状态，便于了解车辆的各项功能和状态（如灯光系统指示灯、水温指示灯、燃油量指示灯），如图 7-3 所示。

提示类：用来说明车辆当前状态不正常或者操作不正确（如安全带提示灯、车门开启提示灯），如图 7-3 所示。

警示类：说明车辆存在故障，需要维修（如发动机故障灯、机油压力报警灯），如图 7-3 所示。

绿色：功能指示灯起提示作用（如转向指示、巡航系统、动力模式开关、换挡提示灯等），如图 7-4 所示。

黄色：故障警示灯和功能指示灯起警示作用（如 ABS 灯、发动机故障灯、牵引力控制指示灯等），如图 7-4 所示。

红色：故障警告灯起严重的警示作用（如机压力报警油灯、安全带指示灯、蓄电池指示灯等），如图 7-4 所示。

图 7-3 汽车仪表灯类型

图 7-4 汽车仪表灯颜色类型

二、汽车仪表信息显示及报警系统组成

现今轿车的仪表台总成一般分为两部分：转向盘前的主仪表板和驾驶员旁通道上的副仪表板及仪表罩构成的平台。主仪表板上一般集中了全车的监控仪表，如车速表、发动机转速表、油压表、水温表、燃油表等。有些仪表还设有变速挡位指示、时钟、环境温度表、路面

倾斜度和海拔高度表等，如图7-5所示。按照当前流行的仪表台设计款式，空调、音响、导航、娱乐等设备的显示和控制部件安装在副仪表板上，以方便驾驶员的操作，同时也显得整车布局紧凑、合理，如图7-6所示。

图7-5 汽车仪表显示及含义

图7-6 汽车主副仪表台

汽车仪表通常都安装在仪表盘上组成一个总成，称为组合仪表盘。安装位置要最便于驾驶员观察，并且以最清晰、直观、简便的方式来显示信息。主仪表板上最醒目的位置用来指示车辆最基本也最重要的工况信息，同时也用其他指示形式来指示一些次要信息。汽车仪表盘因车型的不同其外观也不同，如图7-7所示。但其基本构成却大同小异，一般汽车仪表都具备最基本、最重要的如车速、里程、发动机转速、水温、燃油量等信息的指示功能，以及发动机电控、灯光、电源、安全、润滑和制动等系统相关工况信息的指示及报警功能，如图7-8所示。

图7-7 汽车组合仪表盘

图7-8 汽车组合仪表盘的信息显示

1. 发动机转速表

汽车发动机转速表一般为指针式仪表或较少一部分是数字式的，其反映的就是发动机曲轴每分钟的转数。其计量单位符号为r/min，单位名称为转每分，如图7-9所示。

图7-9 发动机转速表

汽车转速表大部分的设计都是一样的，通常都是转速表的指示数将其乘以 1 000 或 100 以后，得到的即为发动机每分钟转速。汽车发动机的工作原理如图 7-10 所示。

其作用为：

① 显示发动机转速，反映发动机工作是否正常；

② 作为手动变速箱换档时的参考，选择合适的换档时机，让发动机始终工作在最经济的工作区间；

③ 根据发动机转速来判断汽车的故障，如怠速不稳、忽高忽低等。

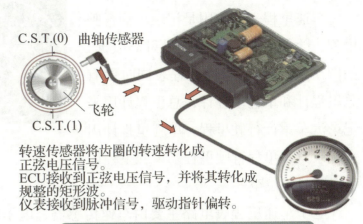

图 7-10　发动机转速表工作原理

2. 车速表

车速里程表是用来指示汽车行驶速度和累计汽车行驶里程数，它由车速表和里程表两部分组成。车速表的作用是显示车辆的行驶速度，单位是 km/h（公里 / 小时）。其工作原理如图 7-11 所示。根据车速传感器的脉冲信号的快慢，使车速表的偏转电流发生相应的变化，从而使表针做相应的偏转，指示汽车的行驶速度。其类型如图 7-12 和图 7-13 所示。

图 7-11　汽车车速表工作原理过程

图 7-12　汽车指针式车速表

图 7-13　汽车数字式车速表

3. 车速里程表

车速里程表的作用是记录车辆行驶里程，为及时保养车辆提供可靠数据，如图7-14所示。车速里程表同时设有总里程计和单程里程计，总里程计用来记录汽车累计行驶里程，单程里程计用来记录汽车单程行驶里程。单程里程计可以随时复位至零。

图7-14 汽车车速里程表

汽车车速里程表

电子车速里程表电路主要由车速传感器、电子电路、车速表和里程表四部分组成，如图7-15所示。

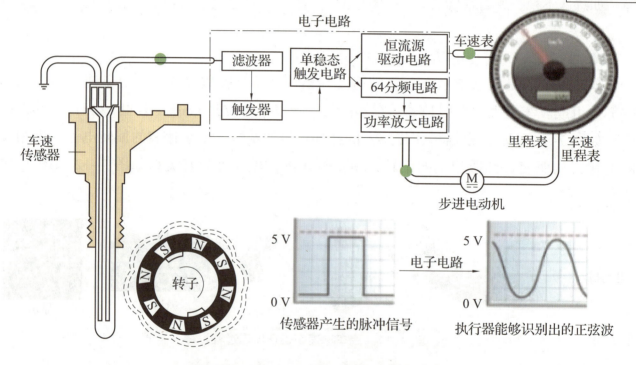

图7-15 汽车电子式车速里程表原理

车速里程表的工作原理是：车速传感器由变速器驱动，能产生正比于汽车行驶速度的电信号。电子电路将车速传感器送来的具有一定频率的电信号，经整形、触发，输出一个与车速成正比的电信号。当汽车以不同车速行驶时，从电子电路接线端输出的与车速成正比的电流信号便驱动车速表指针偏转，从而指示相应的车速。步进电动机利用电磁铁的作用原理将脉冲信号转换为线位移或角位移的电动机。车速传感器输出的频率信号经64分频器分频后，再经放大，驱动步进电动机带动齿轮计数器累计行驶里程。

液晶显示的车速里程表其原理与上述类似，只是在显示方式上进行了改变，显示更加直观，其原理如图7-16所示。

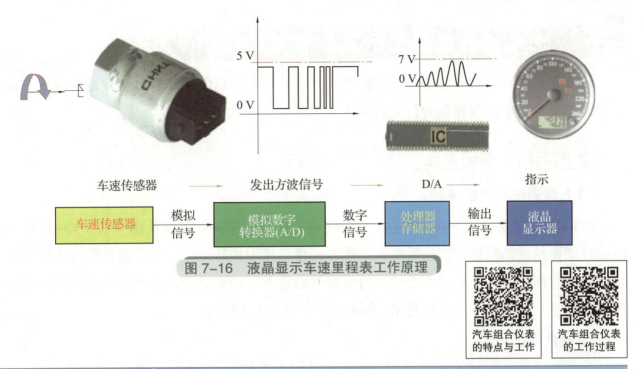

图 7-16 液晶显示车速里程表工作原理

任务小结

1. 仪表是车辆和驾驶员进行信息沟通的最重要和最直接的人机界面。汽车信息显示系统主要由汽车仪表系统和汽车报警信息系统两部分组成。

2. 一般汽车仪表都具备最基本、最重要的如车速、里程、发动机转速、水温、燃油量等信息的指示功能。

3. 现代组合仪表最突出的特点是功能的模块化。

4. 汽车组合仪表的背光亮度可以手动调节至合适亮度。

任务 7.2 汽车仪表信息显示及报警系统显示维护与检修

理论指引

汽车仪表信息显示及报警系统是监测和指示各有关模块的性能和状态的重要界面，为正确使用和维护发动机提供依据和指南。为保证汽车仪表信息显示及报警系统能正常工作，准确指示各有关部分的性能和状态，必须对其正确使用和及时维护保养。

一、汽车仪表信息显示及报警系统维护

仪表盘是汽车内部非常重要的部件之一，它经过清洁后的干净程度不仅能影响汽车内部的视觉感受，更关乎驾驶员的行车安全性。

1. 汽车仪表盘的清洁

（1）普通仪表盘的维护

清洁普通仪表盘较直接的方法，如图7-17所示。首先只需要使用一块干净的软抹布，然后仔细擦拭。如果想要清洁后的效果更好，建议使用细纤维布，用力擦拭则可去除顽固型污渍。注意擦拭的时候尽量不要错过角落细微的地方，否则会发现清理后的仪表盘没有擦到区域的灰尘和污垢会变得异常明显，影响汽车内部环境的美观。

（2）真皮仪表盘

部分中高端豪华轿车的仪表盘，通常是采用皮革材料制成的，如图7-18所示。清理这种材质的仪表盘，需要远离含有所谓"天然"元素的清洁剂，如酒精等。因为这种清洁剂不仅会使皮革变得干燥、黯淡无光，还会使其表面产生裂缝。一般建议使用有纯天然橄榄香皂做清洁剂，它对皮革材质的伤害度相对较低。

图7-17 普通汽车仪表的清洁

图7-18 真皮仪表盘的清洁

2. 汽车仪表的养护

①汽车仪表盘应尽量避免受紫外线直射，因为过强的光照会使仪表盘出现褪色、老化、龟裂、起皱等问题。

②汽车仪表盘可以使用表板蜡进行养护，如图7-19所示。涂抹在仪表盘表面会形成一层光洁亮丽的保护膜，这不仅能够美化仪表盘，还能够使其恢复原本的色彩。表板蜡更具有防抗紫外线、防水、防霉等功能，涂抹后可以减少灰尘积聚，从而有效延长仪表盘使用寿命。

项目七 汽车仪表信息显示及报警系统维护与检修

图 7-19 汽车仪表盘的养护（表板蜡）

3. 观察汽车仪表指示情况

①要熟悉掌握各仪表的性能及仪表指示状态与发动机有关部分工作状况的关系，以便根据仪表指示状态，判断发动机的工作状况，查找故障部位及原因。汽车起动后仪表盘指示灯点亮进行自检，几秒后将熄灭，如图 7-20 所示。

②发动机起动时，必须观察各仪表的动态，发现异常，及时处理，如图 7-21 所示。汽车仪表故障灯点亮（黄灯），发动机运转及汽车行驶中，也应经常观察各仪表的动态，以便掌握各相关系统的工作情况。

图 7-20 汽车仪表盘指示灯自检中　　图 7-21 汽车仪表故障灯点亮

二、汽车仪表信息系统常见故障与检修

现代汽车仪表正在经历更新换代，向着数字化和智能化的方向发展。其结构如图 7-22 所示。汽车仪表信息系统常见故障主要有以下几类情况：①仪表背景灯泡不亮。②转速表、车速表、水温表卡滞。③里程表显示不正确。④指示灯误报警。⑤行车电脑显示异常。⑥所有仪表均不亮。⑦某个仪表无指示或指针移动不正常。

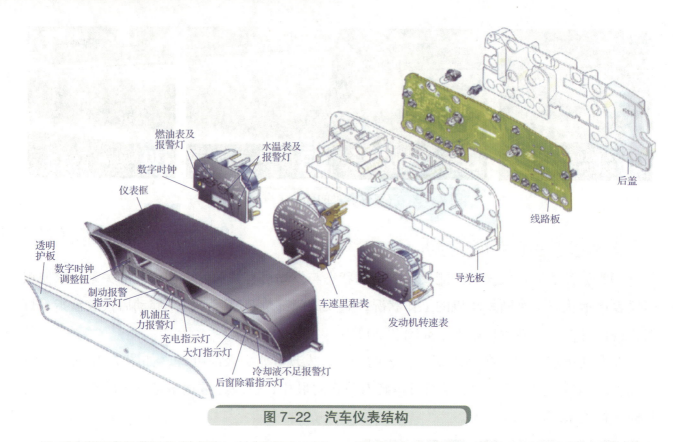

图 7-22 汽车仪表结构

组合仪表常见故障分析：

①在行车过程中出现表头指针回零（仪表自动复位）、表头指针停在某一刻度不动（仪表死机）的问题（点火开关回到"OFF"挡，再重新打开，仪表又正常工作）。针对此现象，问题一般都是组合仪表的电源受到了干扰。组合仪表有两个电源：蓄电池电源和点火开关电源。

②水温、燃油量指示不准。此问题的出现一般是水温或燃油传感器故障，可对传感器进行单体测试，校验其各个检测点是否符合标准。如果不符合，则更换如图7-23所示电路中的相应位置的传感器即可。

③报警指示灯不亮。此问题的故障一般有三种：第一是线束故障，出现断路；第二是发光二极管坏掉（或灯泡）；第三是发光二极管前端的限流电阻损坏，仪表内部断路，如图7-24所示，仪表板背面更换灯泡。

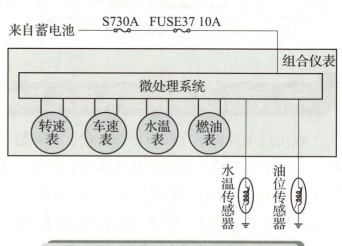

图 7-23 现代组合仪表工作原理图

各灯泡，拧下来换一个就行了！

图 7-24 汽车仪表板背面指示灯泡更换

④提示、报警指示灯常亮（在指示灯相关系统实际没有故障时）。此问题的故障一般有两种：一种是外部线路有短路故障；另一种是仪表内部出现短路。

智能驾驶控制系统

任务小结

1. 汽车仪表信息显示及报警系统的基本组成结构是进行其维护和故障诊断检修的基础。

2. 真皮仪表在进行清洁时，注意不要用酒精以及有机溶剂进行清洁，易导致其皮层损坏，影响仪表使用寿命。

3. 进行显示仪表维修时，应先易后难，明确故障区域模块后再进行对汽车仪表盘拆解，更换部件必修是同规格型号的。

任务 7.3 汽车仪表报警系统认知

理论指引

汽车仪表除了指示基本的车辆行驶工况信息外，还要对其他的一些工况进行监控并向驾驶员发出指示或警告信息，这些信息通常以指示灯的形式显示在仪表板上或者以文字信息显示在液晶显示器上，有的还伴随蜂鸣声，使驾驶员引起注意或重视。

一、汽车仪表报警系统概述

为了警示汽车、发动机或某一系统处于不良或特殊状态，引起汽车驾驶员的注意，保证汽车可靠工作和安全行驶，防止事故发生，汽车上安装了多种报警装置，如机油压力报警灯、冷却液温度报警灯、燃油不足报警灯、制动液不足报警灯等，如图7-25所示。

报警灯由报警开关控制，当被监测的系统或总成工作不正常时，开关自动接通而使报警灯发亮，以提醒驾驶员注意，现代汽车多数采用发光二极管作为报警灯光源，其优点是结构简单、使用寿命长、耗电少、易于识别等，如图7-26所示。

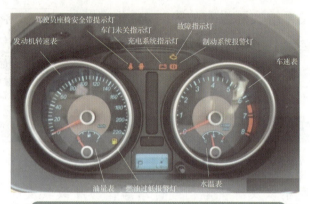

图7-25 汽车仪表报警指示

图7-26 汽车仪表报警信息的显示

汽车驾驶室的仪表板上装有指示汽车、发动机运行工况的各种仪表、报警灯、指示灯、各种控制开关和按钮。为了便于驾驶员识别和控制，在各指示灯、开关的相应位置标有醒目的形象符号。仪表指示灯一般都使用国际标准化组织（ISO）规定的通用符号，易于为全世界的人识别和理解，常见的符号如表7-1所示。

表7-1 汽车常见仪表符号及说明

图形	说明	图形	说明	图形	说明
	制动报警灯		充电指示灯		门控指示灯
	制动盘报警灯		机油压力报警灯		水温过高报警灯
	清洗液指示灯		燃油量过低报警灯		O/D挡指示灯
	ABS故障指示灯		安全气囊故障指示灯		发动机故障指示灯
	安全带指示灯		内循环指示灯		前后雾灯
	远光指示灯		转向指示灯		示廓灯（小灯）

二、汽车仪表报警系统的组成

汽车仪表报警系统主要由电源、显示指示灯（LED发光二极管）、刻有符号图案的透光塑料板和外电路传感器等组成。当报警灯点亮时，驾驶员必须高度重视，如果置之不理，要么会对行车安全造成巨大的影响，要么对车辆本身造成很大的伤害。所以，报警灯亮是必须要立即进行处理的故障或异常情况。

1. 机油压力报警系统

机油压力报警系统的作用是指示发动机机油压力的大小和发动机润滑系统工作是否正常，它由装在仪表板上的机油压力指示灯、控制单元（ECU）和装在发动机主油道中或粗滤器上的机油压力传感器等部分组成，如图 7-27 所示。

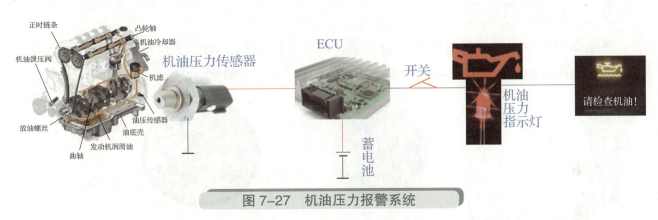

图 7-27 机油压力报警系统

其工作原理是：当机油压力低于某一定值时（一般为 0.03~0.1 MPa），机油压力传感器将机油压力信号转变为电信号送至控制单元（ECU）处理，若低于规定值，将仪表盘上的机油压力报警灯点亮，从而提醒驾驶员注意车辆机油压力情况。应当说明的是，当发动机起动运转时，车辆开始自检，该指示灯点亮，几秒后熄灭。

2. 冷却液温度报警系统（水温）

冷却液温度报警系统（水温表）的作用是指示发动机工作时冷却液的温度，它由装在仪表板上的冷却液温度报警指示灯和装在发动机水套上的冷却液温度（水温传感器）传感器、控制单元（ECU）等部分组成，如图 7-28 所示。

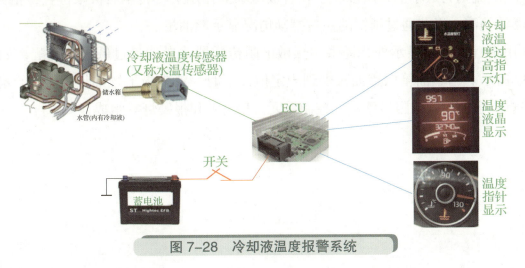

图 7-28 冷却液温度报警系统

汽车发动机正常运转时需要一定的工作温度，过高或过低都不利于发动机的正常运转以及性能发挥，发动机冷却液温度传感器又称水温传感器，采用负温度系数热敏电阻制成。传感器一般安装在发动机缸体、缸盖的水套或节温器内并伸入水套。其工作原理为：当发动机冷却液温度逐渐升高时，热敏电阻的阻值逐渐下降，相反则增大，结果发动机冷却液温度发生变化时传感器的输出电压也相应变化，并将信号输入到控制单元（ECU），ECU接收冷却液温度传感器传来的信号后，经过处理后对发动机的喷油时间和点火时间进行修正。温度过高时，将点亮仪表报警灯，用于提醒驾驶员注意。

3. 燃油量过低报警系统

燃油表用来指示燃油箱内燃油的储存量，由装在仪表板上的燃油指示表和装在燃油箱内的传感器两部分组成，如图7-29所示。其工作原理如图7-30所示。

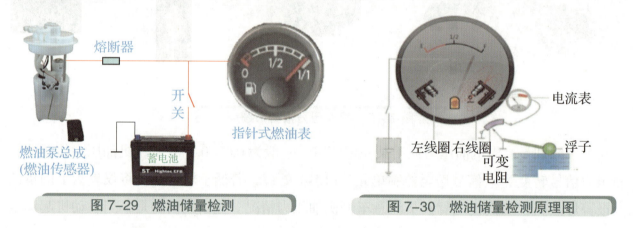

图7-29 燃油储量检测　　　　图7-30 燃油储量检测原理图

指针式燃油报警指示原理：当燃油箱无油时，浮子下降至最低位置，滑片滑至最右端，可变电阻被短路，此时左、右线圈都搭铁，合成磁场使转子转至左极限位置，指针指"0"（E），即无油。燃油箱有油时，浮子上升，滑片左移，使可变电阻部分接入电阻，此时左线圈由于串联了电阻，线圈内电流相应减少，电磁力减弱，因此，转子在合成磁场的作用下向右偏移，指示燃油箱的存油量。油箱满油时，浮子上升至最高位置，可变电阻全部接入电路，左线圈电流则为最小值，所以转子在合成磁场的作用下将转至右极限位置，指针指"1"（F），即燃油箱满。以此通过指针的左右摆动情况显示燃油量。

除采用指针式油量显示外，还采用热敏电阻传感器式燃油量过低报警提醒，如图7-31和图7-32所示。当燃油箱内燃油减少到规定值以下时，仪表板上燃油量报警灯点亮，提醒驾驶员注意。它由热敏电阻传感器、控制单元（ECU）和报警灯等组成。

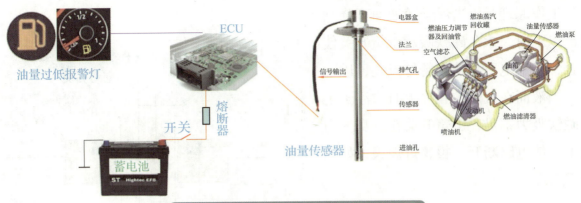

图 7-31 燃油量过低报警提醒

其工作原理是：当燃油箱内燃油量多时，负温度系数的热敏电阻浸在燃油中，散热快，温度低，电阻值大，电流极小，采集的信号传至控制单元（ECU）处理，燃油量不足以报警，因此报警灯不亮。当燃油减少到规定值以下时，热敏电阻元件露出油面，此时，热敏电阻温度升高，电阻值减小，电路中电流增大，控制单元（ECU）获得信号，处理后点亮报警灯，提醒驾驶员注意加油。

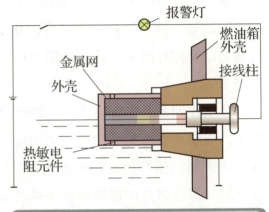

图 7-32 燃油报警控制电路简图

4. 冷却液、制动液、风窗玻璃清洗液液面过低报警系统

液面过低报警系统适用于发动机冷却水、制动液、风窗玻璃清洗液等液面过低的报警，主要由液面过低报警传感器、控制单元（ECU）和报警灯等组成，如图 7-33 所示。

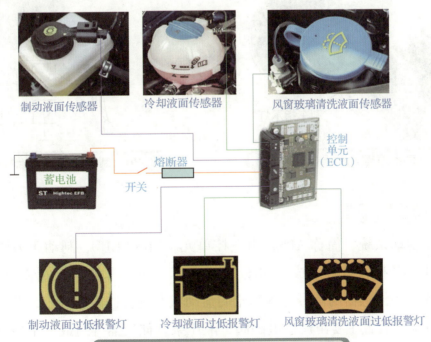

图 7-33 液面过低报警系统组成

其工作原理是：当浮子随液面下降到规定值以下时，永久磁铁吸动干簧开关使之闭合，接通电路，使报警灯点亮，以示警告。当液面在规定位置以上时，浮子上升，磁铁吸力不足，干簧开关在自身弹力作用下，使电路断开，报警灯熄灭，如图7-34所示。

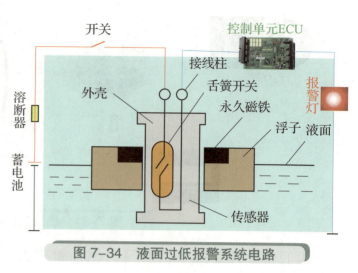

图7-34 液面过低报警系统电路

5. 制动器摩擦片磨损报警装置

制动器摩擦片磨损报警装置的作用是当制动器摩擦片磨损到使用极限厚度时，发出报警信号，表示制动器摩擦片需要更换，如图7-35所示。

其工作原理是：将一段导线埋在制动器摩擦片内部，该导线与组合仪表中的电子控制器相连，当制动器摩擦片没有到使用极限时，电子控制器中的晶体管基极电位为低电位，晶体管截止，制动器摩擦片使用极限报警灯不亮，如图7-36所示。当制动器摩擦片到使用极限时，制动器摩擦片中埋设的导线被磨断，电子控制器中的晶体管基极电位为高电位，晶体管导通，制动器摩擦片使用极限报警灯亮。一般情况下，制动器摩擦片使用极限报警与制动液不足报警共用一个报警灯。

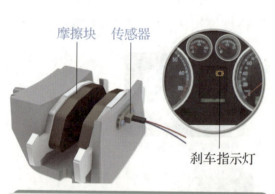

图7-35 制动器摩擦片磨损报警装置

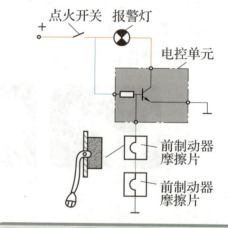

图7-36 制动器摩擦片磨损报警电路

6. ABS 制动系统报警

汽车防抱死制动系统，简称ABS，由电控单元（ABS ECU）、制动压力调节装置、轮速传感器、制动开关及报警灯等组成，如图7-37所示。每个车轮上都安装一个轮速传感器，ABS ECU 根据各轮速传感器的信号对各车轮的运动状态进行监测和判定，并形成相应的控制指令。制动压力调节装置主要由调节电磁阀、液压泵及储液器等组成一个独立的整体，通过制动管路与制动主缸和各制动轮缸相连。制动压力调节装置受 ABS ECU 控制，对各制动轮缸的制动力进行调节。

正常情况下,打开点火开关或起动发动机时该灯即亮,系统进入自动检测程序,完成检测后,该灯熄灭。若行驶中只有 ABS 报警灯亮,则表示 ABS 系统中存在故障,但轿车仍可靠常规制动系统制动,应尽快请专业人员检修,如图 7-38 所示。

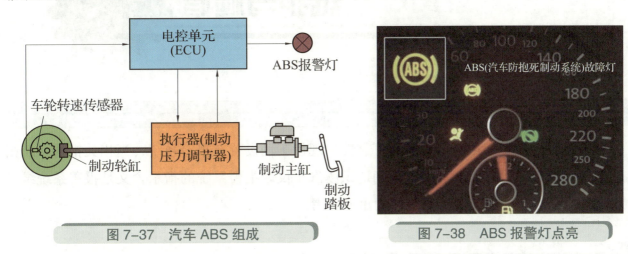

图 7-37　汽车 ABS 组成　　　　图 7-38　ABS 报警灯点亮

应当说明的是,随着车辆电子控制技术的不断发展,越来越多的报警系统应用在汽车上,大部分都由其传感器、控制单元（ECU）和报警灯组成,当设置的传感器参数达到报警限值时,便点亮报警灯,用于提醒驾驶员高度重视该系统的工作状态。

三、汽车声音报警

①倒车蜂鸣器:倒车时,为了警告车后的行人和车辆驾驶员,在汽车的后部常装有倒车灯、倒车蜂鸣器或语音倒车报警装置。

②座椅安全带报警系统:当接通点火开关而没有扣紧座椅安全带时,座椅安全带报警系统蜂鸣器发出报警声响并点亮报警灯约 10 s。

③前照灯未关及点火钥匙未拔报警系统:如果驾驶员打开车门时没有关闭前照灯,蜂鸣器或发音器便发出鸣叫提示。

④防撞系统报警:车距达到安全极限时,发出报警声音信号,自动刹车,使车辆减速行驶乃至停车。

图形仪表盘 MCU

任务小结

1. 汽车驾驶室的仪表板上装有指示汽车、发动机运行工况的各种仪表、报警灯、指示灯、各种控制开关和按钮。

2. 汽车报警装置的目的是保证行车安全和提高车辆的可靠性。

3. 汽车报警灯点亮时,应停车查明是机械系统问题还是电路问题。

任务 7.4 汽车仪表报警系统维护与检修

理论指引

为了保证行驶安全和提高车辆的可靠性,现代车辆设置有报警系统,当相关报警系统指示灯点亮时,必须引起高度重视。正确地识读汽车仪表报警系统的指示含义是报警系统维护的基础,也是专业技术人员检测维修的重要参考。

一、汽车仪表报警系统维护

①行车前要观察仪表区域指示灯的点亮情况,正常情况下,车辆运行前仪表指示灯均点亮,用于各自系统自检,几秒后自检结束,仪表指示灯将熄灭,若不熄灭则说明相关报警系统出现问题,应及时查修;

②行车中,在保证安全的驾驶过程中,也要密切关注相关报警系统,例如发动机机油压力报警灯、燃油量过低报警灯等;

③定期进行相关报警系统的清洁清理维护;

④经过调整和更换相关报警传感器来保持其性能。可以使得今后可能发生的许多较大的故障都能得以避免,可使车辆保持在符合法规规章的状态中,并可延长车辆使用寿命,而且还能使乘客享受既经济又安全的驾车体验。

二、汽车仪表报警系统常见故障与检修

常见的汽车仪表报警系统故障主要有:汽车仪表所有指示灯均点亮、汽车仪表指示灯均不亮、仪表报警系统部分不工作以及仪表部分报警灯常亮。

①汽车仪表所有指示灯均点亮,如图7-39所示。由于ECU的CAN总线通信故障,导致仪表报警全点亮,根据图7-40所示仪表CAN总线通信,查明线路,用专用仪器设备进行检测。

图7-39 汽车仪表指示灯均点亮

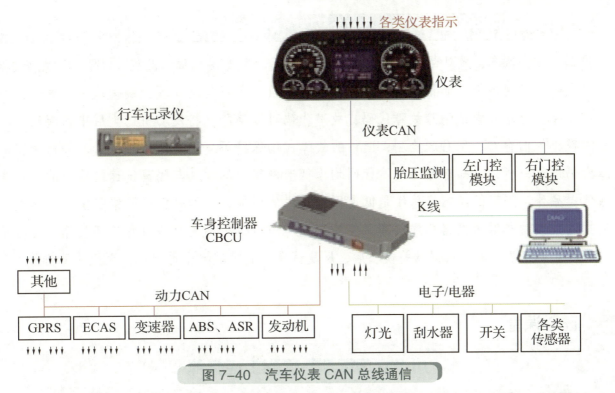

图 7-40 汽车仪表 CAN 总线通信

②汽车仪表指示灯均不亮，往往是由于熔断器（保险）和电源供电及线路断路引起的，可以先查熔断器是否损坏，电源供电是否正常（蓄电池是否亏电），再检查接线端子插接器是否松动、断开。

③仪表报警系统部分不工作，是由于报警系统传感器或控制开关、指示灯损坏，对应线路断路引起的。应先查明该系统线束、电源供电、传感器好坏等，最后检测指示灯（因指示灯在仪表盘内，若判定是指示灯损坏，需要拆卸仪表盘）。

④仪表部分报警灯常亮，可用汽车诊断仪进行检测，读取故障码后，对应相关报警系统进行检修，应当说明的是：制动系统、机油压力报警系统、燃油系统、燃油量等报警时必须引起高度重视，安全停车后进行检查。

汽车信息系统

任务小结

1.汽车报警系统的检修主要为供电、线路和传感器，其中线路方面包含CAN总线通信（部分高端车需用专业诊断仪检测）。

2.关键仪表报警系统指示灯点亮必须引起高度重视，否则对汽车造成极大损伤和安全隐患。

3.汽车报警系统诊断常用仪器设备为汽车诊断仪、试灯、万用表等。

任务情景解读

接车后首先试车,确认故障现象的确如车主所述。用专用故障检测仪(GDS)检测,读得的故障代码,发现多个控制模块与组合仪表、收音机、远程信息处理控制模块失去通信,且为当前故障。记录并尝试清除故障代码,故障代码可以清除。将发动机熄火后重新起动,上述故障现象依旧存在,用 GDS 检测,读得的故障代码保持不变。查阅维修手册,并对读得的故障代码进行分析,得知存储的故障代码均为低速网络上的模块与隔离低速网络上的模块失去通信。另外,隔离低速网络总线是低速网络总线的延伸,目的是保证网络安全,其通过串行数据网关模块与低速网络总线隔离。经检测发现串行数据网关模块自身损坏故障,经与车主沟通后,更换新的串行数据网关模块后,反复试车,故障现象未再出现,至此故障排除。

匠心课堂

用"文墨精度"诠释工匠精神

方文墨,中航沈飞股份有限公司 14 厂钳工、中航首席技能专家。他创造的"0.003 毫米加工公差"被称为"文墨精度",相当于头发丝的二十五分之一。钳工在很多人眼里枯燥乏味,苦累交织。用机床加工零件,在噪声与碎屑中辛苦工作。但是在方文墨的眼里,顺着打磨头缓缓移动,"嘶啦啦"溅落一片金黄色碎屑的场景,那是充满艺术与活力的世界。赋予零件情感,给予它生命便是方文墨的工作哲学。

项目八

汽车安全与舒适系统认知与检修

任务情景导入

一辆别克威朗轿车，行驶里程为7.5万km，近期车主反映：该车刮水器使用时不工作。维修人员接车后，首先进行熔断器检查，发现该刮水器系统熔断器损坏。更换新的同型号、规格的熔断器后，又烧毁。这说明在刮水器系统中有短路故障存在。需要对该系统电路进行全面检测，以此来排除该系统故障。

任务描述

挡风玻璃刮水洗涤和除霜装置用于清除风窗玻璃上的雨、雪、雾及尘土，以确保驾驶员有良好的视线。若挡风玻璃刮水、洗涤和除霜装置出现故障，会影响到行车安全。为了能够诊断与排除挡风玻璃刮水洗涤和除霜装置故障，必须了解挡风玻璃刮水洗涤和除霜装置的组成。同时还必须了解汽车安全与舒适系统组成与工作原理，如电动刮水器、电动清洗器、电动车窗、电动座椅、倒车雷达和中控门锁系统等，并能进行相关系统故障的排除与检修。

学习目标

知识目标

1. 了解汽车安全与舒适系统组成及功能；
2. 熟悉汽车安全与舒适系统工作原理；
3. 了解汽车安全与舒适系统的新技术、新发展。

能力目标

1. 能对汽车电动刮水器系统的主要部件进行维护与检测；
2. 能对汽车电动门窗系统的主要部件进行维护与检测；
3. 能对汽车电动座椅系统的主要部件进行维护与检测；
4. 能对汽车安全与舒适系统出现的故障进行排除。

情感素养目标

1. 树立安全意识、效率意识、规范意识；
2. 培养较强的动手操作能力；
3. 培养严谨细致的工作态度和大国工匠精神。

任务 8.1 汽车辅助电气系统认知与检修

理论指引

汽车技术正向电子化、智能化和网络化发展，在现代汽车上，除了前面所讲述的主要电气设备外，还有一些辅助电器。为了提高汽车行驶的安全性、可靠性及舒适性，减轻驾驶员的劳动强度，现代汽车安装有一些辅助电器，如电动刮水器、电动清洗器、电动车窗、电动座椅、倒车雷达和中控门锁系统等。随着汽车行业的发展，辅助电器在整车中所占的比重越来越大，性能也越来越完善。

一、汽车电动刮水器系统

为了保证在各种使用条件下挡风玻璃表面干净、清洁，汽车都安装了刮水器，许多汽车还安装了风窗清洗装置和除霜装置。有的汽车前照灯也有刮水器和清洗器系统，以保证雨雪天气尤其是夜间的行车安全。电动刮水器与电动清洗器的元部件在汽车上的位置如图8-1和图8-2所示。

项目八 汽车安全与舒适系统认知与检修

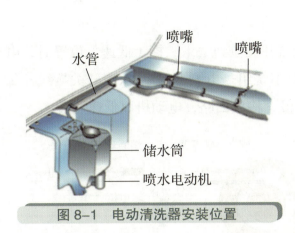

图 8-1 电动清洗器安装位置

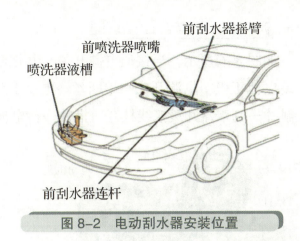

图 8-2 电动刮水器安装位置

1. 电动刮水器的组成

电动刮水器主要由刮水片、刮水器臂、刮水器直流电动机和传动机构等组成，如图 8-3 和图 8-4 所示。

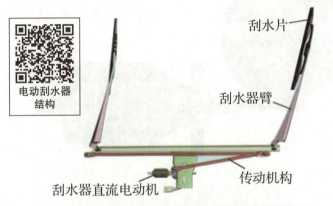

图 8-3 电动刮水器结构

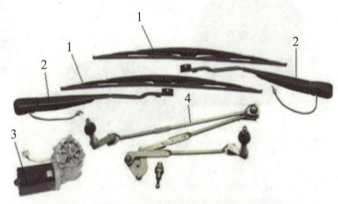

图 8-4 电动刮水器实物

刮水器直流电动机是电动刮水器的动力源，如图 8-5 所示。刮水器直流电动机主要由电动机外壳及磁铁总成、转子绕组、电刷安装板、输出齿轮及蜗轮和输出臂等组成。

直流电动机通电后旋转，带动内部的蜗杆、蜗轮，使与蜗轮相联的传动机构上的拉杆和摆杆带着左、右两刮水器臂往复摆动，使摆臂上的刮水片实现刮水动作，刮水片便刷去风窗玻璃上的雨水、雪、灰尘等。

图 8-5 刮水器直流电动机

137

2. 电动刮水器工作原理

如图 8-6 所示，当接通电源开关，并把刮水器开关拉到"Ⅰ"挡（低速）位置时，电流从蓄电池正极→电源开关→熔断丝→电刷 B_3→电枢绕组→电刷 B_1→刮水器开关接线柱②→接触片→刮水器开关接线柱③→搭铁→蓄电池负极，构成回路，电动机以低速运转。

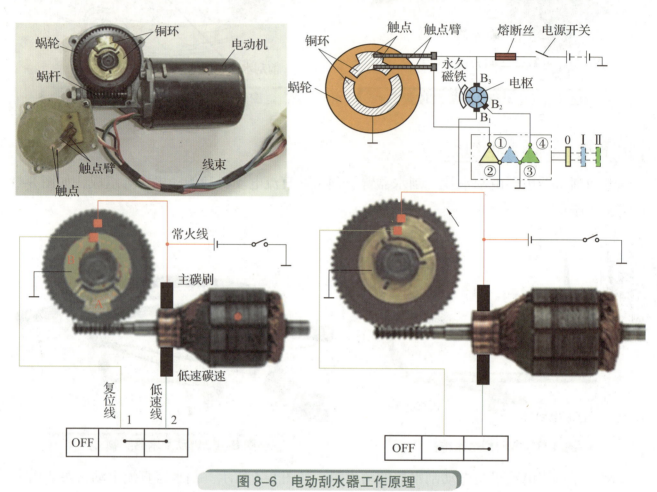

由于电枢的惯性，电动机不能立即停止转动，电动机以发电机方式运行，此时电枢绕组通过触点臂，与铜环接通而短路，电枢绕组产生很大的反电动势，产生制动力矩，电动机迅速停止转动，使橡皮刷复位到风窗玻璃的下部。

当刮水器停止工作时，为了避免刮水片停在风窗玻璃中间，影响驾驶员视线，汽车上电动刮水器都设有自动复位装置，它由减速轮上的回位盘和开关共同完成。

刮水器控制电路如图 8-7 所示。

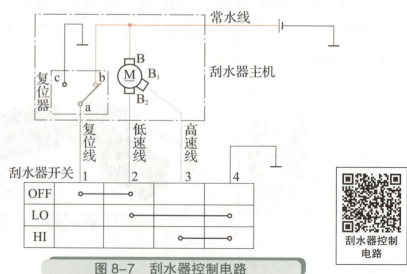

图 8-7 刮水器控制电路

使用三个碳刷的直流电机,它可以通过不同的供电方式来完成电机的高低速运转。当从 B 向转子供电时,碳刷两侧的磁场一样强,转子会匀速转动,当从 B_1 向转子供电时,由于两侧的供电方位不同,在转子两侧产生的磁场不一样,从而提高了电机转子的转速。

如图 8-8 所示,刮水器电子间歇控制:当雨大时让刮水器高速运转,雨小时让刮水器低速运转,当下零星细雨时,就要用到刮水器的间歇挡。让刮水器电机每间隔 7~10 s 工作两圈,满足零星细雨时的要求,避免频繁操作刮水开关带来的不便。

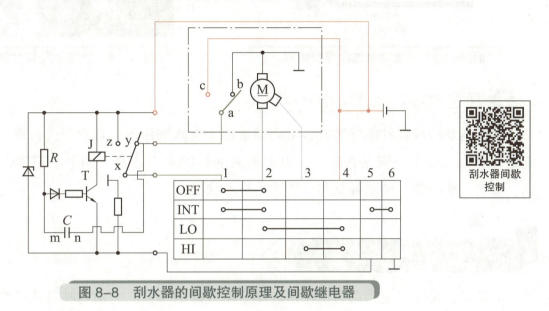

图 8-8 刮水器的间歇控制原理及间歇继电器

3. 刮水片

刮水片可分为有骨刮水片和无骨刮水片,如图 8-9 所示。

4. 电动刮水器系统检修

汽车刮水器系统常见的故障有刮水器不工作、刮水器速度不够、刮水器的速度转换不正常等。

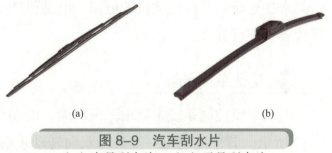

图 8-9 汽车刮水片
(a)有骨刮水片;(b)无骨刮水片

导致刮水器系统发生故障的部位大多在刮水器电动机、刮水器开关、间歇刮水继电器、电压继电器的线路或熔断丝上。

5. 风窗玻璃洗涤系统组成与工作原理

风窗玻璃洗涤系统主要由储液罐、洗涤泵、输液软管、喷嘴等组成,如图 8-10 所示。洗涤泵又称喷水电动机,由直流电动机和离心泵组成,其作用是将清洗液(又称玻璃水,如图 8-11 所示)加压,通过输液软管和喷嘴喷洒到风窗玻璃表面,当风窗玻璃上有灰尘或污物时,先开动洗涤泵,将洗涤液喷到刮水片的上部,湿润玻璃。然后再开动刮水器,将玻璃上的灰尘或污物刮掉。

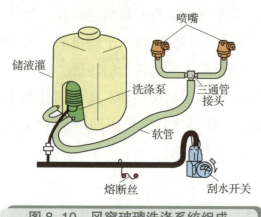

图 8-10 风窗玻璃洗涤系统组成

图 8-11 清洗液及其加注位置

6. 风窗玻璃洗涤系统检修

检测电动洗涤器性能好坏时,可向储液罐中充入洗涤剂,合上开关,观察喷嘴喷出的液流是否有力,喷射方向是否适当,电动液泵的接线是否正常。如果不正常,则应检测电动机、喷嘴、连接管、储液罐及密封装置的技术状况。

二、汽车电动车窗

电动车窗是指以电为动力使车窗玻璃自动升降的车窗。它由驾驶员或乘员在座位上操纵开关来接通车窗升降电动机的电路,电动机产生动力,并通过一系列的机械传动,使车窗玻璃按要求进行升降。

1. 电动车窗的组成

电动车窗控制系统主要由车窗玻璃、电动车窗升降器、电动机和车窗开关等组成,如图 8-12 所示。其中电动机一般采用双向转动永磁电动机,通过控制电流方向,使其正反向转动,达到车窗升降目的。

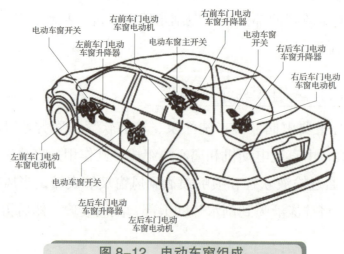

图 8-12 电动车窗组成

电动车窗最主要的组成是车窗升降器，如图 8-13 所示。目前使用的有齿轮齿扇式车窗升降器、蜗轮蜗杆式车窗升降器和齿轮齿条式车窗升降器等几种，如图 8-14 所示。

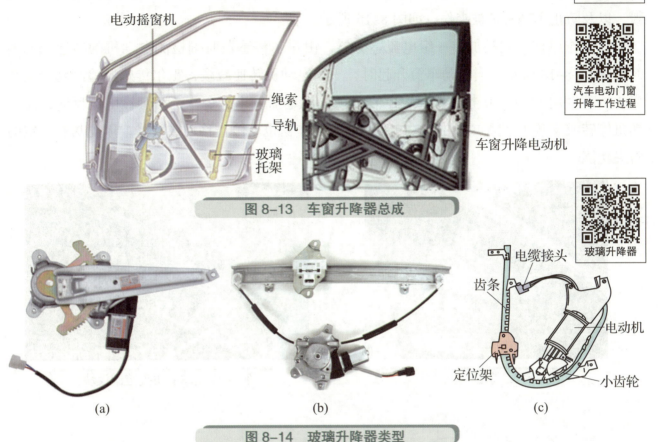

图 8-13 车窗升降器总成

图 8-14 玻璃升降器类型

（a）齿轮齿扇式车窗升降器；（b）蜗轮蜗杆式车窗升降器；（c）齿轮齿条式车窗升降器

2. 车窗升降器的工作原理

电动车窗使用的电动机是双向的。每个车窗都装有一个电动机，通过开关控制改变电动机上的两根导线的极性，使永磁电动机可以双向旋转，使车窗玻璃上升或下降，如图 8-15 所示。现代车辆玻璃升降采用总线控制（lin 总线）。

一般电动车窗系统都装有 2 套控制开关：一套装在仪表板或驾驶员侧门扶手上，为主开关，它由驾驶员控制每个车窗的升降；另一套分别装在每一个乘客门上，为分开关，可由乘客进行操纵。一般在主开关上还装有断路开关，如果它断开，分开关就不起作用。

图 8-15 车窗升降器组成

3. 车窗玻璃防夹功能

车窗防夹是汽车人性化的一个重要组成部分，其主要的功能是在车窗上升夹持到障碍物后，可以识别出车窗处于夹持状态，并令车窗回退释放夹持物，防止电机长时间堵转导致烧毁，以及防止车辆乘员被夹伤，如图8-16所示。

其工作原理，就是加装一组电流感应器，由霍尔传感器时刻检测电动机的转速。如图8-17和图8-18所示。当电动车窗升起时，一旦电动机转速减缓，霍尔传感器检测到转速有变化，就会向ECU模块报告信息，ECU模块向继电器发出指令，电路会让电流反向，使电动机停转或反转（下降），如图8-19所示。于是车窗也就停止移动或下降，因此具有一定的防夹功能。

图8-16 车窗防夹功能

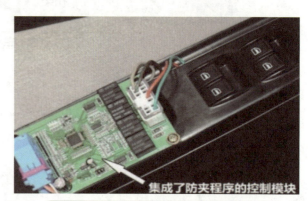

图8-17 车窗防夹控制模块

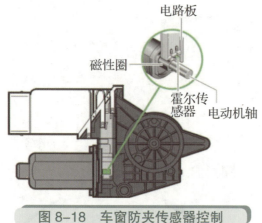

图8-18 车窗防夹传感器控制

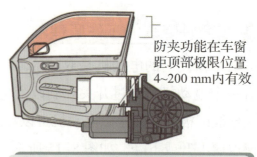

图8-19 车窗电动机反转车窗下降

4. 电动车窗升降系统检修

电动车窗常见的故障有所有车窗均不能升降、部分车窗不能升降或只能向一个方向运动等。若所有车窗均不能升降则故障的原因可能是熔断丝断路，线路断路接触不良，主控开关损坏，直流电动机损坏，搭铁点锈蚀、松动等。首先检查熔断丝是否断路。部分车窗不能升降或只能向一个方向运动，故障原因可能是该车窗按键开关损坏；该车窗电动机损坏；连接导线断路；主控开关损坏等。

三、汽车电动座椅

汽车座椅的主要功能是为驾驶员提供便于操作、舒适而又安全的驾驶位置，以及为乘员提供不易疲劳、舒适而又安全的乘坐位置。座椅调节的目的就是使驾驶员和乘员乘坐舒适。通过调节还可以变动坐姿，减少乘员长时间乘车的疲劳。

1. 汽车电动座椅的组成

电动座椅以电动机为动力，如图 8-20 所示。通过传动装置和执行机构对座椅的前后、靠背的角度以及头枕的高度等进行电动调节，使驾驶员和乘客的座椅获得理想的位置。电动座椅一般由双向电动机、传动装置和座椅调节器等组成，如图 8-21 所示。

图 8-20　汽车电动座椅

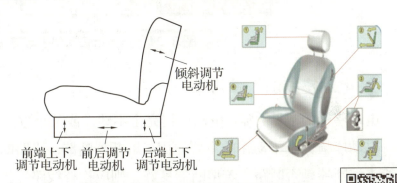

图 8-21　电动座椅的组成与方向调节

2. 带记忆功能的电动座椅

如图 8-22 和图 8-23 所示，按下自动座位开关向前滑动键时，自动座椅 ECU 收到向前滑动信号，从而向滑动电动机通电，通过传动装置驱动电动机向前滑动。按下存储和复位开关时，通过倾斜和伸缩 ECU，自动座椅 ECU 收到相应记忆或复位信号，自动座椅 ECU 存储各位置传感器的相应信号或给各电动机通电，使座椅调整到原来的位置。

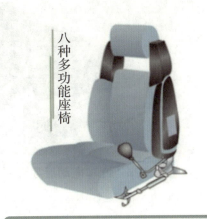

图 8-22　带记忆功能的电动座椅

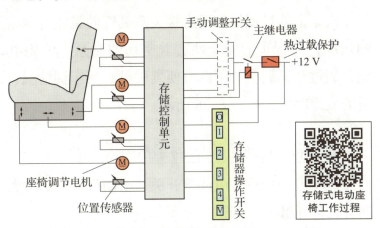

图 8-23　带记忆功能的电动座椅控制原理

带记忆功能的电动座椅记忆调用控制流程如图 8-24 所示。

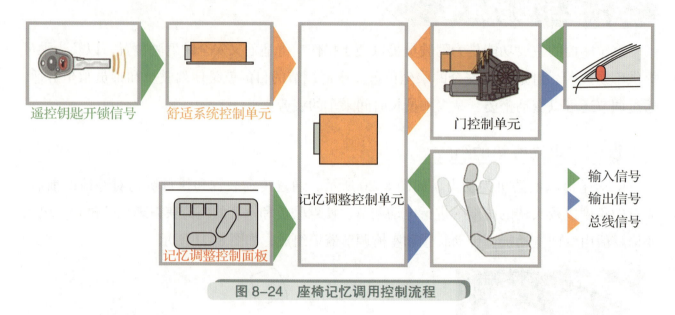

图 8-24 座椅记忆调用控制流程

3. 电动座椅的故障检修

电动座椅的常见故障：电动座椅完全不动作或某个方向不能工作。

电动座椅完全不动作的主要原因：熔断器断路；线路断路；座椅开关有故障等。可以首先检查熔断器是否断路。若熔断器良好，则应检查线路连接是否正常，最后检查开关。对于有存储功能的电动座椅系统，还应检查控制单元（ECU）的电源电路和搭铁线是否正常，若开关、线路等都正常，应检查控制单元。

电动座椅某个方向不能工作的主要原因：该方向对应的电动机损坏；开关、连接导线断路。可以先检查线路是否正常，再检查开关和电动机。

四、汽车电动后视镜

汽车上的后视镜位置直接关系到驾驶员能否观察到车后的情况，与行车的安全性有着密切的联系。采用电动后视镜，通过开关调整，可以方便驾驶员观察车辆情况，选择合适的变道时机，如图 8-25 所示。

1. 汽车电动后视镜的组成

汽车电动后视镜由调整开关、电动机、加热设备、传动执行机构等组成，如图 8-26 所示。

应当说明的是：部分车型在后视镜中增加了辅助转向灯以及温度传感器，如图 8-27 所示。

图 8-25 汽车电动后视镜

图 8-26 电动后视镜的组成

图 8-27 带转向灯和温度传感器功能

2. 电动后视镜工作原理

电动后视镜的背后装有 2 套电动机和驱动器，可操纵反射镜上下及左右转动，如图 8-28 所示。通常上下方向的转动用一个电动机控制，左右方向的转动由另一个电动机控制。通过改变电动机的电流方向，即可完成后视镜的上下及左右调整。

3. 电动后视镜故障检修

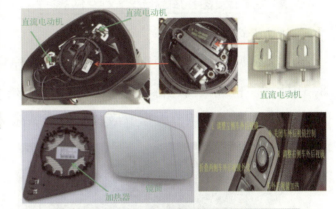
图 8-28 电动后视镜控制原理

电动后视镜的常见故障：电动后视镜都不工作和电动后视镜部分功能不正常。

如果电动后视镜都不工作，往往是由于保险装置或电源线路、搭铁线路断路引起的，也可能是控制开关有故障。可以先检查保险装置是否正常，然后检查控制开关线头有无脱落、松动，电源线路或搭铁线路是否正常，最后检修控制开关。

如果电动后视镜部分功能不正常，往往是由于个别电动机及控制开关对应部分有故障，或因对应线路断路、接触不良等引起的。可以先检查线路连接情况，再检查开关和电动机。

五、汽车电动天窗

1. 电动天窗组成及工作原理

电动天窗主要由天窗组件、传动机构和控制系统组成，如图 8-29 和图 8-30 所示。天窗组件包括天窗框架、天窗玻璃、遮阳板、导流槽和排水槽等部分。电动天窗执行机构主要由电动机、传动机构和滑动螺杆等组成。工作时，电动机驱动传动机构，使得天窗滑移开启或倾斜开启。

图 8-29 汽车电动车窗

图 8-30 汽车电动天窗控制组成

2. 电动天窗的维护及故障检修

电动天窗主要故障:

①天窗漏水。故障原因:轨道有砂石等异物、端盖与轨道密封不好、调整不正确。如图 8-31 所示。检查天窗运行轨道有无砂石等异物;若无异物,再检查端盖与轨道密封是否良好;若密封没问题,再调节天窗。应及时检查、涂抹导轨润滑油,如图 8-32 所示。

图 8-31 电动天窗检查区域

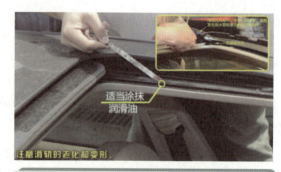

图 8-32 汽车电动天窗维护

②天窗系统不工作。故障原因:熔断丝故障,电动天窗继电器故障,连接导线故障。检查熔断丝是否正常。若不正常,查明原因,维修或更换。若熔断丝正常,检查电动天窗继电器;若不正常,更换。若电动天窗继电器正常,检查连接导线。检查电动天窗控制开关的工作情况,若不正常,更换。

感应式电动尾门

任务小结

1. 风窗刮水器有低速、高速、自动复位、间歇挡。刮水器的变速是利用直流电动机变速原理来实现的。

2. 汽车除霜雾可分为暖风除霜雾和电热除霜雾。

3. 电动升降车窗、电动后视镜、电动调整座椅和中央控制门锁一般使用永磁直流电动机,电动机的旋转方向由电流流经主控开关的电刷决定。

4. 汽车辅助电气系统无法工作故障检测常从熔断器开始检查。各辅助系统应定期检测和维护,以保证功能正常使用。

任务 8.2 汽车中控防盗系统认知与检修

> **理论指引**

为提高汽车使用的便利性和安全性，现代汽车越来越多地安装了中央控制门锁系统，简称为中控门锁系统。新型中控门锁系统往往与电子防盗系统合二为一，受车身控制模块（BCM）控制，可以增强车辆行驶的安全性及车辆停放的可靠性。

一、汽车中控门锁系统认知

中控门锁系统是指利用控制单元（ECU）对汽车锁门、开门进行控制和完成一些其他功能的系统，如图8-33所示。驾驶员可以锁住或打开所有车门，乘客还可以利用各车门的机械式弹簧锁来锁住或打开车门。车门锁具有防儿童误开功能，如图8-34所示。

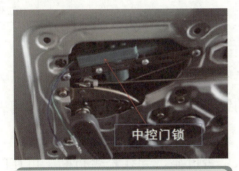

图8-33 汽车中控门锁系统

图8-34 汽车车门儿童锁

中控门锁的组成

中控门锁系统由操作开关、控制单元和执行机构3大部分组成，如图8-35所示，包括门锁开关、门锁芯开关、门锁电动机、指示灯、发动机舱盖报警开关、防盗天线、控制模块/接收器、遥控器、超声波传感器以及声光报警装置等部件。

汽车典型的中控门锁系统可以通过遥控器、

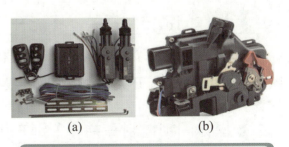

图8-35 中控门锁系统的组成
（a）中控门锁控制组成；（b）中控门锁系统总成

钥匙或者车门内驾驶人侧的门锁按钮控制门锁的开闭，乘客可以通过车门上的门锁开关控制各自车门的开闭。车门开关平时处于中间位置，用手指按压就可以开启或锁闭车门，如图8-36所示。当锁住驾驶员侧车门时，其他几个车门（包括后备厢盖）会同时锁住。

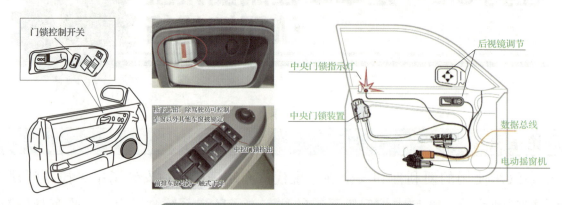

图 8-36 汽车中控门锁系统开关控制

在汽车行驶时，采用车速感应式中控门锁系统，该系统采用车速传感器的信号，当汽车速度达到某一设定值（一般为 10 km/h）时，如果车门尚未锁牢，车速感应式门锁控制器会使门锁继电器通电而自动锁死车门，可以防止车门突然打开的险象发生。

二、汽车中控门锁系统故障与检修

汽车中控门锁系统常见故障主要有以下几种情况。

中控门锁系统的工作过程

1. 操作门锁控制开关，所有门锁均不动作

该故障一般出在电源电路中。首先检查熔断器是否熔断，熔断器熔断应予更换。若更换熔断器后又立即熔断，说明电源与门锁执行器之间的线路有搭铁或短路故障，用万用表查找出搭铁部位，予以排除。

若熔断器良好，则检查线路接头是否松脱、搭铁是否可靠、导线是否折断。可在门锁控制开关电源接线柱和定时器或门锁继电器电源接线柱上测量该处的电压，判断输入电动门锁系统的电源线路是否良好。

2. 操作门锁控制开关，不能开门（或锁门）

该故障是由于开门（或锁门）继电器、门锁控制开关损坏所致，可能是继电器线圈断路、触点接触不良、开关触头烧蚀或导线接头松脱。

3. 操作门锁控制开关，个别车门锁不能动作

该故障仅出在相应车门上，可能是连接线路断路或松脱、门锁电动机（或电磁铁式执行器）损坏、门锁连杆操纵机构损坏等。

4. 速度控制失灵

当车速高于规定车速时，门锁不能自动锁定。该故障是由于车速传感器损坏或车速控制电路出现故障所致。首先应检查电路中各接头是否接触良好，搭铁是否良好，电源线路是否有故障。然后检查车速传感器。车速传感器的检查可采用实验的方法进行，也可采用代换法，即以新传感器代换被检传感器，若故障消除，则说明旧传感器损坏，若故障仍存在，则应进一步检查速度控制电路中各元件是否损坏。

三、汽车防盗系统认知

汽车防盗系统的任务：必须达到使偷盗者放弃偷盗汽车企图的标准。理想的防盗装置应能使偷盗者不能开动汽车，使之迷惑不解，同时汽车能发出一种报警信号，给偷盗者一种心理上的冲击。警报一般以灯光闪烁与发声报警形式发出，警报发生后持续时间约为 1 min，其发动机起动电路直到车主用车钥匙打开汽车门锁之前都始终处于断路状态。

1. 汽车防盗系统的组成

防盗系统主要由电子模块、触发继电器、报警继电器、启动中断继电器、门框侧柱开关以及门锁开关等组成，如图 8-37 所示。当有人擅自打开装有防盗系统汽车的任一车门时，防盗系统以及与其相关联的声光电路立即报警，且在发动机起动时会自行熄火，以达到防盗的目的，如图 8-38 所示。

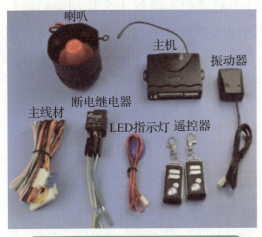

图 8-37　汽车防盗系统组成

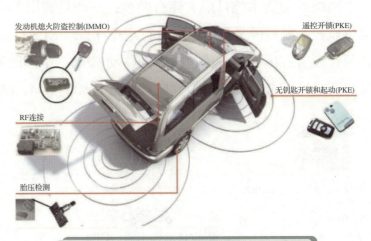

图 8-38　汽车防盗系统

2. 汽车防盗系统的工作过程与方法

（1）使起动机无法起动

使用该种方法的汽车上有一根线是接起动机继电器的，该线外部连接至继电器控制线路，通过防盗电脑来控制该线是否搭铁，从而控制继电器是否闭合，也就控制了起动机是否能正常工作,如图 8-39 所示。

(2) 使发动机无法工作

采用此种方法的汽车,防盗电脑不仅控制着起动电路,还控制着发动机的其他部件(具体控制方式因品牌、厂商不同而有所不同),并可切断汽油泵继电器控制线路,使发动机处于无油供给的状态,如图 8-40 所示。还可控制自动变速器控制线路,使自动变速器液压油路控制极中的电磁阀无法打开,以达到即使起动了发动机,亦无法使变速器运转的目的。

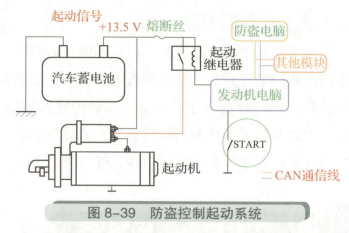

图 8-39 防盗控制起动系统

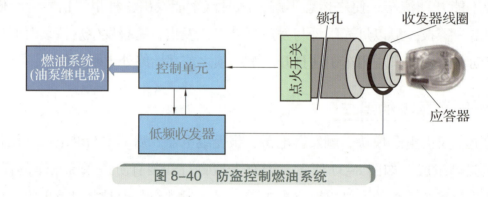

图 8-40 防盗控制燃油系统

(3) 网络式防盗

网络式防盗系统目前大体有两种:一种是利用车载台(对讲机)通过中央控制中心进行定位监控;另一种是利用卫星进行定位跟踪(GPS)。这两种防盗系统的技术含量都很高,但必须在没有盲区的网络(包括中国移动 GSM、中国联通 CDMA)支持下才能工作,更主要的是需要政府配合公安部门设立监控中心,如图 8-41 和图 8-42 所示。

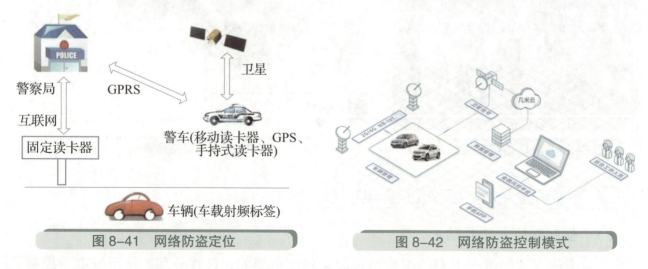

图 8-41 网络防盗定位

图 8-42 网络防盗控制模式

3. 发动机止动系统

发动机止动系统又称为发动机防起动系统或者阻止被盗车辆行驶系统。它是汽车防盗系统的一部分，是阻止车辆行走的独立系统，具备自身独有的功能，如图8-43所示。

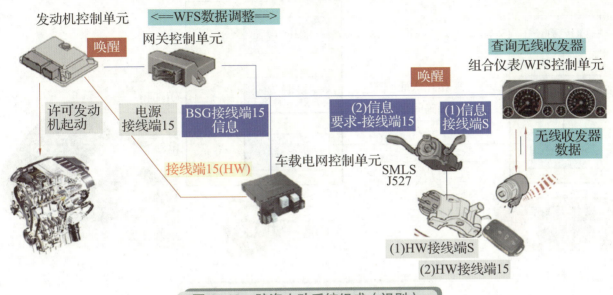

图8-43　防盗止动系统组成（识别）

身份验明校验装置（简称ID）就是钥匙开关或点火钥匙（利用电子控制的钥匙）；身份验明校验判定装置就是利用钥匙操作对照、判断ID、输出许可信号的控制装置；许可装置是指按照来自身份验明校验判定装置的许可信号进行发动机控制的装置，这些装置包括发动机ECU、汽油泵、点火继电器、起动机继电器等（柴油机则是装有电子控制装置的燃油泵），如图8-44所示。

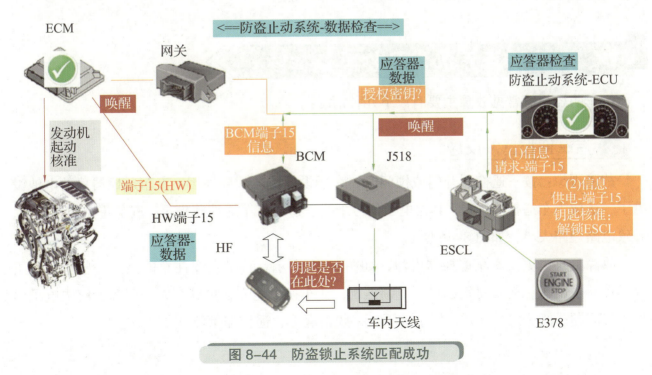

图8-44　防盗锁止系统匹配成功

发射器钥匙（点火钥匙），如图 8-45 所示。一块发射器芯片嵌在点火钥匙内。每一个发射器芯片包含一个专用的发射器钥匙码（ID 码）。

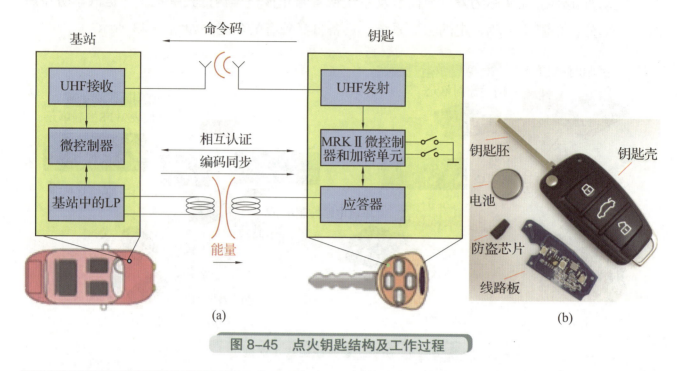

图 8-45　点火钥匙结构及工作过程

> 😊 **提示**：配制带发射器的点火钥匙必须使用专用的仪器和程序，并且要求所有钥匙一次配制完毕（已有钥匙也须重新配制）。

总的来说，汽车防盗系统的功能主要包括以下三方面：防止非法进入汽车；防止破坏或非法搬运汽车；防止汽车被非法开走。也就是说，汽车防盗一般应从三个方面考虑：门锁的工作可靠性、发动机的防盗性、汽车的防盗报警功能。

四、汽车防盗系统常见故障及检修

汽车防盗系统常见故障主要有以下几种情况：

1. 汽车遥控器没反应

故障现象：按下遥控器开门或锁门时，车辆没反应。故障原因：汽车遥控器里的电池没电了，造成汽车遥控器失灵；其他电子信号干扰，造成汽车遥控器失灵；汽车遥控器进水了，导致电路短路失灵，如图 8-46 所示。

故障处理：更换汽车遥控器电池，如图 8-47 所示。特别需要注意的是，一些车型在更换遥控器电池时，需要对钥匙进行重新匹配；让车换个地方，再锁车，一般都能解决电子信号干扰问题；把遥控器拆开，把水晾干，一般情况下，遥控器都能恢复工作。

图8-46 汽车遥控器进水

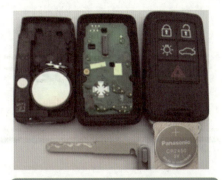
图8-47 汽车遥控器电池更换

2. 遥控距离越来越短，发射信号时，遥控器的LED亮度变暗或闪烁

原因分析：此现象多是电池电量不足，更换电池即可。除此以外，建议不要自己调整或更换遥控器的元件，以免造成更大的损失。

3. 遥控器某一功能键失效，按该键时LED指示灯不亮

原因分析：某功能键失效（其他功能键正常）多为本功能键损坏或按键引脚与电路板的焊点脱焊。遥控器的按键多为微型开关，平时使用时用力要轻，并注意防水、防摔和重压。

4. 汽车防盗系统工作正常但车辆不能起动

此故障主要由报警器或汽车本身电气故障引起。判断方法：将汽车防盗器附件切断，点火继电器（12 V/30 A，一般安放在汽车遥控器门附近）的两条粗线短接，若此时车辆能起动，说明防盗系统有故障，且多为继电器损坏。若短接切断点火继电器的两条粗线后，车辆仍无法起动，则说明汽车本身电路有故障。此外，车辆在行驶过程中遇到颠簸路段时，很容易熄火或瞬时熄火，应特别注意该切断点火继电器常闭触点有无接触不良、接线松动的情况。

汽车遥控钥匙的匹配

任务小结

1.汽车防盗系统主要有防盗器电脑和天线、振动传感器、报警喇叭、点火系统切断电路、转向灯控制电路、防盗指示灯、遥控器、制动控制电路、中控门锁控制电路。

2.有的中控门锁还具有自动锁门（当行车速度超过某一限值而驾驶员忘记锁门时，则中控门锁系统会自动把车门锁紧，以策安全）、防盗锁定、防止钥匙锁入车内和遥控门锁等功能。

3.汽车防盗一般应从三个方面考虑：门锁的工作可靠性、发动机的防盗性、汽车的防盗报警功能。

任务8.3 汽车影音娱乐系统认知与检修

理论指引

汽车影音娱乐系统是一种创造舒适驾驶环境的设备。汽车音响所带来的优美的音乐，不但可以减轻驾驶员的疲劳，同时也是一种艺术享受。因此，现代汽车都非常重视汽车音响，并将汽车音响作为评价汽车舒适性的指标之一。

一、汽车影音娱乐系统

早期的汽车音响多以一个收放两用机（由收音机和磁带放音机组成）与一对扬声器为基础组合，扬声器分左右两路声道，有的置于仪表板总成的两侧，有的置于车门板内，有的置于后座的后方，如图8-48和图8-49所示。

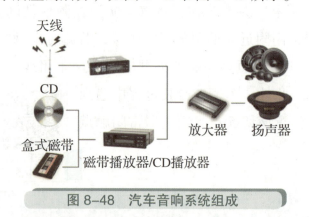

图8-48 汽车音响系统组成

图8-49 汽车扬声器安装位置

1. 汽车音响基本特点

（1）外形体积受到限制

因受汽车空间的限制，汽车音响的体积不易过大，一般使用高密度贴装元件，采用多层立体装配方式，如图8-50中4所示。

（2）使用环境恶劣

汽车在不同等级的路面上行驶，使汽车音响受到冲击；同时，汽车音响还要承受室内外温度的变化，汽车音响的安装位置距发动机较近，故经常在高温条件下（温度有时可达

60℃）工作，在阳光照射下仪表板的温度可达 70~80℃，而在寒冷地区的冬季最低温度可达 –40~–30℃，如图 8-50 中 5 和 6 所示。

（3）采用蓄电池供电

汽车音响采用蓄电池的低压直流电供电（一般汽油车采用 12 V，柴油车采用 24 V 供电），这样电压变化将直接影响汽车音响的功率输出，所以要求汽车音响线路的阻抗要非常小，如图 8-50 中 1 所示。

（4）抗干扰能力强

在整个汽车电气系统中，发动机的点火系统以及各种电气设备对汽车音响的信号输入产生很大干扰。同时汽车在行驶过程中，既有方向变化又有外界环境影响（高楼、桥梁、电网等）等空间辐射。因此汽车音响中都装有抗干扰装置，如抗干扰集成块、高频扼流圈等，如图 8-50 中 3 所示。

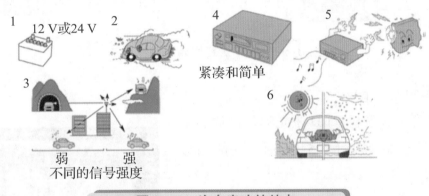

图 8-50 汽车音响的特点

（5）其他特殊要求

部分高档汽车音响还具有多功能液晶显示屏，线路输出（LINE OUT，可接大功率汽车音响）端口，还有激光唱机输入（CD IN）端口，遥控电源等，如图 8-51 所示。

图 8-51 汽车音响多功能液晶显示面板

2. 汽车影音娱乐系统组成

目前，汽车音响已向大功率、多路输出、多扬声器、环绕音响、多碟式镭射 CD 等方向发展。采用多媒体技术，将影音娱乐系统融合在一起。

汽车影音娱乐系统主要由音响主机、CD 播放机、DVD 播放机及后座娱乐系统、手机准备系统、GPS 导航系统、汽车扬声器等组成，如图 8-52 和图 8-53 所示。

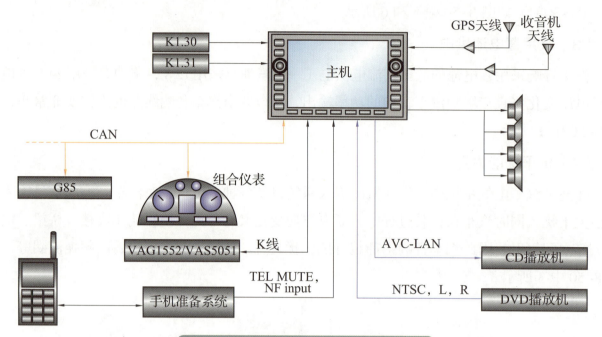

图 8-52　汽车影音娱乐系统组成

（1）音响主机

音响主机融合了收音机、CD 激光唱片播放、车载 USB 等功能于一体，如图 8-54 所示。一般与显示面板共同使用。

（2）功能实现

由于计算机、音响、视频、网络等新技术在汽车上的大量应用，在高端汽车上已形成包括汽车音响、VCD、DVD、汽车电视、汽车导航、可视电话、汽车网络及汽车行驶信息系统在内的汽车多媒体系统，如图 8-55 所示。

图 8-53　汽车影音娱乐系统显示

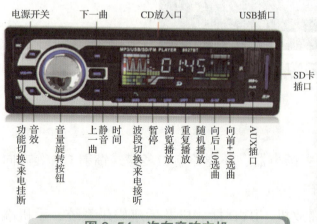

图 8-54　汽车音响主机

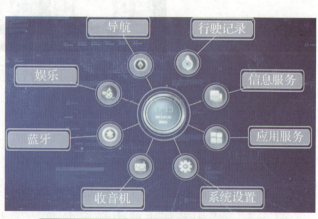

图 8-55　影音系统功能

①收音机功能。收音机是无线电接收装置，专门接收广播节目，可以自由在娱乐功能、蓝牙或是收音机功能间切换，如图8-56所示。

②USB功能。在娱乐功能中，可以随时随地播放USB连接设备、SD卡或是AUX连接设备的音乐、图片与视频，如图8-57所示。

图8-56　收音机功能

图8-57　USB功能

③系统设置。在系统设置中，可以随意调整显示屏的音量、亮度、时间日期等设置项，也可以查看车辆的相关信息，如图8-58所示。

④蓝牙功能。使用蓝牙功能，可以直接使用显示屏接听电话、查看通信录、通话记录，也可以连接蓝牙播放音乐，如图8-59所示。

图8-58　系统设置功能

图8-59　蓝牙功能

（3）汽车扬声器

扬声器（又称喇叭）在整个音响系统中的作用是决定性的，它甚至能影响整个音响系统的风格，好的扬声器都有它自己的个性，如图8-60所示。汽车音响中扬声器作为还原设备对声音进行还原，而音质的好坏直接由扬声器来表现，也就是说整个音响系统即使再复杂，最终我们听到的不过是扬声器的声音。其主要安装类型如图8-61所示。

图8-60　汽车音响扬声器安装位置

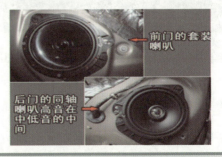

图8-61　汽车扬声器安装类型

二、汽车影音娱乐系统防盗与解码

现在,许多高档汽车的音响都具有防盗功能。对于配备有防盗功能的音响而言,如果蓄电池电压过低,蓄电池电源线断开,或音响系统电源中断,都将导致音响被锁止,失去正常的操作功能,如图8-62所示。

即使重新将音响电源接好,音响也不能正常工作,必须重新输入正确密码,才能恢复正常。为防止因为拆卸蓄电池电源线而触发音响防盗功能,可以在拆卸蓄电池电源线之前先给音响系统提供额外的电源,如图8-63所示。

图8-62 汽车音响解码

图8-63 汽车额外供电电源

汽车音响解码,以上海别克汽车为例:

①接通点火开关,显示屏显示"LOC(锁止)";
②按住"MN"(分钟)键,直到显示屏显示"000";
③再按"MN"键使后2位数和密码相符;
④按"HR"键使前1位或前2位数字和密码相符;
⑤确认这个数字和记下来密码相符之后按住"AM-FM"键,直到显示屏显示"SEC"(安全),表明音响系统可以工作并上了保险。

重要注意事项:按以上步骤输入密码,在任何2个步骤之间停顿不要超过15 s。如果输入8次错误密码,显示屏会显示"INOP(不工作)",再试之前将不得不使点火开关接通等上1 h,再试时,在INOP显示之前,只有3次输入正确密码的机会。

三、汽车影音娱乐系统故障与检修

汽车影音娱乐系统常见故障情况如下。

1. 主机故障

①主机不工作,无任何反应;分析:主机不工作,屏显不亮,可能是电源供电问题或者主机主板烧坏。首先检查主保险是否安装到位,或者松动。

用万用表测量主机是否通电,若没有 12 V 电压到达,往回检查其供电线路。

② CD 正常工作,不能收音;分析:CD 能正常工作而不能收音,故障多为主机主板上的收音板(高频头)出现问题。拆机,检查高频头的供电线路,看是否有电压;若无,查供电线路,若有可更换高频头。

③ 开机之后功放没有激活;检查主机控制电源线是否连接至功放;主保险是否装上或烧断;用万用表测量功放控制端是否有电压。

2. 扬声器故障

① 某一声道高音无声;先检查分音器的配线是否接通;然后用电表从分音器端去测量有没有声音;可能是错将喇叭线输入端接至低音输出端。

② 音量时大时小;先检查功放电源地线与车壳的接点是否松动;再检查前级和后级的输入和输出 RCA 是否正常;最后看看增益旋钮是否正常。

③ 音响左右声道音量不一样;首先检查主机平衡钮是否在中间位置;再检查前级输入和输出左右 LEVEL 控制钮是否一样;功放输入增益旋钮左右声道设定是否一样。

3. 汽车影音娱乐系统锁死

由于车辆断电,拆下蓄电池的电缆线,主机断电后未能及时提供存储保持电源。蓄电池严重亏电,电压低于音响的存储保持电压。音响电源熔断器熔断或拔下音响熔断器,引起汽车娱乐音响系统锁死,造成无法工作;可根据车型做好供电后,选用专业设备进行解码,然后将密码输入主机,恢复影音娱乐设备正常工作。

汽车音响改装

任务小结

1. 汽车音响系统主要由信号源主机、放大器和扬声器等组成。信号源主机是指收放机和激光唱机。

2. 许多汽车音响系统安装了电动天线(又称自动天线),通过永磁式电动机控制天线的升降。

3. 汽车影音娱乐系统主要由音响主机、CD 播放机、DVD 播放机及后座娱乐系统、手机准备系统、GPS 导航系统、汽车扬声器等组成。

4. 音响防盗的基本原理是车主通过音响面板上的按键给汽车音响输入设定的密码,使音响处于防盗状态。

任务情景解读

故障诊断接车后,检查刮水器的熔断丝,发现刮水器熔断丝已损坏,更换刮水器熔断丝后,本以为故障就此排除,但车主没开出去多久,刮水器又不工作了,再次检查发现刮水器熔断丝又熔断,这说明在刮水器系统中有短路故障存在。查阅该车刮水器控制电路可知,刮水器熔断丝F9是刮水器系统的总电源,为刮水器开关、洗涤器电动机和刮水器电动机等供电。根据上述几个部件的安装位置,首先检查了露在外面的洗涤器电动机和刮水器电动机的导线连接器。在检查刮水器电动机导线连接器时,发现里面全是水。造成线路短路,进行线路干燥处理后,重新更换新的熔断器后,故障消除。

匠心课堂

在钢铁上"绣花"的大国工匠李凯军

无论是精细的部件,还是重达60 t的大型模具,对于一汽铸造有限公司铸造模具设备厂的李凯军来说,都是手到擒来。车、钳、铣、刨、焊,十八般技艺样样精湛。凭借超高的技艺,李凯军在国内外各种技能大赛上屡摘桂冠,获得了中国技术工人的最高奖"中华技能大奖"。高技艺撬动大市场,臻品质创造高价值。李凯军不断攻克技术难关,用他过人的技艺,展现着"大国工匠"的风采。

有梦想的人永远年轻。铸造车间里,机器轰鸣,环境嘈杂。李凯军说:"在我眼里,"这里才是一片净土。"是的,净土才能让人静下心来钻研学习,才能激励广大职工撸起袖子加油干。

汽车导航系统与倒车雷达系统认知

项目九
汽车空调系统维护与检修

任务情景导入

一辆行驶里程约 6.5 万 km、配置 1.4T L3G 发动机的 2019 款别克威朗轿车，客户反映夏季该车空调无法工作，空调面板灯不亮。经维修人员检修后，发现 F21DA（10 A）保险烧毁。由于 F21DA（10 A）提供 B＋电源，因此经仔细检测线路后，更换损坏的 F21DA 熔断丝，验证故障，故障消失，空调正常工作，面板也工作正常。

任务描述

汽车空调是汽车现代化的重要标志之一。其作用为将汽车车厢内的温度、湿度、空气清洁度及空气流动调整和控制在最佳状态，为乘员提供舒适的乘坐环境，减少旅途疲劳，为驾驶员创造良好的工作条件。为了掌握汽车空调的正确使用及维修方法，必须了解汽车空调的结构、原理，理解空调系统的控制原理，掌握空调系统的检修。

学习目标

知识目标

1. 了解汽车空调的功能和基本组成；
2. 熟悉汽车空调的暖风系统组成；
3. 熟悉汽车空调制冷系统的组成及工作原理。

能力目标

1. 掌握汽车空调系统的维护和使用方法；
2. 能够熟练使用汽车空调常用维修检测工具；

3. 能够对汽车空调常见故障进行排除。

情感素养目标

1. 树立安全意识、效率意识、规范意识；
2. 培养较强的动手操作能力；
3. 培养严谨细致的工作态度和大国工匠精神。

任务 9.1 汽车空调系统结构原理认知

理论指引

汽车空气调节装置（Air Conditioning Device）简称汽车空调，是利用媒体（制冷剂、暖风）用来实现对车内空气换气、净化、制冷、供暖以及对车窗玻璃除霜、除雾等工作，使车内空气清新并保持适宜的温度和湿度，使车窗玻璃洁净、明亮给驾驶员和乘车人员一个舒适的乘车环境。

一、汽车空调系统的功用

汽车空气调节一般由5个要素组成，即温度、湿度、气流、洁净度和热辐射。其基本功用为：①车内温度调节；②车内湿度调节；③车内气流速度调节；④车内空气净化；⑤热辐射调节，如图9-1和图9-2所示。

图9-1 空调系统的功用

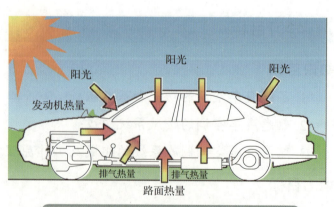

图9-2 汽车热辐射

汽车空调在车上的安装位置如图 9-3 和图 9-4 所示。

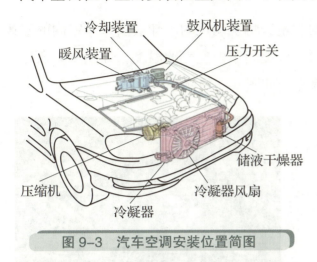

图 9-3　汽车空调安装位置简图

图 9-4　汽车空调在车上的安装位置实物图

二、汽车空调系统的组成

汽车空调系统主要由制冷系统、暖风系统、通风系统、空气净化系统和操纵控制系统五个部分组成。

1. 制冷系统

制冷系统对车内空气或由外部进入车内的新鲜空气进行冷却，来实现降低车内温度的目的，如图 9-5 所示。此外，制冷系统还具有除湿和净化空气的作用。

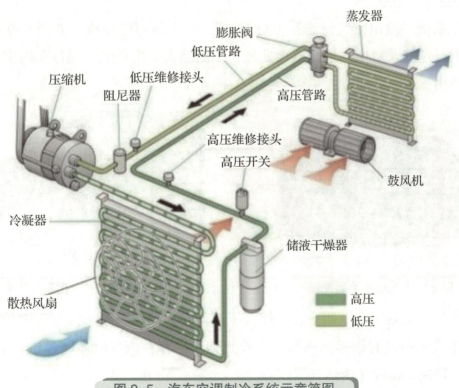

图 9-5　汽车空调制冷系统示意简图

2. 暖风系统

轿车的暖风系统一般利用发动机冷却液的热量，将发动机的冷却液引入车室内的暖风加热器中，通过鼓风机将被加热的空气吹入车内，以提高车内空气的温度，如图9-6所示。同时暖风系统还可以对前风窗玻璃进行除霜、除雾，如图9-7所示。

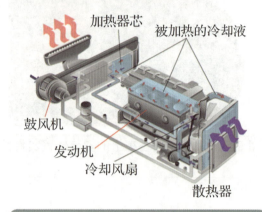

图9-6 汽车空调暖风系统示意简图

图9-7 暖风玻璃除雾

3. 通风系统

通风分为自然通风和强制通风，自然通风是利用汽车行驶时，根据车外所产生的风压，在适当的地方开设进风口和出风口来实现通风换气；强制通风是采用鼓风机强制外部空气进入的方式。这种方式在汽车行驶时，常与自然通风一起工作，如图9-8所示。

4. 空气净化系统

空气净化系统一般由空气过滤器（空调滤芯）、出风口等组成，如图9-9所示。用以对进入的空气进行过滤及对空气进行消毒处理，不断除去车内灰尘，保持车内空气清新，多在高级轿车上采用。

图9-8 通风系统示意简图

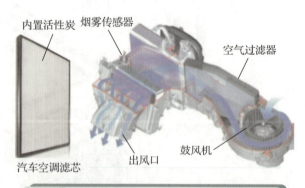

图9-9 空气净化系统示意简图

有些车辆的净化系统在空调滤芯中加入了活性炭，可以吸附车内空气中的异味；另外有些车辆在净化系统中设有烟雾传感器，当检测到车内存在烟气时便通过空调ECU自动控制鼓风机以提高转速，排除车内烟气。

5. 操纵控制系统

控制操纵系统的功用是控制空调系统工作，实现制冷、采暖和通风。控制操纵系统主要由电器元件、真空管路、操纵机构和控制开关等组成，如图9-10和图9-11所示。

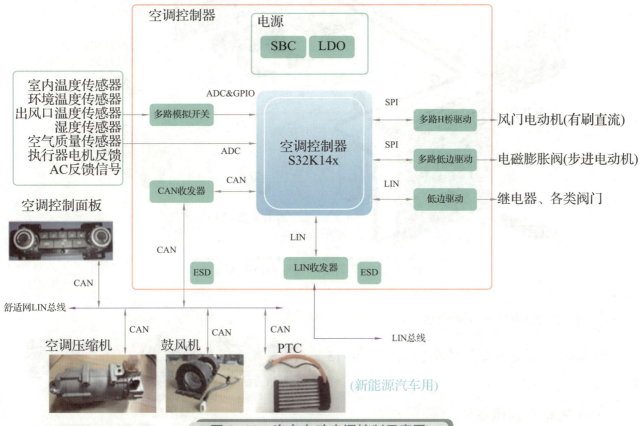

图9-10 汽车自动空调控制示意图

三、汽车空调制冷系统

制冷系统的作用是将车内的热量通过制冷剂在循环系统中循环转移到车外，实现车内降温。

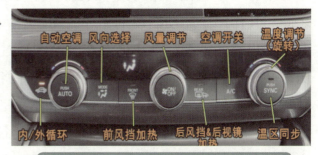

图9-11 汽车空调面板控制开关

1. 制冷系统的基本组成

汽车空调制冷系统由压缩机、冷凝器、储液干燥器、膨胀阀、蒸发器、鼓风机、连接管路和温度传感器等组成，如图9-12所示。

各部件之间采用铝管和高压橡胶管连接成一个密闭的制冷循环系统。在这个制冷系统中，压缩机是动力源。

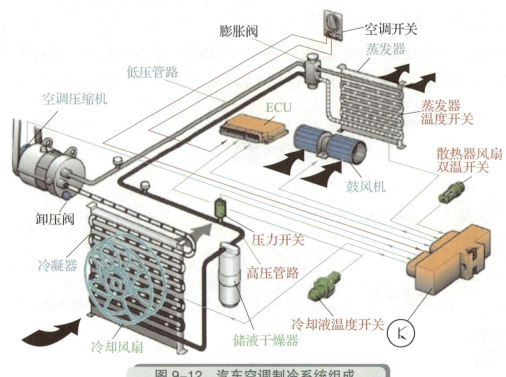

图 9-12 汽车空调制冷系统组成

2. 制冷系统的主要部件

汽车制冷系统主要部件实物图如图 9-13 所示。

（1）汽车空调压缩机

压缩机是制冷系统的核心部件，如图 9-14 和图 9-15 所示。安装于蒸发器和冷凝器之间。其作用是驱动制冷剂循环流动，吸入蒸发器出来的低温、低压的气态制冷剂通过压缩转变为高温、高压的气态制冷剂，并将其送入冷凝器，并维持连续不断的循环，完成吸热、放热过程。汽车空调压缩机可分为往复式和旋转式两大类。目前，主要以往复式为主。在大、中型客车上以曲轴式应用较多，而在中、小型车上，则以摆盘式为主。

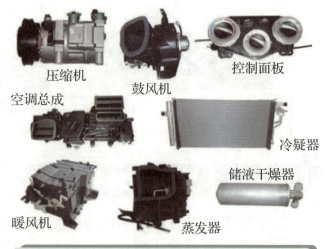

图 9-13 汽车空调制冷系统主要部件实物图

图 9-14 定排量压缩机

图 9-15 变排量压缩机

压缩机结构

压缩机其内部结构如图9-16所示。

汽车空调压缩机的性能要求：

①要有良好的低速性能，要求压缩机在汽车发动机低速和空载时有较大的制冷能力和较高的效率。

②高速运转时输入功率低，降低油耗，提高汽车动力性。

③体积和质量小，便于安装和维修。

④安全稳定、可靠性好，能够在恶劣的条件下有良好的抗震性和密封性。

⑤要求压缩机运转平稳，振动小，噪声低，起停对发动机转速的影响小，起动力矩小。

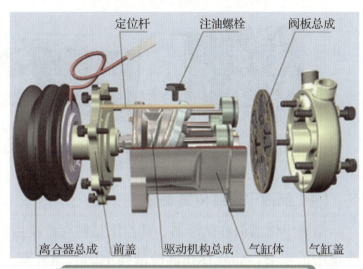

图9-16 汽车压缩机结构图

压缩机运行原理

（2）冷凝器

冷凝器的作用是将压缩机排出的高温、高压制冷剂蒸汽进行冷却，使其凝结为低温、低压制冷剂液体再进入储液，如图9-17所示。

冷凝器一般安装在发动机冷却系统散热器之前，利用发动机冷却风扇吹来的新鲜空气和行驶中迎面吹来的空气流进行冷却，如图9-18所示。

图9-17 冷凝器

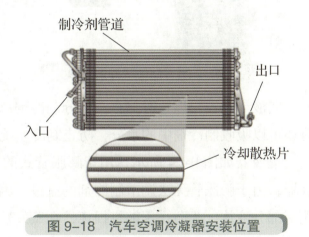

图9-18 汽车空调冷凝器安装位置

（3）蒸发器

蒸发器的功能是产生冷气，降温除湿。蒸发器是一个热交换器，如图9-19所示。膨胀阀喷出的雾状制冷剂在蒸发器中蒸发，吸收蒸发器空气中的热量，使其降温，达到制冷目的。

在降温同时，溶解在空气中的水分也会由于温度降低凝结出来，蒸发器还要将凝结的水分排出车外，蒸发器安装在驾驶仪表台后面，其主要由管路和散热片组成，在蒸发器的下方还有接水盘和排水管，如图9-20所示。

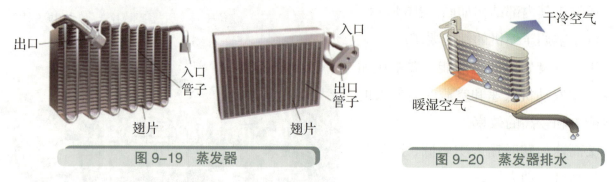

图 9-19 蒸发器　　　　图 9-20 蒸发器排水

（4）储液干燥器和集液器

储液干燥器简称储液器，其作用是储存冷凝后的制冷剂并进行干燥、吸湿处理，除去制冷剂中的水分，将残存在制冷液体中的气体分离，并滤掉杂质。安装在冷凝器和膨胀阀之间，储液干燥器的位置和设计结构可防止气态的制冷剂进入蒸发器，如图 9-21 所示。其结构如图 9-22 所示。

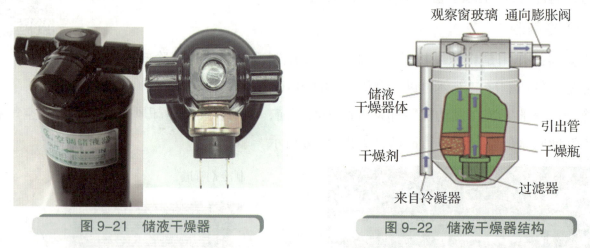

图 9-21 储液干燥器　　　　图 9-22 储液干燥器结构

储液干燥器可以暂时储存一部分制冷剂以保证系统内制冷剂流动的连续性和稳定性，同时还可以吸收制冷剂中的水分，防止制冷系统发生冰塞。其安装位置如图 9-23 所示。

集液器如图 9-24 所示，用于膨胀管式的制冷系统中，是一个位于蒸发器出口处的罐状容器，由于膨胀管无法调节制冷剂的流量，因此蒸发器出来的制冷剂不一定全部是气体，可能有部分液体。为防止压缩机损坏，在蒸发器出口处安装一个集液器，一方面将制冷剂进行气液分离，另一方面起到与储液干燥器相同的作用。

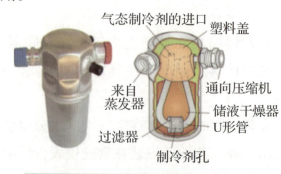

图 9-23 储液干燥器安装位置　　　　图 9-24 集液器及其结构

（5）连接管路

连接管路把制冷系统各元件连成一个封闭系统。由于发动机在工作中会产生振动，安装在发动机上的压缩机也会随之抖动，因此汽车空调装置中与压缩机进排气接头相连的管路都采用橡胶软管。部分连接采用铝合金管路，如图9-25所示。

（6）膨胀阀和膨胀管

膨胀阀又称节流阀，如图9-26所示。膨胀阀的功能有两方面：一方面是节流降压，它把来自储液干燥器的高压液态制冷剂从膨胀阀的小孔喷出，使其降压，体积膨胀，转化为雾状制冷剂，在蒸发器内吸热变为气态制冷剂；另一方面是调节流量，它根据制冷负荷的大小调节制冷剂流量，确保蒸发器出口处的制冷剂全部转化为气体。

膨胀阀分为内平衡式膨胀阀［见图9-26（a）］、外平衡式膨胀阀［见图9-26（b）］、H形［见图9-26（c）］膨胀阀三种。

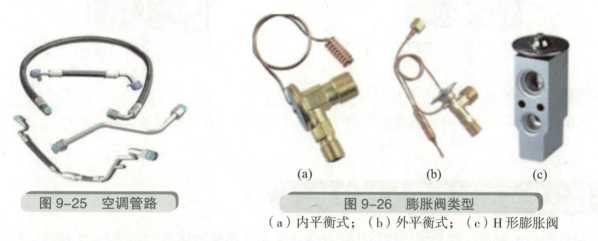

图9-25 空调管路

图9-26 膨胀阀类型
（a）内平衡式；（b）外平衡式；（c）H形膨胀阀

膨胀管与膨胀阀的作用基本相同，它只是将调解制冷剂流量的功能取消了，膨胀管是固定孔口节流装置，两端都装有滤网，以防止系统堵塞，如图9-27和图9-28所示。

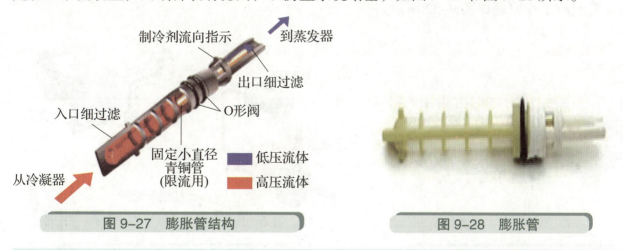

图9-27 膨胀管结构

图9-28 膨胀管

⚠ 注意：节流膨胀管不能调节制冷剂流量，液态制冷剂有可能流出蒸发器出口。因此装有节流膨胀管的系统，必须同时在蒸发器出口和压缩机进口之间，安装一个集液器，实现气液分离器，以保护压缩机。

（7）制冷剂和冷冻机油

制冷剂又称冷媒或氟利昂，如图9-29所示。它通过状态变化吸收和放出热量，因此要求制冷剂在常温下很容易汽化，加压后很容易液化，来实现制冷循环。车用空调的制冷剂为R-134a。R-134a制冷剂化学性质稳定、不破坏大气臭氧层、流动阻力小、与矿物油不相溶、与氟橡胶不相溶、蒸发潜热高、比定压热容大、具有较好的制冷能力，故在汽车空调系统中得到广泛应用。

空调压缩机使用的润滑油被称为冷冻润滑油或冷冻机油，是一种在高、低温工况下均能正常工作的特殊润滑油，用于润滑、冷却、密封和降低压缩机噪声等，如图9-30所示。

图9-29 制冷剂

图9-30 汽车冷冻油

⚠ 注意：①不同制冷剂之间不可相互换用和混用；
②一定要正确选用冷冻润滑油的型号，切不可混用，否则将损坏空调压缩机。

四、汽车空调制冷工作原理

制冷的根本原理，就是利用物质的状态变化来实现能量转移的，如图9-31所示。

制冷系统工作时，制冷剂以不同的状态在密闭系统内循环流动，每一循环包括四个基本过程。其制冷工作原理如图9-32所示。

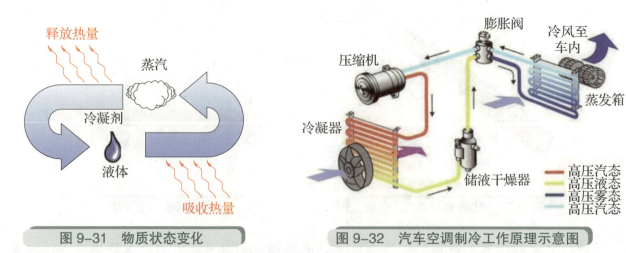

图9-31 物质状态变化　　图9-32 汽车空调制冷工作原理示意图

①压缩过程：压缩机将蒸发器低压侧的低温（约0℃）、低压（约0.15 MPa）气态制冷剂压缩成为高温（70~80℃）、高压（约1.5 MPa）气态制冷剂。

②冷凝过程：送往冷凝器过热气态制冷剂，在温度高于外部温度很多时，向外散热进行热交换，制冷剂被冷凝成高温（约 55℃）、高压（约 1.5 MPa）的液态制冷剂。

③膨胀过程：冷凝后的液态制冷剂经过膨胀阀时，使制冷剂流过空间体积增大，其压力和温度急剧下降，变成低温（约零下 5℃）、低压（约 0.15 MPa）的湿蒸汽，以便进入蒸发器中迅速吸热蒸发。

④蒸发过程：液态制冷剂通过膨胀阀变为低温、低压的湿蒸汽，流经蒸发器不断吸热汽化转变成低温（约 0℃）、低压（约 0.15 MPa）气态制冷剂，吸收车内空气热量。

从蒸发器流出的气态制冷剂又被吸入压缩机，增压后泵入冷凝器冷凝，进行制冷循环。制冷循环就是利用有限的制冷剂在封闭的制冷系统中，反复地将制冷剂压缩、冷凝、膨胀、蒸发，不断在蒸发器中吸热汽化，对车内空气进行制冷降温，如图 9-33 所示。

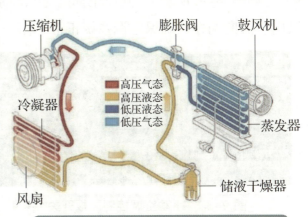

图 9-33　制冷系统状态变化

汽车空调制冷循环　　内平衡热力膨胀阀工作原理　　外平衡热力膨胀阀工作原理

五、汽车空调暖风系统

图 9-34 所示为发动机冷却液采暖系统，将送入热交换器中的车外或车内空气，与升温后的发动机冷却液进行热交换，由电动鼓风机将升温的空气经出风口送入车厢。

冷却液通过热水阀流入热交换器，散热后的冷却液再流回水泵参与循环。热水阀对通过热交换器的水流量进行调节。热交换器将冷却液的热量传给空气，热交换器由传热系数很高的黄铜制造而成。

图 9-34　汽车暖风系统示意图

六、空调操纵控制系统及电气部件

1. 空调开关面板

汽车操纵控制系统分为手动控制（手动空调）（如图9-35所示）和自动控制（自动空调）（如图9-36所示）。其作用都是对制冷系统或暖风系统进行控制调节，对车内空气温度、风向、流向调控，确保空调系统正常工作。

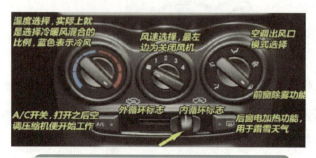

图9-35 手动空调控制面板开关

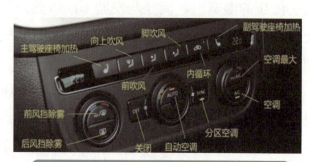

图9-36 自动空调控制面板开关

2. 电磁离合器

电磁离合器是发动机和压缩机之间的一个动力传递机构，受空调A/C开关、温控器、空调放大器、压力开关等控制，在需要时接通或切断发动机与压缩机之间的动力传递，如图9-37所示。电磁离合器一般安装在压缩机的前端面，成为压缩机总成的一部分。电磁离合器主要由压力板、皮带轮和电磁线圈等主要部件组成。

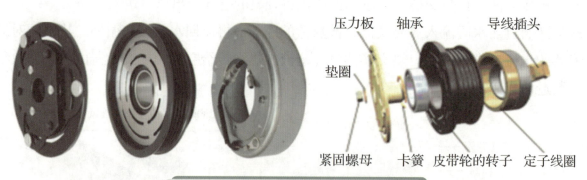

图9-37 汽车空调电磁离合器及其结构

线圈不通电时，空调压缩机不工作；线圈通电时，在皮带轮外端面产生很强的电磁吸力，将压盘紧紧地吸在皮带轮端面上，皮带轮便通过压盘带动压缩机轴一起转动而使压缩机工作。

3. 压力开关

压力开关是一种受压力信号控制的电器开关，如图9-38所示。它安装在储液干燥器与膨胀阀的高压之间的管道上。压力开关的作用是当制冷系统的压力高于或低于所规定的极限值时，自动切断电气回路，停止压缩机运转，从而保起护压缩机及其系统的作用。

压力开关分低压开关、高压开关和高、低压双向组合开关三种。高、低压双向组合开关[如图9-38（a）所示]可实现低压切断离合器控制电路，高压接通冷凝器风扇或切断离合器控制电路的双重功能。

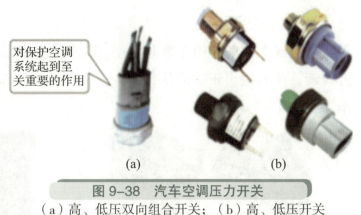

图 9-38 汽车空调压力开关
（a）高、低压双向组合开关；（b）高、低压开关

对保护空调系统起到至关重要的作用

4. 温度开关

温度开关的作用是保持车厢内温度相对稳定和控制蒸发器出口空气温度，使之不致降到 0℃ 以下，防止芯管冻结，维持蒸发器的正常工作，如图 9-39 所示。

蒸发器温度控制的目的是防止蒸发器结霜。结霜严重时将会堵塞蒸发器管路，导致制冷效果大大降低，如图 9-39（b）所示。

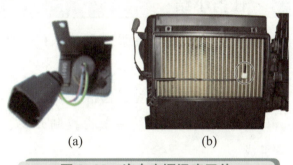

图 9-39 汽车空调温度开关
（a）环境温度开关；（b）蒸发器温度传感器

5. 怠速提升装置

怠速提升装置如图 9-40 所示。其作用是在空调开启以后提高发动机的转速，以克服开空调后给发动机带来的额外负荷，防止发动机熄火，保持发动机的稳定运转。

6. 鼓风机

鼓风机的作用是将空气吹过蒸发器、加热器芯后送入车内，是空气通过蒸发器和暖风水箱的动力之源，同时还有保障室内空气正常循环的功能，如图 9-41 所示。

图 9-40 怠速提升装置

图 9-41 汽车空调鼓风机

7. 空调继电器

空调继电器如图 9-42 所示，主要用来控制大功率、大负荷的空调电气设备，如压缩机的电磁离合器、冷却风扇、鼓风机等。

8. 空调放大器

空调放大器的作用主要是将空调系统及发动机系统运转的各种信号进行分析处理，然后做出正确的执行命令，从而保障空调系统和发动机系统的正常工作，如图9-43所示。

汽车空调控制电路

图9-42 汽车空调继电器

图9-43 汽车空调放大器

汽车新型制冷剂 R-1234YF

任务小结

1. 汽车空调系统主要由制冷系统、暖风系统、通风系统、空气净化系统和操纵控制系统五个部分组成。
2. 制冷系统工作过程包括压缩过程、冷凝散热过程、节流膨胀过程和蒸发吸热过程。
3. 水暖式暖风系统一般由控制开关、鼓风机、暖风水箱、循环水控制开关及相应的管路组成。
4. 汽车空调制冷系统中常用的制冷剂为R-134a。

任务9.2 汽车空调系统常见故障及检修

理论指引

汽车空调技术在汽车上不仅得到广泛应用，而且它的技术水平发展非常迅速，在实际检修工作中，我们接触最多的主要是制冷和供暖故障以及其相关空调电气部件损坏引起的上述故障等。

一、汽车空调维护

一般情况下，对汽车空调的维护最常见的是更换空调滤芯。清理冷凝器、蒸发器和出风口的灰尘及杂物，检查压缩机皮带，测量一下出风口温度等，如图9-44所示。

 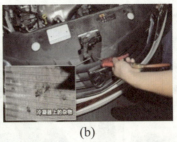 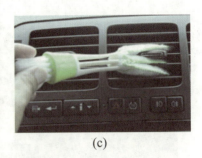

(a)　　　　　　　　　　　　(b)　　　　　　　　　　　　(c)

图 9-44　汽车空调常规维护

(a) 空调滤芯更换；(b) 冷凝器清理；(c) 出风口清洁

除上述外，汽车空调维护还需对汽车空调制冷剂是否泄漏，管道接口密封性等进行检测，检测汽车空调系统泄漏的常用方法是利用肥皂液，也可利用电子空调检漏仪等工具。

①气泡检查法：这是一种在被怀疑渗漏地点外表面涂抹溶液的检查方法。如果有渗漏发生就会产生气泡和泡沫，如图9-45所示。

②电子检漏仪：这种检漏仪可以通过探针吸收任何漏出的制冷剂。这种检漏仪发现制冷剂时，即发出声响报警或发出闪烁光，如图9-46所示。

图 9-45　肥皂泡沫检漏　　　　　　　图 9-46　汽车空调电子检漏仪

二、汽车空调常见故障检修

1. 暖风系统故障

汽车暖风系统可以将车内空气或从车外吸入车内的空气加热，提高车内温度，如图9-47所示。常见故障为暖风不热。其主要原因如下。

①节温器常开或节温器开启过早，使冷却系统过早地进行大循环，而外部气温很低，特别是车跑起来时，冷风很快把防冻液冷却，发动机水温上不来，暖风也不会热。

②水泵叶轮破损或丢转，使流经暖风小水箱的流量不够，热量上不来。

③发动机冷却系统有气阻，气阻导致冷却系统循环不良，以及冷却液泄漏不足等。

④暖风小水箱堵塞，导致冷却循环不畅。滤清器脏污堵塞，导致进气不畅。

⑤暖风控制系统电气部件不工作等。如鼓风机不工作、温度传感器损坏、加热器不工作等。

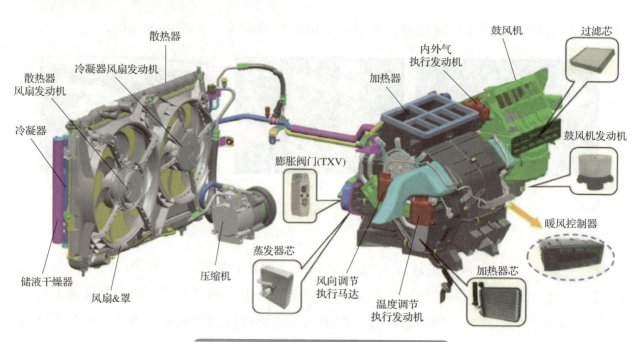

图 9-47　汽车暖风系统已出现故障部位

2. 制冷系统故障

汽车空调制冷系统，是一个完全密封的循环系统，其中任何一个零部件损坏都会使制冷能力下降或不能制冷。其制冷故障一般为电气故障、功能部件的机械故障、制冷剂和冷冻润滑油引起的故障。这些故障发生之后集中表现为系统不制冷、制冷不足或产生异响，如表 9-1 所示。

表 9-1　汽车空调制冷系统常见故障及检修

故障现象	序号	原因	检查与排除
不制冷	1	A/C 开关熔断丝烧断	检查原因，排除并更换熔断丝
	2	电路断路器故障	检查原因，排除并更换熔断丝
	3	A/C 开关故障	检查 A/C 开关
	4	空调继电器故障	检查空调继电器的接触不良等故障，检修或更换
	5	电路接线故障	检查相关电路的接线并排除故障
	6	电磁离合器线圈故障	检查电磁离合器线圈的电阻，判断短、断路故障，排除或更换电磁离合器
	7	鼓风机故障	检查鼓风机能否运转，检修或更换
	8	恒温器或放大器故障	检查恒温器和放大器，有故障则更换
	9	热敏电阻器故障	更换
	10	高压或低压保护开关故障	检查判断，有故障则更换
	11	制冷剂漏光	检查并修理漏点，重新加注制冷剂
	12	储液干燥器或膨胀阀堵塞等故障	检查储液干燥器和膨胀阀，必要时进行修理或更换
	13	压缩机故障	检查压缩机，必要时更换

续表

故障现象	序号	原因	检查与排除
制冷不足	1	鼓风机转速慢等故障	检查鼓风机的调速电阻器，必要时更换
	2	热敏电阻器故障	检查或更换
	3	恒温器或放大器故障	检查恒温器和放大器，有故障则更换
	4	电磁离合器因磨损或线圈电压不足等原因打滑	检查原因，对电路、电源进行检修或更换电磁离合器
	5	冷凝器脏污、管道陷扁、局部堵塞等故障	检查清洁或更换冷凝器
	6	储液干燥器故障	检查或更换储液干燥器
	7	膨胀阀故障	检查或更换膨胀阀
	8	蒸发器故障	检查或更换蒸发器
	9	冷冻机油过多	排出过多的冷冻机油
	10	系统内有空气	排空制冷剂、抽真空、加注制冷剂
	11	压缩机故障	检查压缩机，修理或更换

3. 制冷剂的加注

在汽车空调系统的维修中常常要对系统抽真空或加注、回收制冷剂。为了提高维修质量，规范、简化操作程序，特别是防止制冷剂的排空，既防止对环境造成污染，又减少经济损失，在规范的维修站中都配有制冷剂加注、回收多功能机，如图9-48所示。部分加注也采用歧管压力表组工具，如图9-49所示。

图9-48 制冷剂回收加注一体机

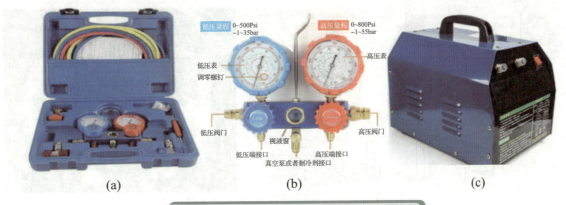

图9-49 空调制冷剂加注仪表工具

（a）汽车空调歧管压力表组件；（b）压力表组成；（c）两用真空泵

制冷剂的加注分为高压端加注和低压端加注，如图9-50所示。

高压检修接口设置在高压管路上（管路较细），盖帽上方标有字母"H"。

低压检修接口设置在低压管路上（管路较粗），盖帽上方标有字母"L"。

管路连接不能混用，否则将引起危险事故。

汽车空调制冷剂加注前应将剩余的制冷剂排除回收，然后再进行重新加注。加注前，先确定注入制冷剂的数量。加注量过多或过少，都会影响空调制冷效果。压缩机的铭牌上一般都标有所用的制冷剂的种类及其加注量。其加注流程如图9-51所示。

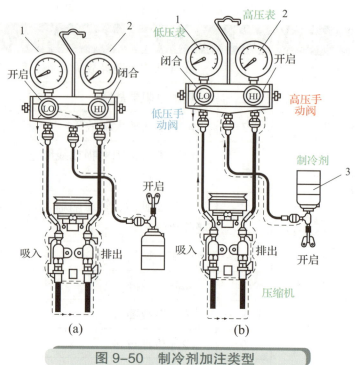

图9-50 制冷剂加注类型
（a）低压端加注制冷剂；（b）高压端加注制冷剂

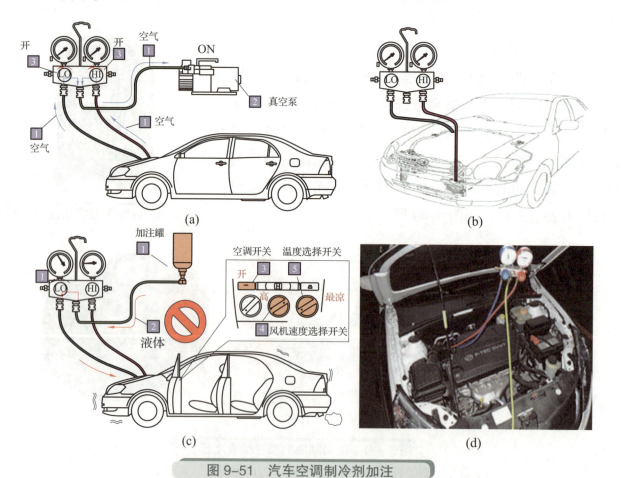

图9-51 汽车空调制冷剂加注
（a）连接仪表工具并抽真空；（b）关闭真空泵，保压检查；
（c）低压端加注，先排空气，压缩机运行；（d）加注完成后，检测制冷效果

⚠ **注意**：建议选用低压端加注；采用高压端加注时，严禁开启空调系统，否则会造成制冷剂通过高压表而冲击制冷罐，造成制冷剂罐爆裂，也不可打开低压手动阀。

任务小结 →

1. 汽车空调维护是保证其正常运转的重要手段，必须了解注意事项和基本常识。
2. 制冷故障一般为电气故障、功能部件的机械故障、制冷剂和冷冻润滑油引起的故障。
3. 制冷剂加注一般采用仪表加注和专用加注设备进行，加注时一定注意正确操作，并远离明火等。

新能源汽车空调

任务情景解读 →

验证故障，起动车辆，操作空调面板按钮，面板指示灯不点亮，鼓风机不出风，空调不工作。GDS检测，故障码为U0164 00与HVAC控制模块失去通信；B397900未从HVAC控制模块收到环境标识符（HVAC控制模块、HVAC控制装置失去通信）。根据上汽通用SBD诊断流程检查，先拆除车辆行车记录仪加装件，无效；查询未有此类故障的维修通信；查询HVAC控制模块、HVAC控制装置电路图，寻找共性，均由F21DA（10 A）提供B＋电源。经检查，F21DA损毁。更换损坏的F21DA熔断丝后，验证故障，故障消失，空调正常工作，面板也工作正常。

 匠心课堂

用坚守"锤"炼出大国利剑

"祖国终将选择那些忠诚于祖国的人，祖国终将记住那些奉献于祖国的人。"李世峰说。一架战机的机身，有40%～70%的零件出自他手，一把榔头，为新型国产战机打造身躯。在九三阅兵的空中方队中，五型参阅飞机上安装了中航工业西飞的钣金工李世峰和他的团队亲手制造的机身零件。

李世峰说："学习技艺一定要持之以恒地去训练、去磨练，在这种枯燥的环境当中去锻炼。我们常说1万小时定律，达到1万小时的用心训练之后，你才有资格去谈创新，去谈新的方法。创新是在扎实的基本功的基础之上的。所以空口谈创新不太现实，积淀的过程也非常重要。

项目十

汽车全车电路认知

任务情景导入

通过前面几个项目的学习，我们对汽车的电器有了完整了解，懂得了要想解决复杂的电气故障，既要有准确的判断思路流程，又要借助电路图辅助工具。对于检修复杂电气故障必修通过仔细阅读电路图，并根据相应功能才能对故障进行分析，准确找出故障部位。汽车电路是所有汽车电气设备构成的综合性网络，其复杂程度因车而异。掌握汽车电路的分析方法对汽车电路检修工作具有重要意义。

任务描述

汽车电路图是一种将汽车电器和电子设备用图形符号和代表导线的线条连接在一起的关系图，是对汽车电器的组成、工作原理、工作过程及安装要求所作的图解说明。电路图中表示的是不同电路相互之间的关系及彼此之间的连接，通过本任务的学习，可以认识并确定电路图上所画电气元件的名称、型号和规格，了解电路图图形符号及接线柱标记。清楚地掌握汽车电气系统的组成、相互关系、工作原理和安装位置，便于对汽车电路进行检查、维修、安装、配线等工作。

学习目标

知识目标

1. 了解汽车电路的基本绘制方法与识图要领；

2. 熟悉电路图的表示方法；

3. 熟悉汽车电路中常用图形符号、有关标志、接线柱标记的具体含义。

能力目标

1. 能明确汽车主要电气系统的电路特点；

2. 能分析线路或系统电流走向；

3. 能利用汽车电路图分析和查找电路故障。

情感素养目标

1. 树立安全意识、效率意识、规范意识；

2. 培养较强的动手操作能力；

3. 培养严谨细致的工作态度和大国工匠精神。

任务 10.1　汽车全车电路认知

理论指引

汽车电路是将电源系统、起动系统、点火系统、照明信号系统、仪表信息系统、电子控制装置、辅助电器以及车载网络总线系统等，按照它们各自的工作特性和彼此之间的内在联系，通过开关、导线、保护装置等连接起来而构成的综合性网络。汽车电路和一般电路一样，也是由电源、负载（用电设备）、导线、开关、保护装置等组成的，但有其自身的特点和规律。

一、汽车全车电路图概述

汽车电路图是利用各种符号和线条构成的图形，电路图清楚地表示了电路中的各组成元件、电源、熔断丝、继电器、开关、继电器盒、接线盒、连接器、电线、搭铁等。有些电路图还表示出了电器零件的安装位置、连接器的形式及接线情况、电线的颜色、接线盒和继电器盒中继电器及熔断丝的位置、线束在汽车上的布置等，如图 10-1 所示。

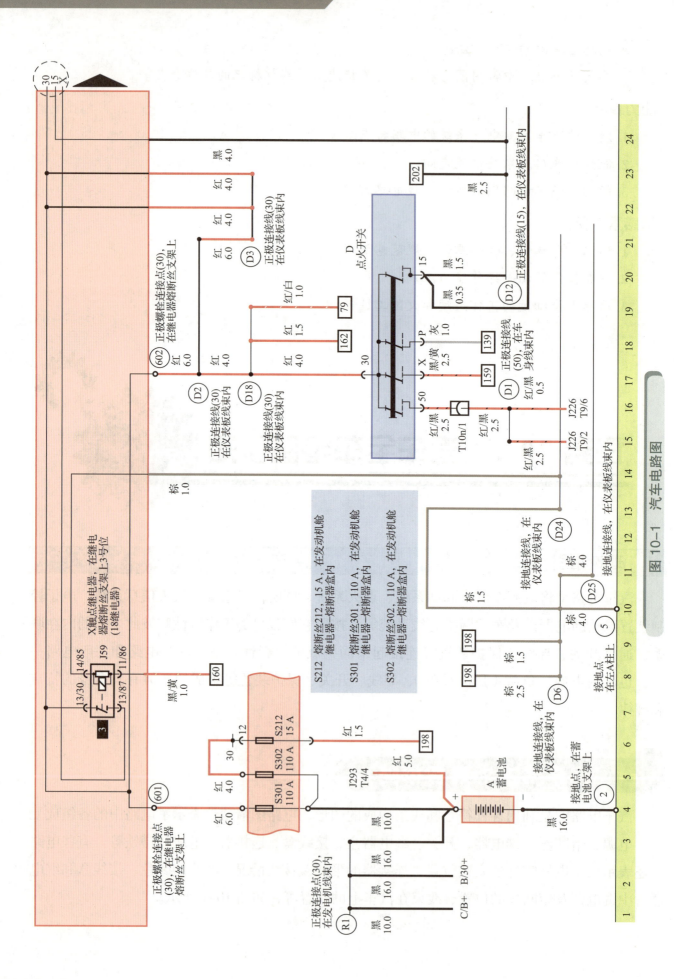

图 10-1 汽车电路图

二、汽车电路图类型

汽车电路图根据用途不同，可绘制成不同形式的电路图，常见的电路图有原理框图、电路原理图、接线图、线束图与电气设备定位图等类型。现今汽车电路图的种类繁多，电路图按车型不同，也存在一定的差别，但都存在一定的规律。

1. 原理框图

原理框图是用框图的形式来表达其原理，它的作用在于能够清晰地表达比较复杂的原理。由于汽车的电气系统较为复杂，为概略地表示各个汽车电气系统或分系统的基本组成、相互关系及其主要特征，常采用原理框图，如图10-2所示。原理框图所描述的对象是系统或分系统的主要特征，不必画出元器件和它们之间的具体连接情况，它对内容的描述是概略的，但对于汽车电路的分析和维修有很大的帮助。

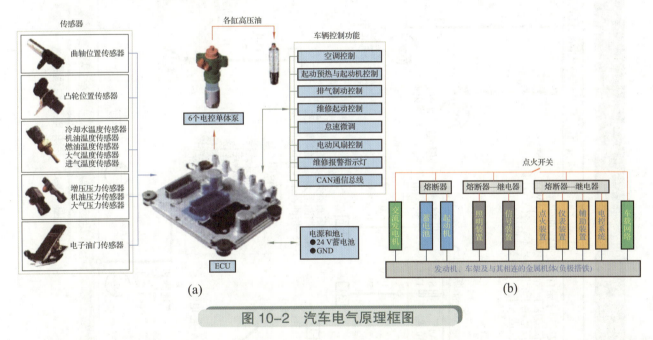

图 10-2　汽车电气原理框图

原理框图通常采用方框符号或者带注释的框绘制，带注释的框应用比较广泛，其框内的注释可以是文字，可以是符号，也可以同时采用文字和符号。

2. 电路原理图

电路原理图是利用电气符号将每一个系统合理地连接起来，能简明清晰地反映汽车电路构成、连接关系和工作原理，而不考虑其实际安装位置的一种简图，如图10-3所示。其优点是图面清晰、简单明了、通俗易懂，便于分析、查找电路故障。电路原理图分为整车电路原理图和局部电路原理图。汽车的整车电路原理图是由若干个局部电路原理图组成的。

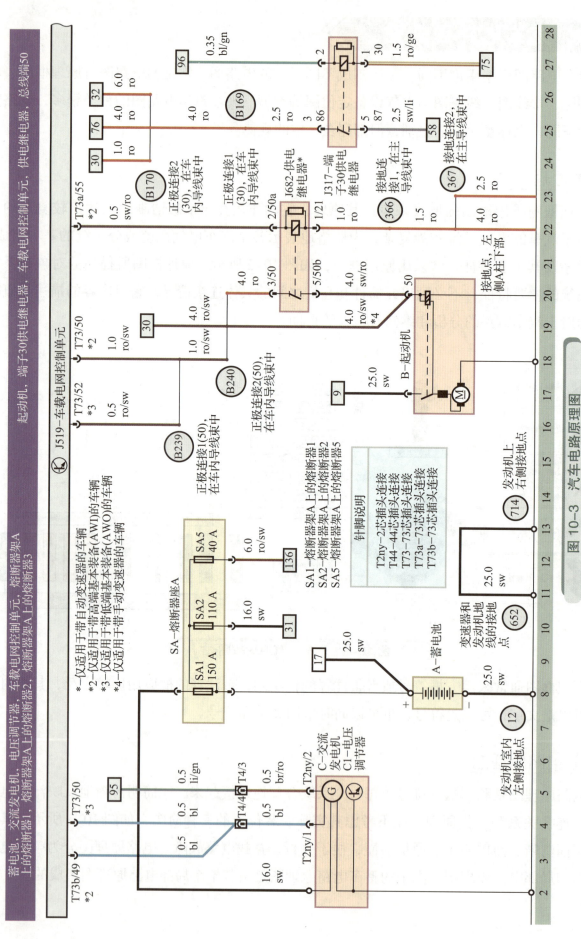

图 10-3 汽车电路原理图

整车电路原理图是一幅完整的全车电路图，能反映全车电路各系统之间的相互关系。在此图上能建立起电位高、低的概念。其负极搭铁电位最低，可用图中的最下面一条线表示；正极电位最高，用最上面的那条线表示。电流的方向基本都是由上而下，路径是电源正极→开关→用电器→搭铁→电源负极。

局部电路原理图是从整车电路图中抽出的某个局部电路，如图10-4所示。此图能反映电器的内部结构，局部电路的工作原理，并将重点部位进行了放大及说明。这种电路图的用电器少、幅面小，阅读起来简单明了；其缺点是只能了解电路的局部。

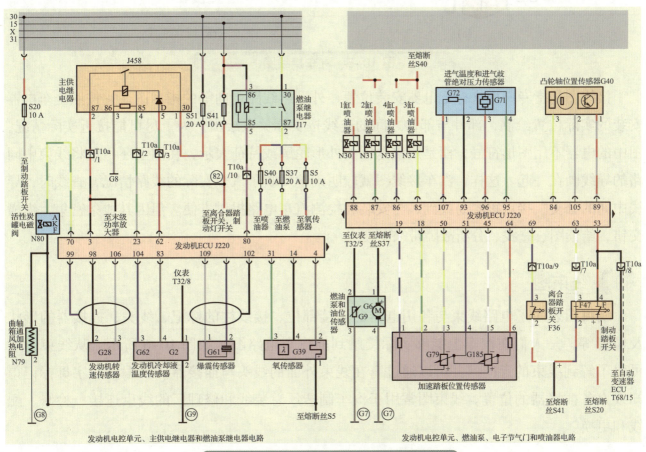

图 10-4　汽车局部电路原理图

3. 接线图

从原理框图可概括了解汽车电器的基本组成及其相互关系和主要特征，从汽车电路图可以比较详细地了解各电器间的相互控制关系和工作原理，但它们都不能表达汽车电器的实际情况，为了便于汽车电器的线路布置、连接，常需要绘制接线图，如图10-5所示。

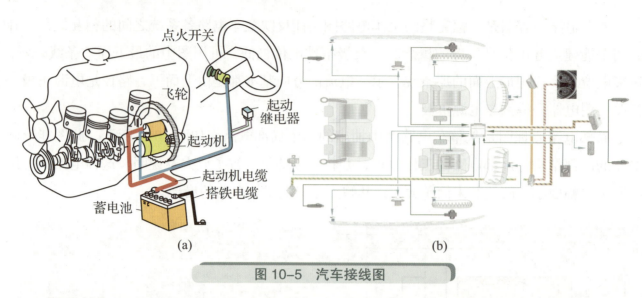

图 10-5 汽车接线图

接线图是指专门用来标记电器安装位置、外形、线路走向等的指示图。它按照全车电器安装的实际位置绘制，部件与部件之间的连线按实际关系绘出，为了尽可能接近实际情况，图中的电器不用图形符号，而是用该电器的外形轮廓或特征表示，在图上还尽量将线束中同路的导线画在一起。这样，汽车接线图就较明确地反映了汽车实际的线路情况，查线时，导线中间的分支、接点很容易找到，为安装和检测汽车电路提供方便。但因其线条密集，纵横交错，给读图、查找、分析故障带来不便。

4. 线束图

线束图表明了电路线束与各用电器的连接部位、接线柱的标记、线头、插接器的形状及位置等，是人们在汽车上能够实际接触到的汽车电路图，如图 10-6 所示。从线束图中可以了解到线束的走向，并可以通过露在线束外面的线头与插接器详细编号或字母标记得知线束各插接器的位置。线束图常用于汽车制造厂总装线和修理厂的线束连接、检修、配线和更换。

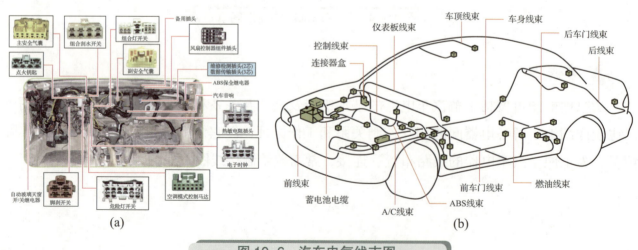

图 10-6 汽车电气线束图

目前，汽车制造商为便于用户在使用、维修过程中进行检查、测试，还往往在维修手册中给出有关电器的安装位置图、线束图解。线束图与电路原理图、接线图结合起来使用，具有很大的参考价值。不同的生产厂商，线束图略有不同。

5. 电气设备定位图

电气设备定位图以平面图或实物图的形式显示用电器、控制器件、连接器、接线盒、熔断器盒、继电器盒等在车上的具体位置，如图10-7所示。通过电气设备定位图可以帮助我们准确地找到各电器在车上的安装位置。

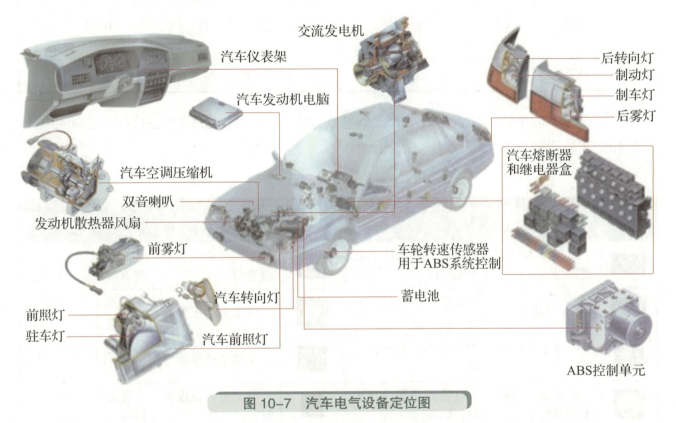

图10-7 汽车电气设备定位图

电气设备定位图按照汽车上电器的不同可以分为电控单元位置图、电器位置图、过载保护装置定位图、接地点（搭铁）位置图、连接器的插脚排列图等。参考电气设备定位图能把电路图与实物快速地联系起来，使读者更容易读懂电路图，并能方便地查找故障元件，有利于故障的排除。

三、汽车常见电路符号及含义

汽车电路图利用图形符号和文字符号表示汽车电路构成、连接关系和工作原理。汽车电路图中的常用图形符号主要分为：限定符号（如表10-1所示）、导线端子连接符号、触点与开关符号、电器元件符号、仪表符号（如表10-2所示）及各种传感器符号（如表10-3所示）等。

表 10-1　汽车电路图限定符号

名称	图形符号	名称	图形符号
直流	——	中性点	N
交流	∼	磁场	F
交直流	≂	搭铁	E ⊥
正极	+	交流发电机输出接柱	B+ B
负极	—	磁场二极管输出端	D_+

限定符号不能单独使用，不表示独立的电气元件，只说明电路的某些特征。必须与电器匹配标记才能代表含义。

表 10-2　仪表符号

图形符号	名称	符号说明	图形符号	名称	符号说明
	机油压力过低报警灯	发动机机油压力在 30 kPa 以下时，灯亮		防抱死制动失效报警灯	ABS 电子控制系统有故障时，灯亮
	充电报警灯	硅整流发电机不发电时，灯亮		驻车制动报警灯	驻车制动起作用时，灯亮
	冷却液温度报警灯	发动机过热时，灯亮		制动系统报警灯	制动器失效时，灯亮
	燃油滤清器积水报警灯	燃油滤清器内积水时，灯亮		燃油量过少报警灯	燃油余量不足时，灯亮
	远光指示灯	使用前照灯远光时，灯亮		安全带报警灯	安全带未扣时，灯亮
	转向指示灯	开转向灯时，灯亮		安全气囊报警灯	安全气囊系统有故障时，灯亮
	车门未关报警灯	车门打开或半开时，灯亮		发动机故障报警灯	发动机电控系统有故障时，灯亮
	风挡清洗液指示灯	清洗液即将耗尽，灯亮		前后雾灯指示灯	前后雾灯接通时，两灯点亮，图中左侧的是前雾灯显示，右侧为后雾灯显示

表 10-3 各种传感器符号

电路符号	实物	电路符号	实物	电路符号	实物
交流发电机		继电器		发光二极管	
压力开关		感应式传感器		电阻	
机械开关		熔断器		可变电阻	
温控开关		内部照明灯		起动机	
电动机		灯泡		多挡手动开关	
按键开关		显示仪表		氧传感器	
电子控制器		电磁阀		喇叭	
爆燃传感器		双速电动机		蓄电池	
扬声器		插头连接		火花塞和火花塞插头	
点烟器		元件上多针插头连接		点火线圈	
电热元件		电磁离合器		手动开关	接线插座

应当说明的是，由于各国汽车电路图的绘制方法、符号标注、文字标注、技术标准不同，各汽车生产厂家绘制的汽车电路图有很大差异，因此阅读不同系列的汽车电路图前需要了解电路图的特点，了解汽车车型电路符号表示方法及含义。

汽车电路图图注

任务小结

1. 常见的汽车电路图有原理框图、电路原理图、接线图、线束图与电气设备定位图等类型。
2. 文字符号是由电气设备、装置和元器件的种类（名称）字母代码和功能（与状态、特征）字母代码组成的。
3. 汽车电路图中常采用连接器代码加连接器端子编号的方法来表示连接器上的端子。
4. 汽车电路三要素：电源、负载、中间环节。

任务10.2 汽车电路图的识读方法

理论指引

汽车电路图是汽车检修的重要资料和辅助工具，特别是随着现代汽车电子控制技术的飞速发展，汽车上电气设备越来越多且电路设计日益复杂。对于汽车检修人员来说，有很多故障必须通过仔细阅读电路图并根据其相应的功能和工作原理对故障进行分析，才能准确地查出故障的部位并排除。

一、汽车电路识图概述

由于各国汽车电路图的绘制方法、符号标注、文字标注、技术标准的不同，各汽车生产厂家的汽车电路图画法有很大差异，甚至同一国家不同公司汽车电路图的表示方法也存在较大的差异。这就给读图带来许多不便。因此，掌握汽车电路图识读的基本方法显得十分重要。

电路原理图识图方法：

a. 熟悉汽车电路绘制的规则，认真阅读图注；

b. 熟悉汽车电路元件符号及含义；

c. 熟悉元器件的作用，开关、继电器、传感器、执行器；

d. 运用回路的原则。

①原理框图识读方法：熟悉各车系常用电器的图形符号及方框符号；仔细阅读图中的注释，了解原理框图的绘制方法和特点；理解各功能单元电路的基本作用。

②接线图的识读方法：识读接线图前应对该车所使用的电器结构、原理有一定的了解，通过识读接线图，弄清该车所有电器的数量以及它们在汽车上的实际安装位置，了解该车每一种电器接线柱的数量、名称，弄清每一接线柱的实际意义。

③线束图识读方法：拿到线束图，应先认真读一遍图注，然后对照线束图，了解整车共有几组线束、各线束名称以及各线束在汽车上的实际安装位置；弄清每一线束上的枝杈通向车上哪个电器、每一枝杈有几根导线、它们的颜色与标号以及它们各连接到电器的哪个接线柱上；弄清有哪些插接器件，它们应该与哪个电器上的插接器相连接。

二、汽车电路识图原则

汽车电路原理图主要表明汽车电气设备的工作原理，如电流走向、流过电气设备的顺序等，图中符号和线路仅仅表示各电气设备之间的相互联系，并不代表实际安装位置。在认识了汽车电路图中的图形符号及有关标志，知道了汽车电路图的种类，清楚了汽车电路图中的电线及接线柱标记的基础上，可以按照以下方法对整车电路图进行识读。

1. 化整为零原则

按整车电路系统的各功能及工作原理，可以把整车电气系统划分成若干个独立的电路系统，分别进行分析。在大概掌握全图的基本原理的基础上，再把一个个单元系统电路分割开来，这样就容易抓住每一部分的主要功能及特性，如图10-8所示。

框划各个系统时，一定要遵守回路原则，注意既不能漏掉各个系统中的组件，也不能多框划其他系统的组件。一般规律是：各电气系统只有电源和总开关是公共的，其他任何一个系统都应是一个完整的、独立的电气回路，即包括电源、开关（保险）、电器（或电子线路）、导线等。从电源的正极经导线、开关、熔断丝至电器后搭铁，最后回到电源负极。

2. 认真阅读图注原则

在阅读局部电路图时，首先必须认真地多阅读几遍图注。牢记电气图形符号，熟记电路标记符号。对照图注查看元器件的名称、位置、数量、接线情况。然后通过电气设备的数码代号在电路图中找出该电气设备，再进一步找出相互连线和控制关系，如图10-9所示。

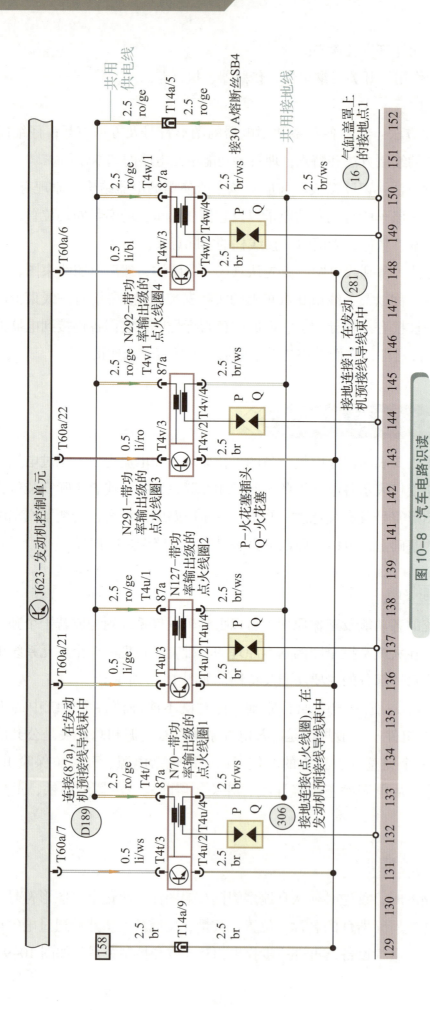

图 10-8 汽车电路识读

项目十 汽车全车电路认知

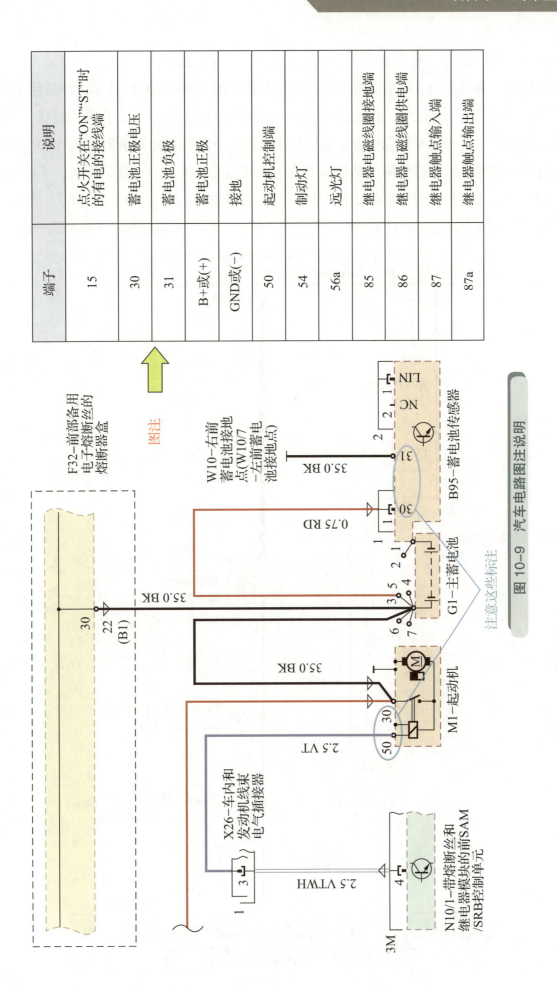

图 10-9 汽车电路图注说明

3. 全面分析开关、继电器的初始状态和工作状态原则

在电路图中，各种开关、继电器都是按初始状态画出的，如图 10-10 所示，即按钮未按下，开关未接通，继电器线圈未通电，其触点未闭合（指常开触点），这种状态称为原始状态。阅读电路图时，可以把含有线圈和触点的继电器看成由线圈工作的控制电路和触点工作的主电路两部分。主电路中的触点只有在线圈电路中有工作电流流过后才能动作。在识图时，不能完全按原始状态分析，否则很难理解电路的工作原理，因为大多数用电设备都是通过开关、按钮、继电器触点的变化而改变回路，进而实现不同的电路功能的，所以必须进行工作状态的分析。

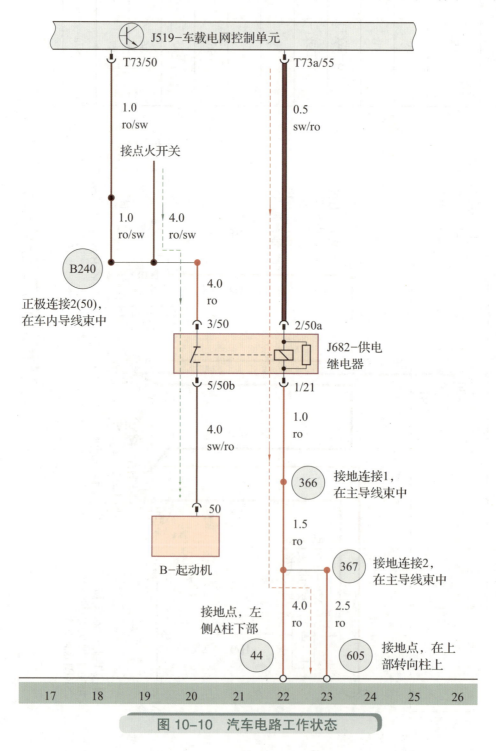

图 10-10　汽车电路工作状态

4. 牢记回路原则

一般来讲，各电气系统的电源和电源总开关是公共的。任何一个系统都应该是一个完整的电路，都应遵循回路原则。图 10-11 所示为电动后视镜电路原理图。此电路读图时，按照回路原则有三种思路，其思路简化图如图 10-12（a）所示。

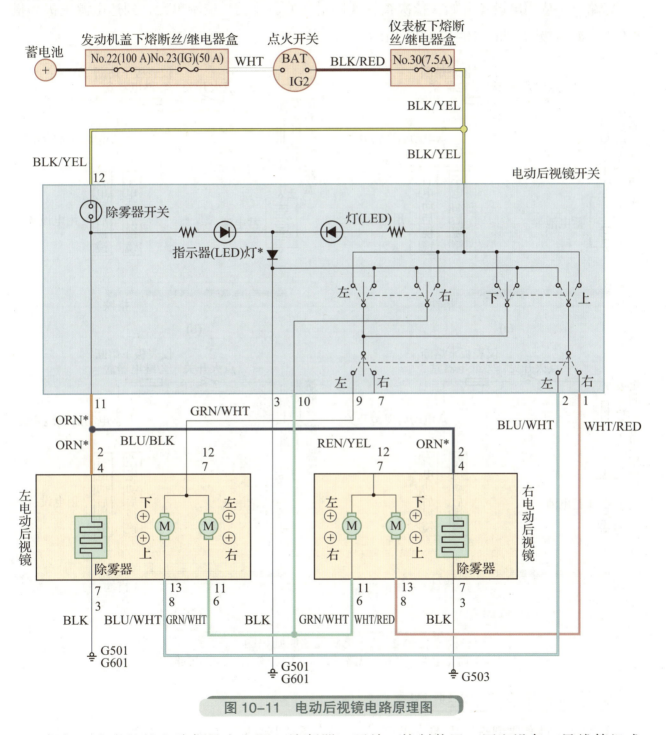

图 10-11 电动后视镜电路原理图

任何一个完整的电路都是由电源、熔断器、开关、控制装置、用电设备、导线等组成。电流流向必须从电源正极出发，经过熔断器、开关、控制装置、导线等到达用电设备，再经过导线（或搭铁）回到电源负极，才能构成回路。

思路一：沿着电路电流的流向，由电源正极出发，顺藤摸瓜，查到用电设备如开关、控制装置等，回到电源负极，如图 10-12（b）所示。

思路二：逆着电路电流的方向，由电源负极（搭铁）开始，经过用电设备如开关、控制装置等回到电源正极，如图 10-12（c）所示。

思路三：从用电设备开始，依次查找其控制开关、连线、控制单元，到达电源正极和搭铁（或电源负极），如图 10-12（d）所示。

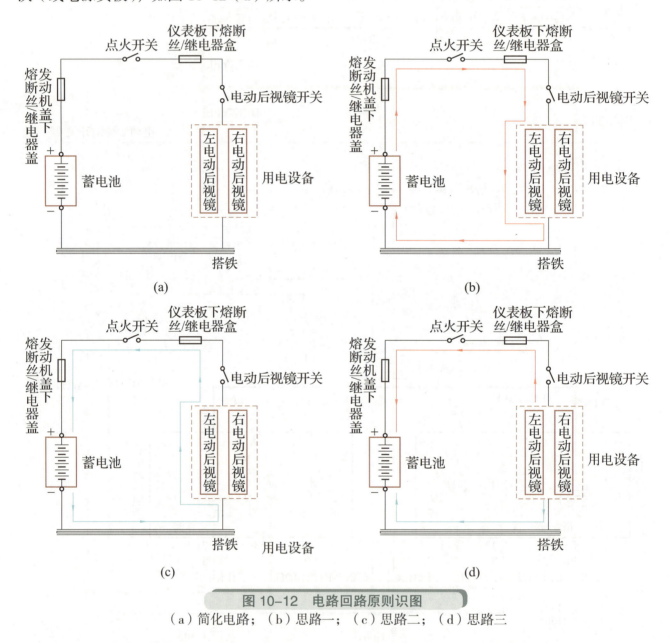

图 10-12　电路回路原则识图
（a）简化电路；（b）思路一；（c）思路二；（d）思路三

5. 注意收集资料和经验积累

注意深入研究典型汽车电路，做到触类旁通；特别要注意实际工作经验的积累，新技术、新工艺的应用和创新。此外，汽车电子控制系统越来越多，其读图方法除以上所述要领适用外，以下方法与步骤对汽车电子控制系统的读图也很有帮助。

要以电控系统的 ECU 为中心,如图 10-13 所示,所有电器部件都必然与这里相关联。对 ECU 的各个接脚有大致印象,弄清楚分为几个区域,各区接脚排列的规律。

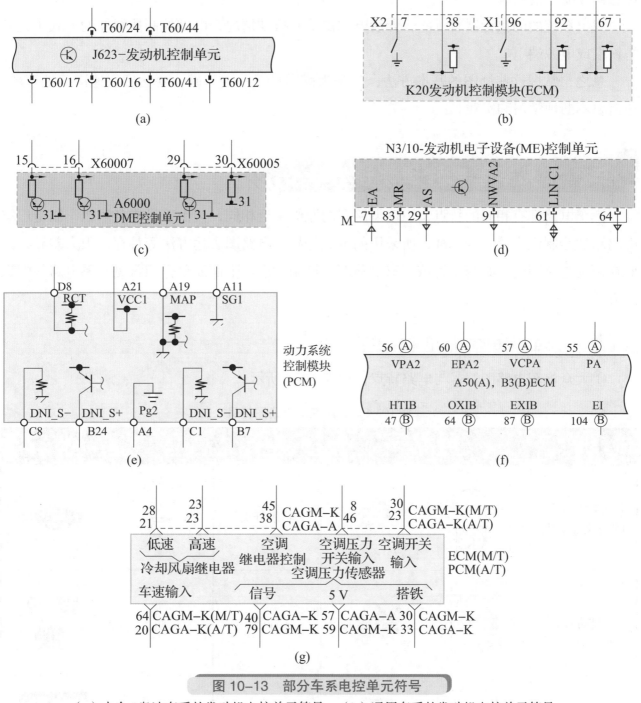

图 10-13 部分车系电控单元符号

(a)大众/奥迪车系的发动机电控单元符号;(b)通用车系的发动机电控单元符号;
(c)宝马车系的发动机电控单元符号;(d)奔驰车系的发动机电控单元符号;
(e)本田车系的发动机电控单元符号;(f)丰田车系发动机电控单元符号;
(g)现代系发动机电控单元符号

找出该系统给 ECU 供电的电源线有哪些,注意一般 ECU 都不只一根电源线,弄清楚各电源线的供电状态(如常火线或开关控制)。

找出该系统的搭铁线有哪些,注意分清哪些是在 ECU 内部搭铁,哪些是在车架上搭铁,哪些是在各总成机体上搭铁。

找出哪些是系统的信号输入传感器，各传感器是否需要电源，并找出相应的电源线，该传感器在哪里搭铁。

找出系统的的执行器有哪些，弄清电源供给和搭铁情况，电脑控制执行器的方式（控制搭铁端或电源端）。

总之，掌握这些读图的基本方法，只是为读图打下一定基础，要达到快速准确地读图，还需要不断地学习和实践。

三、常见车系电路图识读方法

汽车电路都有相同的特点，识读电路图的原则也近相同，但由于世界各国汽车制造厂家电路图的绘制没有统一的标准，所采用的电气符号、电路图表达方法等都存在很大差异，因此在识读电路图前，必修了解该厂家电路图的绘制标准。下面简单介绍常见车系电路图的识图方法。

1. 大众车系电路图的识读方法

①大众汽车电路图符号与电路特点，如表10-4所示。

表10-4 大众汽车电路图符号

名称	符号与实物	名称	符号与实物
带电压调节器的交流发电机		热敏开关	
起动机		熔断器	
继电器		发光二极管	
感应式传感器		电阻	

198

项目十　汽车全车电路认知

续表

名称	符号与实物	名称	符号与实物
压力开关		收放机	
电热丝		蓄电池	
电动机		点火线圈	
电磁阀		接线插座	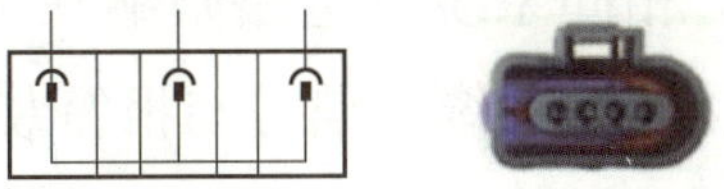
电子控制器		灯泡	
爆燃传感器	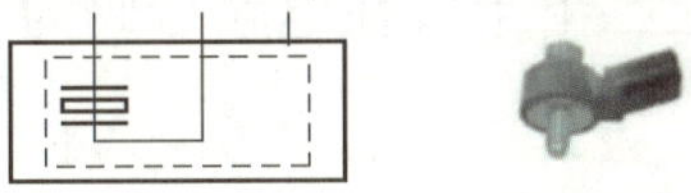	多功能显示器	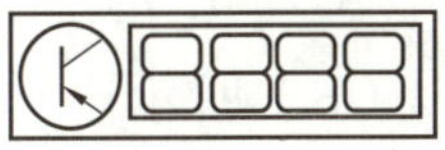
显示仪表		数字式时钟	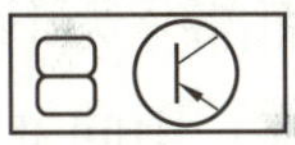
可变电阻		后窗除霜器	
扬声器		双丝灯泡	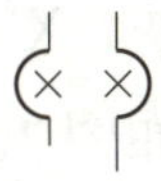
火花塞和火花塞插头		电磁离合器	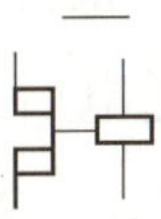
插头连接		多挡手动开关	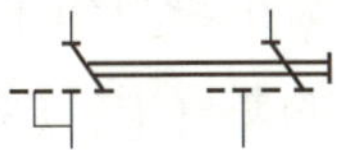
元件上多针插头连接		机械开关	

续表

名称	符号与实物	名称	符号与实物
氧传感器	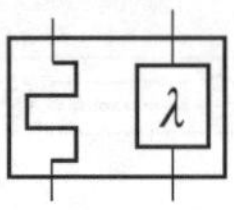 	手动开关	
喇叭	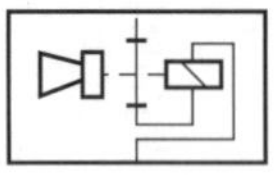 	按键开关	

大众汽车电路图的特点：

a. 所有电路都纵向排列，垂直布置。

相同系统的电路归纳在一起。基本电路从左至右按电源、起动机、点火系统、组合仪表、照明系统、信号与报警装置电路、刮水和洗涤装置电路、电动后视镜控制电路、中控门锁、空调电路、双音喇叭控制电路的顺序进行编排，如图10-14（a）所示。

b. 采用断线代号解决电路交叉问题。

有些电器的线路较复杂，大众汽车公司采用断线代号法来处理线路复杂交错的问题。例如，某一条线路的上半段在电路号码为10的位置上，下半段在电路号码为25的位置上，如图10-14（b）所示。

c. 全车电路图分为三部分。

最上面部分为中央配电盒电路，其中标明了熔断丝的位置及容量、继电器位置编号及接线端子号等。中间部分是车上的电器元件及连线。最下面的横线是搭铁线，上面标有电路编号和搭铁点位置，如图10-14（d）所示。

d. 电源线与继电器。

灰色区域内部水平线为接电源正极的导线，有30、15、50、X等。30表示常火线，31表示接地搭铁；X表示受控制的大容量用电设备的电源线，15表示受控制的小容量用电设备的电源线，如图10-15（a）和图10-15（b）所示。在继电器中，85号接脚用于接地线，86号接脚来自于条件电源（如15号线或X线），30号接脚经常通电，87号接脚用于被控制件。当条件电源通电后，85号、86号线导通，产生磁性，吸引30号与87号线路之间的触点闭合，使用电器通电。

e. 在表示线路走向的同时，还表示出了线路结构情况。

汽车的整个电气系统以中央配电盒（又称熔断丝-继电器插座板）为中心进行控制，大部分继电器和熔断丝安装在中央配电盒的正面。接插器和插座安装在中央配电盒的背面。在电路和图上标有4/85、3/30、2/87和1/86，其中分子数4、3、2和1是指中央电器装置第4号位置上的插孔，分母数85、30、87和86是指继电器上的4个插脚，分子和分母是相对应的，如图10-15所示。

项目十 汽车全车电路认知

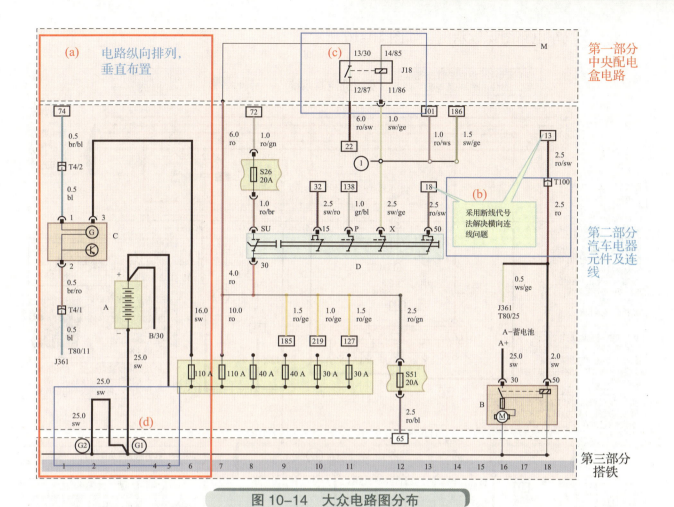

图 10-14 大众电路图分布

图 10-15 大众电路电源与继电器代号

②大众汽车电路图识读示例，如图10-16所示。

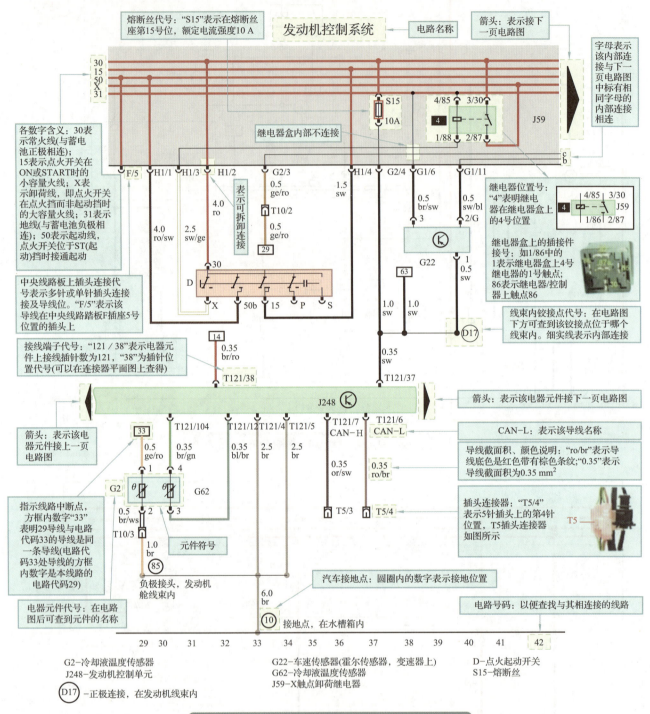

图10-16　大众汽车电路图识读示例节选

③大众汽车电路分析。下面以大众迈腾起动系统对其电路作简要分析，如图10-17所示。

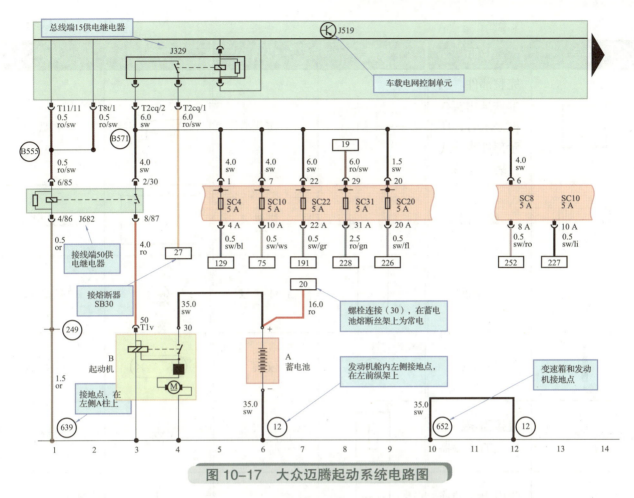

图 10-17　大众迈腾起动系统电路图

①首先明确是什么系统电路；②认真研读图注；③明确电路图符号含义；④牢记回路原则。

点火开关起动挡→蓄电池正极→20→经控制单元内部电路（7→SB30→4→27→J329）→总线端15供电继电器→在J519车载电网控制单元的控制下接通→T2cq/2和T2cq/1→J682接线端50供电继电器，在J519控制下接通→2/30和8/87→起动机50号线T1v→起动机吸合线圈→蓄电池正极→30号线起动机端子电枢供电→壳体搭铁回路→起动机工作，发动机起动。

2. 通用车系电路图的识读方法

①通用车系电路符号及含义，如表10-5所示。

表10-5　通用车系电路符号及含义

符号	说明	符号	说明	符号	说明
⬚	局部部件。当部件采用虚线框表示时，部件或导线均未完全表示	X100 插座端 插头端	直列式线束连接器	▷	扬声器

续表

符号	说明	符号	说明	符号	说明
	完整部件。当部件采用实线框表示时，所示部件或导线表示完整	─•S100	接头		喇叭
	熔断器	─/─ G100	搭铁		麦克风
	断路器		壳体搭铁		单丝灯泡
	易熔线		仪表		双丝灯泡
12	直接固定在部件上的连接器		加热元件		二极管
X100 12	带引出线的连接器		天线		发光二极管
	带螺栓或螺钉连接孔的端子	M	电动机		光电传感器
	电容器		感应型传感器−2线式		输入/输出双向开关（+/−）
	蓄电池		感应型传感器−3线式		安全气囊系统线圈
	可调蓄电池		霍尔效应传感器−2线式		不完整物理接头
	电阻器		霍尔效应传感器−3线式		完整物理接头2条线路
	可变电阻器		氧传感器−2线式		完整物理接头3条或多条线路

续表

符号	说明	符号	说明	符号	说明
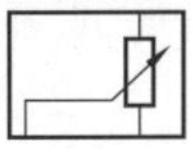	位置传感器	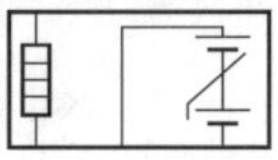	加热型氧传感器-4线式	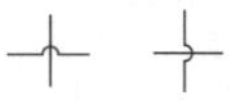	导线交叉
	爆燃传感器	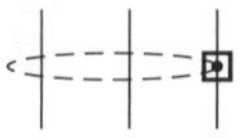	屏蔽		绞合线
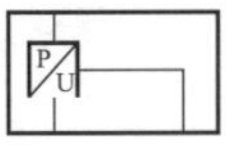	压力传感器		开关		临时或诊断连接器
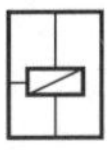	电磁线圈-执行器	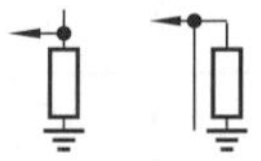	输入/输出下拉电阻器（-）	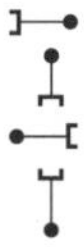	电路参考
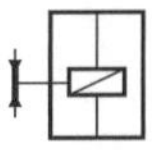	电磁阀	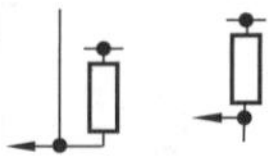	输入/输出上拉电阻器（+）		电路延长箭头
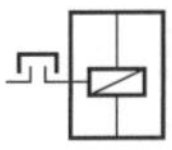	离合器		输入/输出高压侧驱动开关（+）	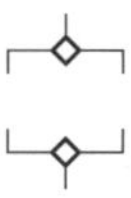	选装件断裂点
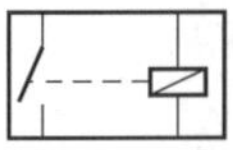	4针单刀/单掷继电器常开	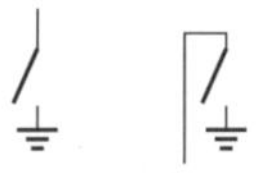	输入/输出低压侧驱动开关（-）	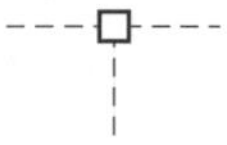	搭铁电路连接
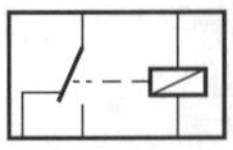	5针继电器（常闭）				

通用车系电路图的特点：

a. 全车电路按图主要分成四类。

电源熔断丝分布图；数据通信示意图；搭铁分布示意图；系统电路图，如图 10-18 和图 10-19 所示。

b. 电路图中标有电源接通说明。

系统电路图中电源线从上方进入，通常从熔断丝处开始，并于熔断丝上方用黑线框标注此处与电源之间的通断关系，如图 10-18 所示。用电器在中部，接地点在最下方。如果是由电子控制的系统，电路图中除该系统的工作电路外还会包括与该系统工作有关的信号电路（如传感器等）。

c. 电路图中标有电路编号。

在电路图中各导线除了标明颜色和横截面积外，通常还标有该电路的编码，通过电路编码可以知道该电路在汽车上的位置，以方便识图和故障查询，如图 10-20 所示。

d. 电路中标有特殊提示符号。

通用汽车电路图中用黑三角内的图案表示电路中需要注意的地方，如图 10-21 所示。

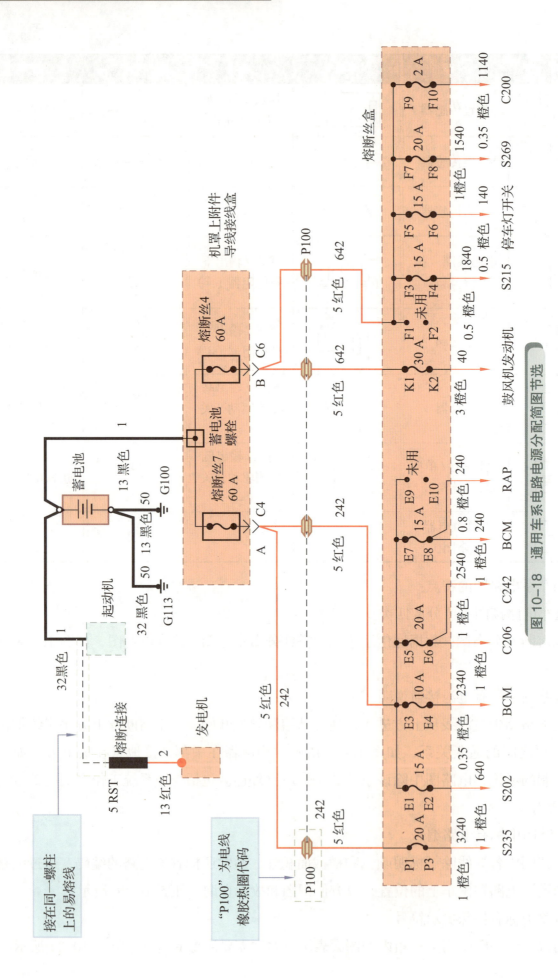

图10-18 通用车系电路电源分配简图节选

项目十 汽车全车电路认知

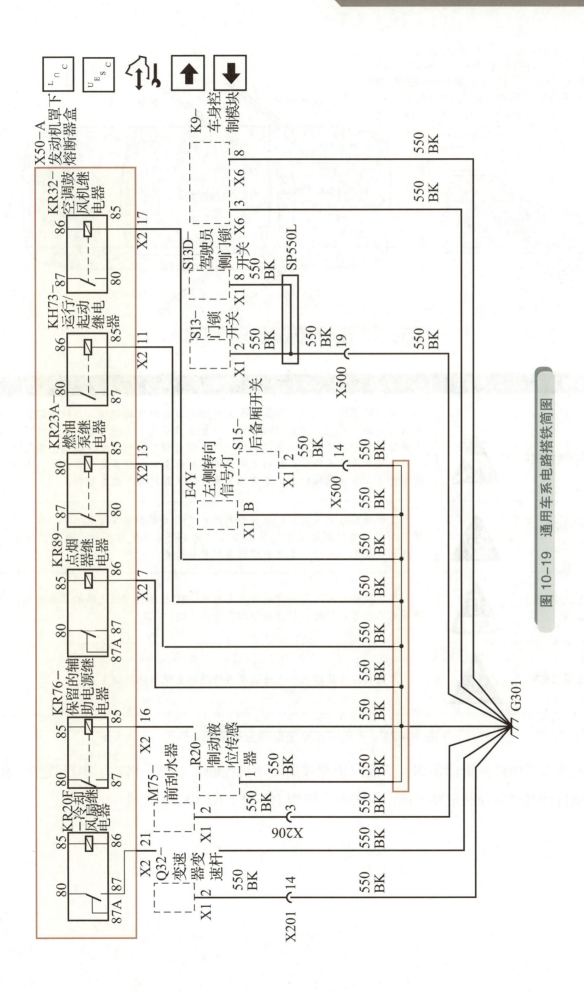

图 10-19 通用车系电路搭铁简图

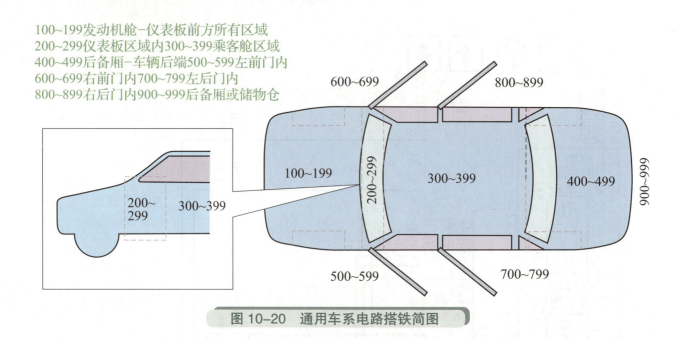

100~199发动机舱-仪表板前方所有区域
200~299仪表板区域内 300~399乘客舱区域
400~499后备厢-车辆后端 500~599左前门内
600~699右前门内 700~799左后门内
800~899右后门内 900~999后备厢或储物仓

图10-20 通用车系电路搭铁简图

名称	图标	功用
对静电放电敏感图标		用于提醒技术人员，该系统含有对静电放电敏感的部件，在维修前首先触摸金属接地点放出身体中的静电，特别是在从车座上滑动后。在维修时，不要触摸或用工具接触裸露的端子；除非诊断程序特别需要，否则，不要将部件或接头跨接或搭铁；在打开部件的保护性壳体之前首先将其搭铁；不得将零部件放在金属操作台、电视机、收音机或其他电气设备顶部
安全气囊图标		用于提醒技术人员，该系统含有附加充气式保护装置（SRS）部件，不规范的操作可能引爆安全气囊。检修时要先使安全气囊失效，检修完成后再恢复其功能，并对安全气囊诊断系统进行检查
车载诊断（OBDⅡ）图标		用于提醒技术人员，该电路主要用于OBDⅡ排放控制电路的正确操作，当该电路出现故障时，故障指示灯就会亮
重要注意事项图标		本图标用于提醒技术人员还有其他附加系统维修的信息

图10-21 通用车系电路电源分配简图

②通用车系电路图识读示例。下面以别克威朗发动机控制（电源、搭铁、串行数据）和别克君威自动变速器控制电路为例予以说明，如图10-22和图10-23所示。

项目十 汽车全车电路认知

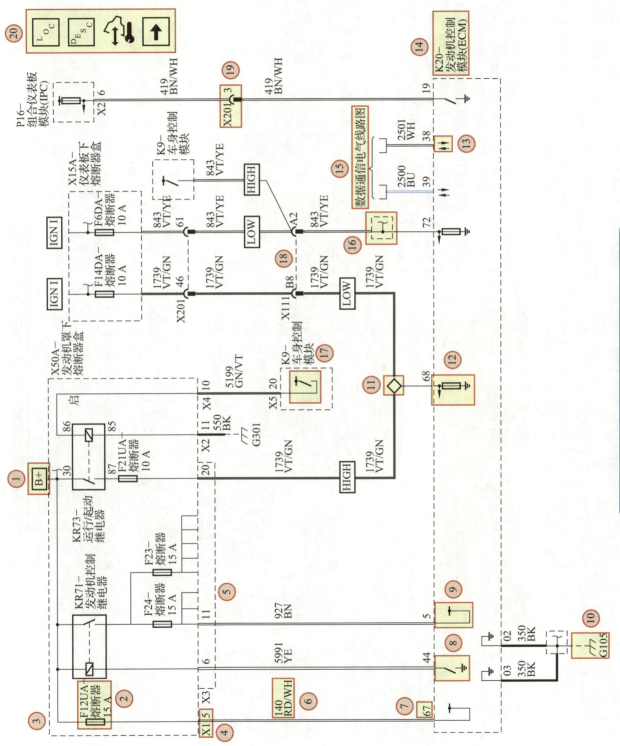

图10-22 别克威朗发动机控制电路简图节选

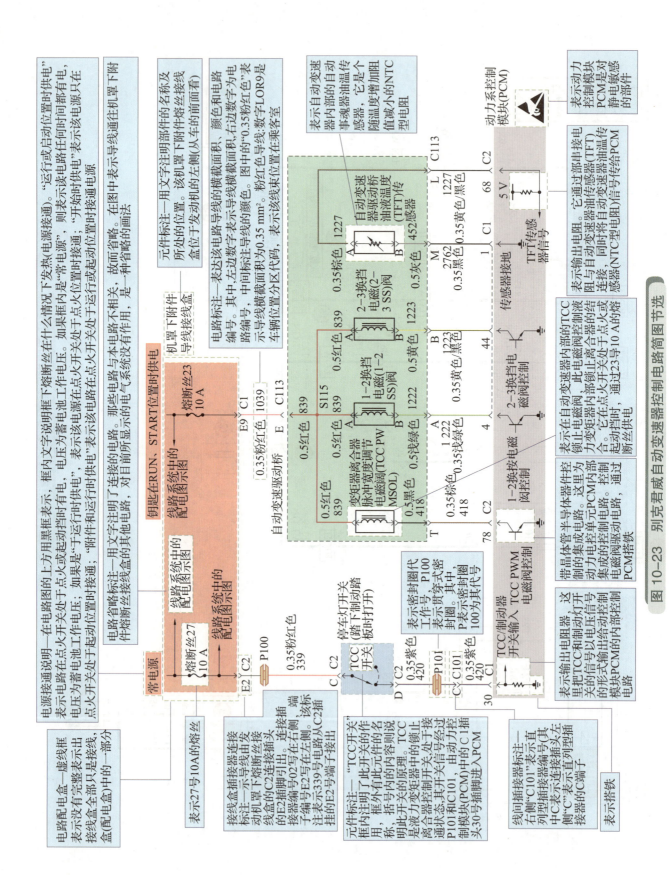

图 10-23 别克君威自动变速器控制电路简图节选

③通用车系电路分析。下面以别克威朗起动系统电路为例,对电路作简要分析,如图10-24所示。

a. 首先明确是什么系统电路;

b. 认真研读图注及符号标记;

c. 明确电路图符号含义;

d. 牢记回路原则。

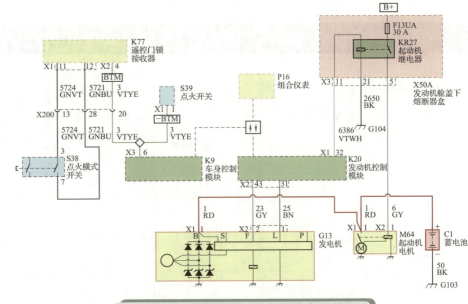

图10-24 别克威朗起动系统电路简图

点火开关起动挡→蓄电池正极→经控制单元内部电路K9车身控制模块→X1/32→X3/11起动机继电器→21→G104搭铁,KR27继电器吸合→经F13UA30 A熔断丝→KR27/5→X2/1→M64起动机→起动机吸合线圈→C1蓄电池正极→X1/1起动机端子电枢供电→壳体搭铁回路→起动机工作,发动机起动。

3. 现代汽车电路图的识读方法

①现代汽车电路符号及含义,如表10-6所示。

表10-6 现代汽车电路符号及含义

符号	说明	符号	说明	符号	说明
□	表示部件全部	G06	表示导线末端在车辆金属部分搭铁	ON电源 喇叭熔断丝 10 A 室内熔断丝&继电器盒	ON电源——点火开关"ON"时的电源 ——短路片连接到每个熔断丝 喇叭熔断丝——编号 10 A——电流容量

续表

符号	说明	符号	说明	符号	说明
(虚线方框)	表示部件一部分	G06	表示为防波套，防波套要永久搭铁（主要用在发动机和变速器的传感器信号线上）	(加热器符号)	加热器
(方框带竖线)	表示导线连接器在部件上	(蓄电池符号)	蓄电池电源	(传感器符号)	传感器
(方框带箭头)	表示导线连接器通过导线与部件连接	(双丝灯泡符号)	双丝灯泡	(发光二极管符号)	发光二极管——导通电流时发光
(方框带圆)	表示导线连接器用螺钉固定在部件上	(单丝灯泡符号)	单丝灯泡	(稳压二极管符号)	稳压二极管——流过反方向规定以上电流
(方框带搭铁)	表示部件外壳搭铁	(二极管符号)	二极管——单向导通电流	(扬声器符号)	扬声器
制动灯开关 圈03	制动灯开关——部件名称 圈03——部件位置图编号	B—C NPN E；B—C PNP E	三极管开关或放大作用	(喇叭符号)	喇叭、蜂鸣器、警笛、警铃
10 公端接器 M06-2 母端接器	M06-2——在部件位置索引上的连接器编号 10——对应端子编号	(双触点开关符号)	开关（双触点）——表示开关沿虚线摆，而细虚线表示开关之间的联动关系	(电磁阀符号)	电磁阀
3 R Y/L 1 E36 R Y/L	虚线表示2个导线同在E35导线连接器上	(单触点开关符号)	开关（单触点）	(喷油嘴符号)	喷油嘴

续表

符号	说明	符号	说明	符号	说明
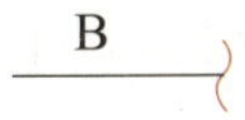 B	表示下页继续连接	(传感器符号)	 传感器	(电容器符号)	电容器
 Y/R	表示黄色底/红色条导线（2个以上颜色的导线）	 (电动机符号 M)	电动机	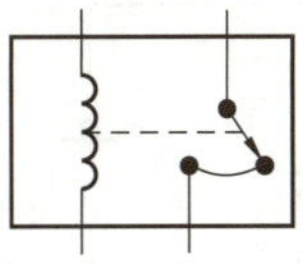 (继电器符号)	常开式继电器
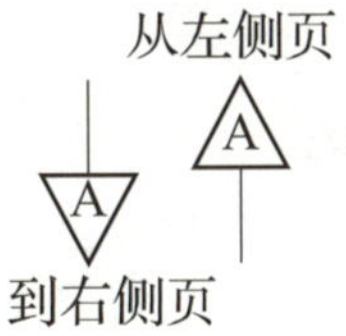 从左侧页 A / A 到右侧页	表示这根导线连接在所显示页 箭头表示电流方向	(蓄电池符号)	蓄电池	(带二极管继电器符号)	内装二极管的继电器
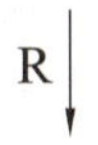 R 电路名称	箭头表示导线连接到其他线路	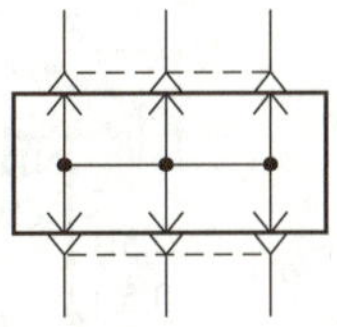 (多线短接符号)	表示多线路短接的导线连接器	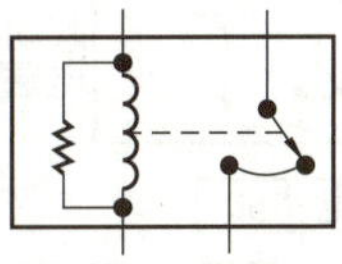 (带电阻继电器符号)	内装电阻的继电器
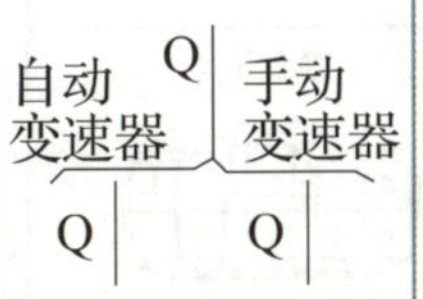 自动变速器 Q | 手动变速器 Q | Q	表示根据不同配置选择线路（指示判别有关选择配置为基准的电路）	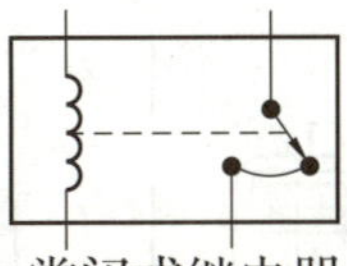 常闭式继电器	表示线圈无电流时的继电器状态。如果线圈通电流，触点的连接发生转换		
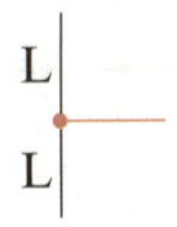 L L	一定数量线束连接以圆点表示，其位置和连接方式随车辆不同	 常时电源 易熔丝 30 A 发动机室熔断丝&继电器盒	常时电源 —— 电源 易熔丝 —— 名称 30 A —— 容量		

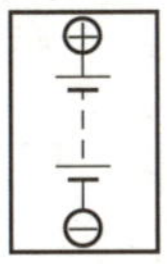

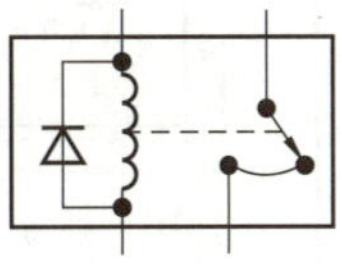

现代汽车电路图的特点：

（1）现代汽车电路原理图可清楚地反映出电气系统各部件的连接关系和电路原理，电源在图上方，搭铁点在图下方，电流方向自上而下，如图10-25所示。

（2）各电气不在按在车上的实际位置布局，而是依据工作原理，在图中合理布局，使各系统处于相对独立的位置，易于清楚对电气设备单独电路分析，如图10-25所示。

（3）电路原理图中所有开关及用电器均处于不工作状态，插接器均有符号编码与之对应，如图10-25所示。

（4）导线标注有颜色和规格代码，与原车一一对应，只要找到系统有关的一个部件或者一条导线就可以顺藤摸瓜，找到剩余的导线和部件。

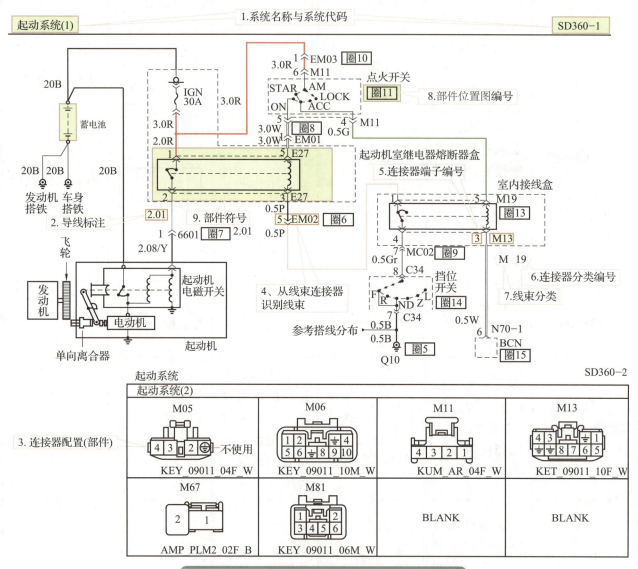

图10-25 现代汽车起动系统电路图节选

②现代汽车电路图识读示例。现以北京现代伊兰特自动变速器控制电路图节选为例，讲解电路图的识读，如图10-26所示。

项目十 汽车全车电路认知

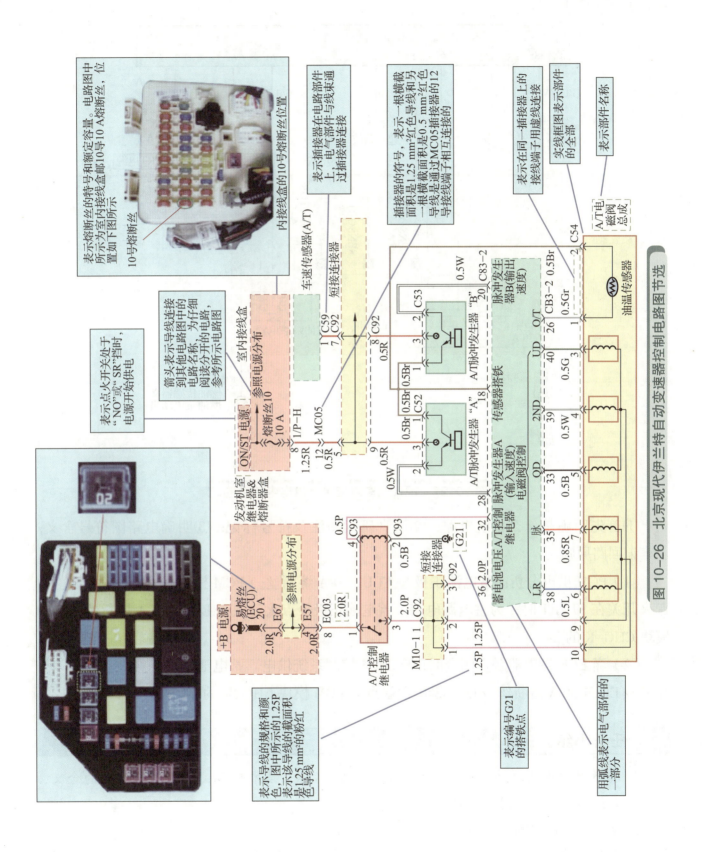

图 10-26 北京现代伊兰特自动变速器控制电路图节选

③现代汽车电路分析。下面以北京现代汽车电控单元供电电路为例,简要分析其电路,如图10-27所示。

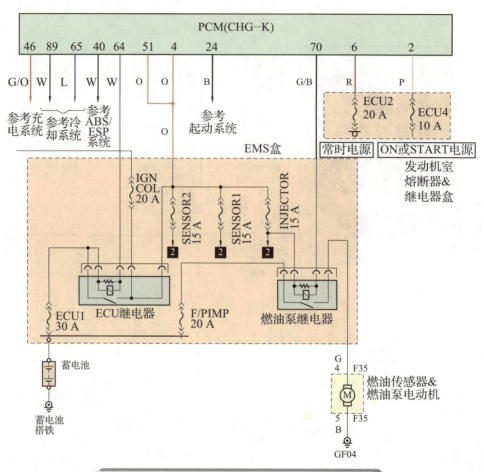

图10-27 现代汽车电控单元供电电路节选

①首先明确是什么系统电路;②认真研读图注及符号标记;③明确电路图符号含义;④牢记回路原则。

(1) PCM供电分析:蓄电池正极→ECU2 20 A熔断丝→PCM模块→CHG-K的6#。当点火开关在START时,为主电源电路。蓄电池正极→点火开关→ECU4 10 A熔断丝→PCM模块CHG-K的2#。

(2) 当ECU继电器触点闭合时,向PCM控制系统供电。蓄电池正极→点火开关→ECU1 30 A熔断丝→ECU继电器触点→PCM模块CHG-K的4#和51#。

任务小结

1.电路识图应认真阅读图注,了解电路图的名称、技术规范,明确图形符号的含义,建立元器件和图形符号间一一对应的关系。

2.掌握回路的原则,了解汽车电路图的一般规律。

3.通过对典型电路的分析,达到触类旁通。许多车型汽车电路原理图,很多部分都是类似或相近的,对照比较,触类旁通,可以掌握汽车的一些共同的规律。

项目十　汽车全车电路认知

任务情景解读

　　汽车电路图全面反映了汽车电路的原理、连接关系和位置信息，是现今汽车检修不可或缺的维修技术资料。为检修人员提供了当汽车电气系统出现故障时如何进行故障诊断的逻辑思路，对汽车电路图的正确识读是检修人员进行电气故障诊断与排除的一项基本技能。尽管由于各国汽车电路图的绘制方法、符号标注、文字标注、技术标准不同，各汽车生产厂家绘制的汽车电路图有较大差异，但只要掌握正确的识读方法，了解相关车系电路图的特点，触类旁通，便可掌握汽车电路图的查阅使用方法。

匠心课堂

宁允展：毫厘之间见"匠心"

　　"高铁列车转向架'定位臂'研磨，精度从 0.1 mm 到 0.05 mm，我用了 10 年。"面对现场学生，宁允展用亲身经历，诠释着工匠精神。他说："其实没有什么窍门，任何手艺都是磨出来的。我不是完人，但我的产品一定是完美的。做到这一点，需要一辈子踏踏实实做手艺。"

　　宁允展接受记者采访时表示："工匠精神的核心是追求极致，是对质量的精益求精、对制造的一丝不苟、对完美的孜孜追求。只要努力学习新知识，刻苦练习技能，认认真真对待每一件产品，人人都可以做一名精益求精、善于创新、积极肯干、脚踏实地的'大国工匠'。"

参考文献

[1] 凌永成. 汽车电气设备[M]. 3版. 北京：北京大学出版社，2016.

[2] 何健，宫宪惠. 汽车维护[M]. 济南：山东科学技术出版社，2018.

[3] 刘臣富，等. 汽车电气系统检修[M]. 北京：人民邮电出版社，2017.

[4] 舒华. 汽车电子控制技术[M]. 4版. 北京：人民交通出版社，2017.

[5] 张明等. 汽车电气系统检修[M]. 北京：人民邮电出版社，2016.

[6] 北京中车行. 1+X 汽车专业领域职业技能等级考核[M]. 北京：高等教育出版社，2019.

[7] 李春明. 汽车电气设备与维修[M]. 北京：高等教育出版社，2017.

[8] 马书红. 汽车电气构造与维修[M]. 2版. 北京：北京理工大学出版，2019.

目 录

项目一　汽车电气系统基础知识认知 ……………………………………………… 1
　　任务1　汽车电气设备组成及常用基础电气元件 ……………………………… 1
　　任务2　汽车电气设备常用维修工具及仪表使用 ……………………………… 5

项目二　汽车蓄电池的维护与检修 ……………………………………………… 9
　　任务1　汽车蓄电池结构原理认知 ……………………………………………… 9
　　任务2　汽车蓄电池的使用及维护 ……………………………………………… 12

项目三　汽车交流发电机的使用与检修 ………………………………………… 16
　　任务1　汽车交流发电机结构原理认知 ………………………………………… 16
　　任务2　汽车交流发电机的拆装与检测 ………………………………………… 20

项目四　汽车起动系统的使用与检修 …………………………………………… 24
　　任务1　汽车起动机结构原理认知 ……………………………………………… 24
　　任务2　汽车起动机的拆装及检测 ……………………………………………… 28

项目五　汽车点火系统的维护与检修 …………………………………………… 32
　　任务　汽车点火系统的维护与检修 …………………………………………… 32

项目六　汽车照明及信号系统的维护与检修 …………………………………… 36
　　任务1　汽车照明系统维护与检修 ……………………………………………… 36
　　任务2　汽车信号系统维护与检修 ……………………………………………… 40

项目七　汽车仪表信息显示及报警系统维护与检修 …………………………… 45
　　任务　汽车仪表信息显示及报警系统维护与检修 …………………………… 45

项目八　汽车安全与舒适系统认知与检修 ……………………………………… 49
　　任务　汽车辅助电气系统认知与检修 ………………………………………… 49

项目九　汽车空调系统维护与检修 ……………………………………………… 53
　　任务1　汽车空调系统结构原理认知 …………………………………………… 53
　　任务2　汽车空调系统制冷剂加注 ……………………………………………… 57

项目十　汽车全车电路认知 ……………………………………………………… 62
　　任务　汽车全车电路结构认知 ………………………………………………… 62

项目一 汽车电气系统基础知识认知

任务1 汽车电气设备组成及常用基础电气元件

任务名称	汽车电气设备组成及常用基础电气元件		学时		任务成绩	
学生姓名		班级/组别		工单号	实训日期	
实训设备、工具及仪器	实训汽车4辆、常用工具4套、数字万用表4只、基础电气元件4套		实训场地	理实一体化中心	实训教师	
任务目的	熟悉汽车电气系统的组成及特点；能够学会测量汽车电气常用基础元件					

一、**资讯**

1. 汽车电气系统包括_____、_____和_____。
2. 汽车电气系统的特点是_____、_____、_____、_____、_____和_____。
3. 汽车电路中_____通常用于线束与线束或导线与导线之间的相互连接。
4. 常用的汽车电气元件有_____、_____、_____、_____和_____等。
5. 汽车继电器很多，常见的有三种_____、_____和_____。
6. 完善下列图标内容。

```
                    ┌ 电源系统（_____）
                    │           ┌ _____
                    │           │ _____
        汽车电气设备 ┤ 用电设备 ┤ _____
                    │           │ _____
                    │           └ _____
                    └ 配电装置（_____）
```

7. 根据电气系统的组成，结合实训汽车，完成下列表格内容。

用电设备	作用	在车辆位置
起动系统		
点火系统		
照明与信号系统		
仪表、报警系统		
汽车空调系统		

8. 简述汽车电气系统的故障种类与原因。

9. 简述汽车电气系统故障检修方法。

二、计划与决策

请根据所学知识和任务要求，确定所需的检测仪器设备、工具，并对小组成员进行合理分工，制订详细的任务实施计划方案。

1. 需要的检测仪器、工具：

2. 小组成员分工：

3. 任务实施计划方案：

三、实施

1. 汽车常用基础电气元件认知及检测。

①电阻：结合下图写出电阻的类型。 	电阻检测：
②继电器：结合下图写出继电器的引脚含义。 	继电器检测：

③保险装置：结合下图写出保险的类型。 	保险装置检测：
④插接器与开关：结合下图写出插接器的拆装方法。 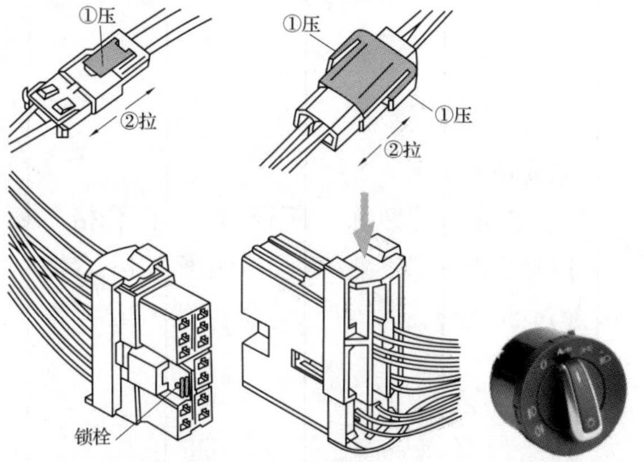	插接器与开关端子的检测：
2.汽车常用仪器设备使用方法。	
①数字式万用表、试灯。  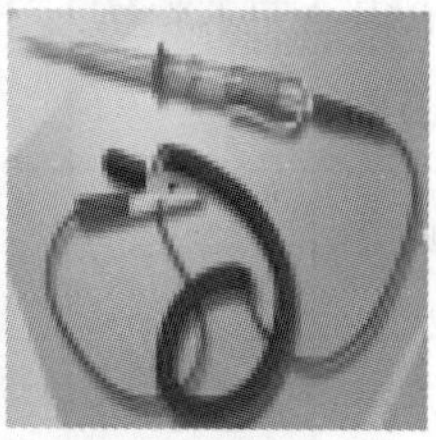	数字式万用表、试灯使用方法：
②汽车故障解码仪。 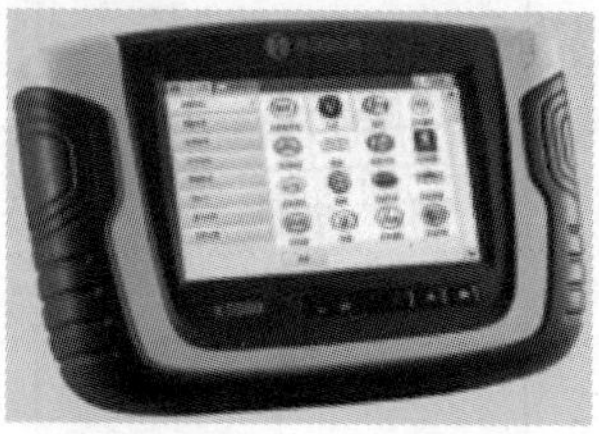	故障解码仪的使用方法：

四、检查与评估

请根据任务完成的情况，对任务实施进行检查与自我评估，并提出改进意见。

（1）_____；

（2）_____；

（3）_____。

五、评价与反馈

评价项目	评价标准	分值	评分要求	自评	互评	师评	得分
安全/8S/团队合作	☐1. 能进行工位8S操作 ☐2. 能进行设备和工具安全检查 ☐3. 能进行车辆安全防护工作 ☐4. 能进行工具清洁、校准、归位存放操作 ☐5. 遵守三不落地要求	15	未完成1项扣3分，扣分不得超过15分	☐熟练 ☐不熟练	☐熟练 ☐不熟练	☐合格 ☐不合格	
专业技术能力	作业1 ☐1. 能正确结合图片写出电阻的类型 ☐2. 能正确结合图片写出继电器引脚功能 ☐3. 能正确结合图片写出熔断器的类型规格 ☐4. 能对插接器正确拆装及开关检测 作业2 ☐1. 能正确对电阻进行检测 ☐2. 能正确对继电器进行检测，并判断好坏 ☐3. 能正确对熔断器进行检测，并判断好坏 ☐4. 能正确对插接器及开关端子检测	50	未完成1项扣5分，扣分不得超过50分	☐熟练 ☐不熟练	☐熟练 ☐不熟练	☐合格 ☐不合格	
工具及设备的使用能力	☐1. 能正确使用数字式万用表、试灯 ☐2. 能正确使用汽车故障诊断仪 ☐3. 能正确使用维修工具	10	未完成1项扣5分，扣分不得超过10分	☐熟练 ☐不熟练	☐熟练 ☐不熟练	☐合格 ☐不合格	
资料、信息查询能力	☐1. 能正确使用维修手册查询资料 ☐2 能正确使用用户手册查询资料 ☐3. 能在规定的时间内查询所需资料 ☐4. 能正确记录检测数据，并填入相关表格	10	未完成1项扣2分，扣分不得超过10分	☐熟练 ☐不熟练	☐熟练 ☐不熟练	☐合格 ☐不合格	
数据判断和分析能力	☐1. 能判断检测汽车常用电气元件的好坏 ☐2. 能规范记录数据，并根据数据判断元件情况	10	未完成1项扣5分，扣分不得超过10分	☐熟练 ☐不熟练	☐熟练 ☐不熟练	☐合格 ☐不合格	
任务工单填写规范能力	☐1. 字迹清晰，无漏填 ☐2. 语句通顺，表达规范 ☐3. 无错别字，无涂改 ☐4. 资讯填写准确无抄袭 ☐5. 任务工单填写及时	5	未完成1项扣1分，扣分不得超过5分	☐熟练 ☐不熟练	☐熟练 ☐不熟练	☐合格 ☐不合格	
教师签字		100	教师总评	☐合格 ☐不合格	实训成绩		

任务 2　汽车电气设备常用维修工具及仪表使用

任务名称	汽车电气设备常用维修工具及仪表使用		学时		任务成绩	
学生姓名		班级/组别		工单号	实训日期	
实训设备、工具及仪器	实训汽车4辆、常用工具4套、数字万用表4只、基础电气元件4套		实训场地	理实一体化中心	实训教师	
任务目的	熟悉汽车电气系统常用工具；能够学会测量汽车电气常用基础元件的仪表工具					

一、资讯

1. 汽车常用维修工具主要有_____、_____和_____。

2. 汽车电气设备检测仪表主要有_____、_____、_____和_____。

3. 现在使用的诊断仪一般是通过车载诊断网络或_____诊断线来诊断电控系统的故障。

4. 数字式汽车万用表常测物理量有_____、_____、_____、_____和_____等。

5. 汽车继电器很多，常见的有三种_____、_____和_____。

6. 根据下图所示汽车电气系统电路简图，说明一个完整的汽车电路必须由哪几部分组成，其作用是什么？

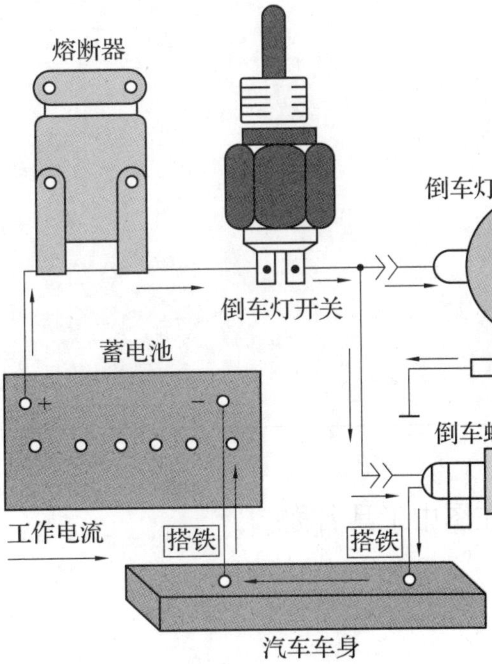

(a) 倒车灯电路实物简图 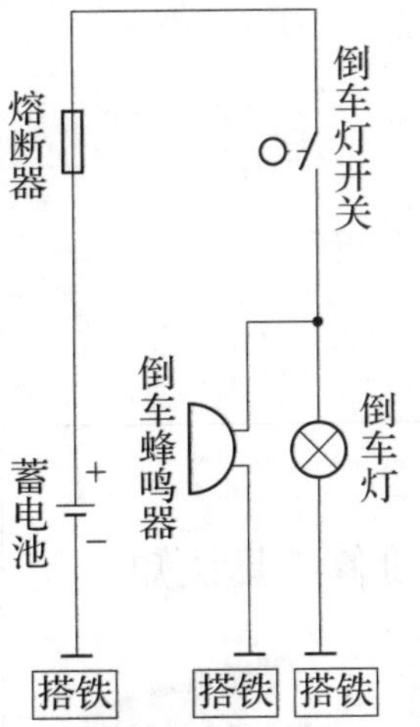　　(b) 倒车灯电路原理图

汽车电路组成：

作用：

7. 根据汽车电气系统常用电气元件，画出其电路表示符号。

电气元件	符号	功用
继电器		
开关		
熔断器		
电源		
可调电阻		

8. 简述汽车数字万用表的功能。

9. 简述汽车故障解码仪的使用方法。

二、计划与决策

请根据所学知识和任务要求，确定所需的检测仪器设备、工具，并对小组成员进行合理分工，制订详细的任务实施计划方案。

1. 需要的检测仪器、工具：

2. 小组成员分工：

3. 任务实施计划方案：

三、实施

1. 汽车电气设备常用维修工具认知。

写出左图中工具名称：

2.维修工具使用。  	根据图示，利用提供的工具，进行工具使用：
3.试灯使用。 	根据图示，利用试灯进行汽车电源供电检测：
4.跨接线。 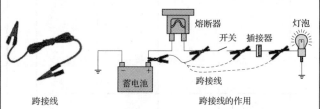	根据图示，利用跨接线检测实训汽车倒车灯线路导通情况：
5.汽车故障解码仪。 	利用汽车解码仪，对实训汽车进行故障码读取，并释义其故障码含义。 故障码（有2个）： 故障码含义：

四、检查与评估

请根据任务完成的情况，对任务实施进行检查与自我评估，并提出改进意见。

（1）_____；

（2）_____；

（3）_____。

五、评价与反馈

评价项目	评价标准	分值	评分要求	自评	互评	师评	得分
安全/8S/团队合作	☐1. 能进行工位8S操作 ☐2. 能进行设备和工具安全检查 ☐3. 能进行车辆安全防护工作 ☐4. 能进行工具清洁、校准、归位存放操作 ☐5. 遵守三不落地要求	15	未完成1项扣3分，扣分不得超过15分	☐熟练 ☐不熟练	☐熟练 ☐不熟练	☐合格 ☐不合格	
专业技术能力	作业1 ☐1. 能正确结合图片写出常用工具名称 ☐2. 能正确使用试灯 ☐3. 能正确使用跨接线 ☐4. 能正确使用故障解码仪，并释义故障码含义 作业2 ☐1. 能正确对常用工具操作使用 ☐2. 能正确使用试灯对电源系统检测 ☐3. 能正确用跨接线对实训汽车倒车灯电路检测 ☐4. 能正确使用汽车故障解码仪读取故障码	50	未完成1项扣5分，扣分不得超过50分	☐熟练 ☐不熟练	☐熟练 ☐不熟练	☐合格 ☐不合格	
工具及设备的使用能力	☐1. 能正确使用数字式万用表、试灯 ☐2. 能正确使用汽车故障诊断仪 ☐3. 能正确使用维修工具	10	未完成1项扣5分，扣分不得超过10分	☐熟练 ☐不熟练	☐熟练 ☐不熟练	☐合格 ☐不合格	
资料、信息查询能力	☐1. 能正确使用维修手册查询资料 ☐2 能正确使用用户手册查询资料 ☐3. 能在规定的时间内查询所需资料 ☐4. 能正确记录检测数据，并填入相关表格	10	未完成1项扣2分，扣分不得超过10分	☐熟练 ☐不熟练	☐熟练 ☐不熟练	☐合格 ☐不合格	
数据判断和分析能力	☐1. 能判断检测汽车常用电气元件的好坏 ☐2. 能规范记录数据，并根据数据判断元件情况	10	未完成1项扣5分，扣分不得超过10分	☐熟练 ☐不熟练	☐熟练 ☐不熟练	☐合格 ☐不合格	
任务工单填写规范能力	☐1. 字迹清晰，无漏填 ☐2. 语句通顺，表达规范 ☐3. 无错别字，无涂改 ☐4. 资讯填写准确无抄袭 ☐5. 任务工单填写及时	5	未完成1项扣1分，扣分不得超过5分	☐熟练 ☐不熟练	☐熟练 ☐不熟练	☐合格 ☐不合格	
教师签字		100	教师总评	☐合格 ☐不合格	实训成绩		

项目二　汽车蓄电池的维护与检修

任务1　汽车蓄电池结构原理认知

任务名称	汽车蓄电池结构原理认知	学时		任务成绩	
学生姓名		班级/组别		工单号		实训日期	
实训设备、工具及仪器	解剖的普通铅酸蓄电池4块、常用工具2套、免维护蓄电池4块	实训场地	理实一体化中心	实训教师	
任务目的	熟悉蓄电池的结构与类型；了解蓄电池工作原理及能量转换模式				

一、资讯

1. 汽车电源系统由_____、_____、_____及_____等部分组成。

2. 蓄电池是一种_____的装置，当它与用电负载连接时，便进行_____过程，把所储存的_____转变为_____；当它与充电设备连接时，又可把_____转变为_____储存起来。

3. 一组正负极板放入规定密度的电解液中，产生_____V左右的电动势。

4. 影响蓄电池性能的使用因素包括_____、_____、_____和_____等。

5. 汽车蓄电池的使用类型主要有_____、_____和_____。

6. 蓄电池型号为6-QA-100S，解释其含义：_____。

7. 根据下列图示，普通型铅蓄电池由哪些部分组成？并写出其名称和作用。

1._____作用_____
2._____作用_____
3._____作用_____
4._____作用_____
5._____作用_____

8. 汽车蓄电池的作用是什么？

二、计划与决策

请根据所学知识和任务要求，确定所需的检测仪器设备、工具，并对小组成员进行合理分工，制订详细的任务实施计划方案。

1. 需要的检测仪器、工具：

2. 小组成员分工：

3. 任务实施计划方案：

三、实施

1. 车辆信息记录。

车辆品牌		车辆识别代码		生产日期	
发动机型号		行驶里程		发动机排量	

2. 根据图 1 所示，简要说明蓄电池是如何实现能量转换的？

3. 根据解剖的蓄电池教学模型（图 2），成员之间互相提问蓄电池组成名称。

图 1

图 2

4. 根据图 3 所示，结合提供的免维护蓄电池，简要说明免维护蓄电池特点。

5. 根据提供的免维护蓄电池实物（图 4），观察蓄电池正负极有何不同。

图 3　　　　　　图 4

6. 结合实训汽车，分别找到别克威朗轿车、东风起亚轿车蓄电池的安装位置。

①别克威朗轿车蓄电池安装位置：

②东风起亚轿车蓄电池安装位置：

7. 结合提供的免维护蓄电池（图 5），观察蓄电池状态指示器是何颜色，其颜色代表什么含义。

图 5

四、检查与评估

请根据任务完成的情况，对任务实施进行检查与自我评估，并提出改进意见。

（1）_____；

（2）_____；

（3）_____。

五、评价与反馈

评价项目	评价标准	分值	评分要求	自评	互评	师评	得分
安全/8S/团队合作	☐ 1. 能进行工位8S操作 ☐ 2. 能进行设备和工具安全检查 ☐ 3. 能进行车辆安全防护工作 ☐ 4. 能进行工具清洁、校准、归位存放操作 ☐ 5. 遵守三不落地要求	15	未完成1项扣3分，扣分不得超过15分	☐熟练 ☐不熟练	☐熟练 ☐不熟练	☐合格 ☐不合格	
专业技术能力	作业1 ☐ 1. 能正确结合图片说明蓄电池能量转换 ☐ 2. 能正确说出蓄电池部件名称 ☐ 3. 能正确表述免维护蓄电池特点 ☐ 4. 能区分正负极，观察指示器状态并说明颜色 作业2 ☐ 1. 能正确找到威朗轿车蓄电池安装位置 ☐ 2. 能正确找到起亚轿车蓄电池安装位置 ☐ 3. 能正确观察蓄电池状态及明确颜色含义 ☐ 4. 能正确表述蓄电池型号含义	50	未完成1项扣5分，扣分不得超过50分	☐熟练 ☐不熟练	☐熟练 ☐不熟练	☐合格 ☐不合格	
工具及设备的使用能力	☐ 1. 能正确使用维修工具 ☐ 2. 能正确使用万用表 ☐ 3. 能正确区分蓄电池类型	10	未完成1项扣5分，扣分不得超过10分	☐熟练 ☐不熟练	☐熟练 ☐不熟练	☐合格 ☐不合格	
资料、信息查询能力	☐ 1. 能正确使用维修手册查询资料 ☐ 2 能正确使用用户手册查询资料 ☐ 3. 能在规定的时间内查询所需资料 ☐ 4. 能正确记录检测数据，并填入相关表格	10	未完成1项扣2分，扣分不得超过10分	☐熟练 ☐不熟练	☐熟练 ☐不熟练	☐合格 ☐不合格	
数据判断和分析能力	☐ 1. 能判断蓄电池电量情况 ☐ 2. 能规范记录数据，并根据数据判断蓄电池好坏	10	未完成1项扣5分，扣分不得超过10分	☐熟练 ☐不熟练	☐熟练 ☐不熟练	☐合格 ☐不合格	
任务工单填写规范能力	☐ 1. 字迹清晰，无漏填 ☐ 2. 语句通顺，表达规范 ☐ 3. 无错别字，无涂改 ☐ 4. 资讯填写准确无抄袭 ☐ 5. 任务工单填写及时	5	未完成1项扣1分，扣分不得超过5分	☐熟练 ☐不熟练	☐熟练 ☐不熟练	☐合格 ☐不合格	
教师签字		100	教师总评	☐合格 ☐不合格	实训成绩		

任务 2　汽车蓄电池的使用及维护

任务名称	汽车蓄电池的使用及维护	学时		任务成绩	
学生姓名		班级/组别		工单号		实训日期	
实训设备、工具及仪器	普通蓄电池4块、常用工具2套、冰点测试仪（密度计）4只、万用表4只、实训汽车4辆	实训场地	理实一体化中心	实训教师	
任务目的	掌握蓄电池的检测方法；培养学生动脑思考和动手操作能力				

一、资讯

1. 汽车电源系统概述：

如图1所示，完成以下内容。

（1）汽车上有哪两个电源？_____全车用电设备均与汽车电源_____。

（2）蓄电池是_____。

（3）如图1所示，常用电气设备主要有哪些（7个部分）？_____

2. 如图2所示，完成以下内容。

（1）图2中A的设备名称是_____其作用是_____。

（2）蓄电池的常规充电方法有_____、_____和_____。

（3）使用图2中A设备注意事项是什么？

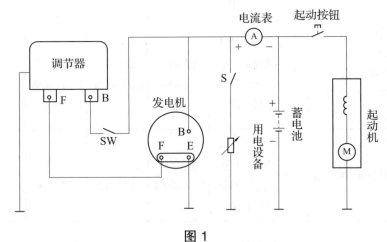
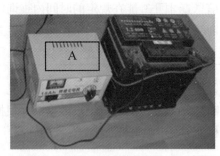

图1　　　　　　　　　　　　　　图2

3. 蓄电池充电时应注意哪些事项？

4. 如何进行车辆跨接起动？

二、计划与决策

请根据所学知识和任务要求，确定所需的检测仪器设备、工具，并对小组成员进行合理分工，制订详细的任务实施计划方案。

1. 需要的检测仪器、工具：

2. 小组成员分工：

3. 任务实施计划方案：

三、实施

1. 车辆信息记录。

车辆品牌		车辆识别代码		生产日期	
发动机型号		行驶里程		发动机排量	

2. 蓄电池外观检查。

（1）检查蓄电池外壳是否有裂纹：　　正常□　损伤□　处理结果＿＿＿＿＿＿

（2）检查加液孔盖通气孔是否畅通：　正常□　堵塞□　处理结果＿＿＿＿＿＿

（3）检查正、负极柱是否腐蚀：　　　正常□　腐蚀□　处理结果＿＿＿＿＿＿

3. 蓄电池电压情况检测。

检查项目	检查结果		
	电压 /V	是否正常	处理结果
蓄电池静态电压		□正常　□不正常	
蓄电池起动电压		□正常　□不正常	
蓄电池漏电状态		□正常　□不正常	

4. 蓄电池液面高度检查记录（适用于普通铅酸蓄电池）。

检查项目	检查结果				注意：电解液有腐蚀性，检查时注意不要碰到皮肤上面
	正常	液面高	液面低	液面高度处理结果	
液面高度	☐	☐	☐		
电解液密度（冰点测试仪）	正常	不正常		电解液密度处理结果	
	☐	☐			

5. 蓄电池电眼（观察窗）显示颜色（适用于免维护蓄电池）。

检查项目	检查结果		
	绿色	黑色	黄色或白色
状态指示器颜色	☐	☐	☐
蓄电池电量技术状况			
处理措施			

6. 检查蓄电池相关部件。

检查项目	检查结果		
	正常	不正常	处理措施
电缆破损	☐	☐	
端头松动	☐	☐	

7. 蓄电池的充电。

根据提供的实训设备，进行蓄电池充电（注意：在断开蓄电池前，记录故障码，或音响系统数据设置，防止断电丢失锁死系统）	充电方法的确定	
	蓄电池的选用	
	智能充电机的使用	

四、检查与评估

请根据任务完成的情况，对任务实施进行检查与自我评估，并提出改进意见。

（1）_____ ；

（2）_____ ；

（3）_____ 。

五、评价与反馈

评价项目	评价标准	分值	评分要求	自评	互评	师评	得分
安全/8S/团队合作	□1. 能进行工位8S操作 □2. 能进行设备和工具安全检查 □3. 能进行车辆安全防护工作 □4. 能进行工具清洁、校准、归位存放操作 □5. 遵守三不落地要求	15	未完成1项扣3分，扣分不得超过15分	□熟练 □不熟练	□熟练 □不熟练	□合格 □不合格	
专业技术能力	作业1 □1. 能正确测量蓄电池起动电压情况 □2. 能正确测量车辆漏电电流 □3. 能正确使用冰点测试仪 □4. 能正确观察蓄电池指示器状态并说明颜色 作业2 □1. 能正确测量蓄电池静态电压情况 □2. 能正确检查蓄电池外观情况 □3. 能正确测量蓄电池液面高度和密度情况 □4. 能正确对蓄电池充电及充电方法选用	50	未完成1项扣5分，扣分不得超过50分	□熟练 □不熟练	□熟练 □不熟练	□合格 □不合格	
工具及设备的使用能力	□1. 能正确使用维修工具 □2. 能正确使用万用表 □3. 能正确使用冰点测试仪 □4. 能正确使用智能充电机	10	未完成1项扣5分，扣分不得超过10分	□熟练 □不熟练	□熟练 □不熟练	□合格 □不合格	
资料、信息查询能力	□1. 能正确使用维修手册查询资料 □2. 能正确使用用户手册查询资料 □3. 能在规定的时间内查询所需资料 □4. 能正确记录检测数据，并填入相关表格	10	未完成1项扣2分，扣分不得超过10分	□熟练 □不熟练	□熟练 □不熟练	□合格 □不合格	
数据判断和分析能力	□1. 能判断蓄电池电量情况及性能好坏 □2. 能规范记录数据，并根据数据判断蓄电池电解液密度是否正常	10	未完成1项扣5分，扣分不得超过10分	□熟练 □不熟练	□熟练 □不熟练	□合格 □不合格	
任务工单填写规范能力	□1. 字迹清晰，无漏填 □2. 语句通顺，表达规范 □3. 无错别字，无涂改 □4. 资讯填写准确无抄袭 □5. 任务工单填写及时	5	未完成1项扣1分，扣分不得超过5分	□熟练 □不熟练	□熟练 □不熟练	□合格 □不合格	
教师签字		100	教师总评	□合格 □不合格	实训成绩		

项目三　汽车交流发电机的使用与检修

任务1　汽车交流发电机结构原理认知

任务名称	汽车交流发电机结构原理认知		学时		任务成绩	
学生姓名		班级/组别		工单号	实训日期	
实训设备、工具及仪器	汽车交流发电机6套、常用工具2套、万用表6只、实训汽车4辆		实训场地	理实一体化中心	实训教师	
任务目的	掌握交流发电机的组成及工作原理；能正确使用数字万用表对交流发电机进行检测，并能准确判断交流发电机的技术性能					

一、资讯

1. 汽车交流发电机的接地搭铁形式有_____和_____之分。
2. 发电机定子绕组连接有_____和_____两种形式。现代汽车多为_____连接。
3. 电压调节器是在发电机_____发生变化时，自动调节其_____，从而使发电机端电压保持稳定的。
4. 交流发电机常见故障有_____、_____、_____和_____等。
5. 根据下图交流发电机的结构图，回答下列问题。

（1）写出数字部件名称及作用。

1._____作用_____；2._____作用_____；
3._____作用_____；4._____作用_____。

（2）汽车交流发电机工作原理是什么？

（3）汽车交流发电机有哪些类型？

二、计划与决策

请根据所学知识和任务要求，确定所需的检测仪器设备、工具，并对小组成员进行合理分工，制订详细的任务实施计划方案。

1. 需要的检测仪器、工具：

2. 小组成员分工：

3. 任务实施计划方案：

三、实施

1. 车辆信息记录。

车辆品牌		车辆识别代码		生产日期	
发动机型号		行驶里程		发动机排量	

2. 根据提供的实训汽车，指出交流发电机安装于汽车哪个位置。

3. 汽车交流发电机接线端子识别及含义。

根据提供的汽车交流发电机，结合实训汽车发电机，完成下表内容。

端子符号	含义	作用
B 或 B+		
N		
F		
L 或 IG		
D+		
⊥ ≡ ⊥ 或 E		

4. 汽车交流发电机发电电压测量。

根据提供的实训汽车，用万用表进行交流发电机电压测量。

测量项目	发电电压 /V	正常	不正常	处理结果
发动机低速运转时		□	□	
发动机高速运转时		□	□	

5. 汽车交流发电机发电电流测量。

根据提供的实训汽车，用万用表进行交流发电机电流测量。

测量项目	电流 /A	正常	不正常	处理结果
发动机低速运转时		□	□	
发动机高速运转时		□	□	

6. 画出汽车交流发电机他励和自励电路简图。

四、检查与评估

请根据任务完成的情况，对任务实施进行检查与自我评估，并提出改进意见。

（1）_____；

（2）_____；

（3）_____。

五、评价与反馈

评价项目	评价标准	分值	评分要求	自评	互评	师评	得分
安全/8S/团队合作	□ 1. 能进行工位 8S 操作 □ 2. 能进行设备和工具安全检查 □ 3. 能进行车辆安全防护工作 □ 4. 能进行工具清洁、校准、归位存放操作 □ 5. 遵守三不落地要求	15	未完成1项扣3分，扣分不得超过15分	□熟练 □不熟练	□熟练 □不熟练	□合格 □不合格	
专业技术能力	作业1 □ 1. 能正确识别交流发电机在车上的位置 □ 2. 能正确写出发电机端子含义及作用 □ 3. 能正确画出交流发电机励磁电路 □ 4. 能正确使用万用表测量交流发电机参数 作业2 □ 1. 能正确找到汽车蓄电池安装位置 □ 2. 能正确测量发电机电压、电流 □ 3. 能正确识别发电机端子接线 □ 4. 能正确判断发电机性能好坏	50	未完成1项扣5分，扣分不得超过50分	□熟练 □不熟练	□熟练 □不熟练	□合格 □不合格	
工具及设备的使用能力	□ 1. 能正确使用维修工具 □ 2. 能正确使用万用表 □ 3. 能正确区分交流发电机的类型	10	未完成1项扣5分，扣分不得超过10分	□熟练 □不熟练	□熟练 □不熟练	□合格 □不合格	
资料、信息查询能力	□ 1. 能正确使用维修手册查询资料 □ 2. 能正确使用用户手册查询资料 □ 3. 能在规定的时间内查询所需资料 □ 4. 能正确记录检测数据，并填入相关表格	10	未完成1项扣2分，扣分不得超过10分	□熟练 □不熟练	□熟练 □不熟练	□合格 □不合格	
数据判断和分析能力	□ 1. 能判断交流发电机发电量情况 □ 2. 能规范记录数据，并根据发电原理判断交流发电机性能好坏	10	未完成1项扣5分，扣分不得超过10分	□熟练 □不熟练	□熟练 □不熟练	□合格 □不合格	
任务工单填写规范能力	□ 1. 字迹清晰，无漏填 □ 2. 语句通顺，表达规范 □ 3. 无错别字，无涂改 □ 4. 资讯填写准确无抄袭 □ 5. 任务工单填写及时	5	未完成1项扣1分，扣分不得超过5分	□熟练 □不熟练	□熟练 □不熟练	□合格 □不合格	
教师签字		100	教师总评	□合格 □不合格	实训成绩		

任务2 汽车交流发电机的拆装与检测

任务名称	汽车交流发电机的拆装与检测		学时		任务成绩	
学生姓名		班级/组别		工单号	实训日期	
实训设备、工具及仪器	汽车交流发电机6套、常用工具6套、万用表6只、实训汽车4辆		实训场地	理实一体化中心	实训教师	
任务目的	能正确使用工具进行交流发电机的拆装；能正确使用数字万用表对交流发电机进行检测，并能准确判断交流发电机的技术性能					

一、资讯

1. 充电指示灯用来指示_____的工作情况，充电指示灯亮表示蓄电池正在_____，发电机_____励状态，灯由亮转灭表明蓄电池正在_____，发电机处于_____励状态。

2. 交流发电机整流器中，中心引线为负极、管壳为正极的二极管是_____。

3. 8管、11管交流发电机的共同点是_____。

4. 交流发电机使用中应注意哪些事项？

5. 下图是9管交流发电机的电源系统电路图，根据图示，回答下列问题。

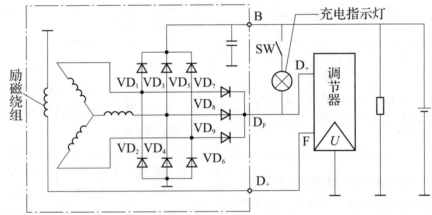

（1）图中各二极管的作用是什么？

（2）此交流发电机属于_____形式（填内搭铁或外搭铁）。

（3）在图中画出励磁绕组电流路线。

（4）简述此交流发电机的工作原理。

二、计划与决策

请根据所学知识和任务要求，确定所需的检测仪器设备、工具，并对小组成员进行合理分工，制订详细的任务实施计划方案。

1. 需要的检测仪器、工具：

2. 小组成员分工：

3. 任务实施计划方案：

三、实施

1. 车辆信息记录。

车辆品牌		车辆识别代码		生产日期	
发动机型号		行驶里程		发动机排量	

2. 交流发电机的检测。

1）不解体的检查。

（1）目测交流发电机外壳是否有破损：正常□ 损伤□ 处理措施_____

（2）用手转动发电机皮带轮，检查发电机轴承完好情况：正常□ 运转噪声□ 处理措施_____

（3）用万用表检测发电机"B"端子与外壳之间的电阻，判断整流器的好坏：
正向测量值：_____ 反向测量值：_____ 处理措施_____
正常□　不同极性二极管被击穿□　同一极性二极管被击穿□

（4）发电机皮带松紧度检查：正常□ 不正常□ 处理措施_____

2）汽车交流发电机的拆装。

拆装步骤：_____

3）发电机解体检查。

（1）转子的检查。

①转子绕组短路与断路的检查：测量值：_____ 正常□ 短路□ 断路□ 处理措施_____

②转子绕组绝缘检查：测量值：_____ 绝缘□ 不绝缘□ 处理措施_____

③滑环的检查：正常□ 脏污□ 损坏□

（2）定子的检查。

测量项目	U–N	V–N	W–N	处理结果
测量值				
正常				
短路				
断路				

①定子绕组短路与断路的检查：

②定子绕组绝缘检查：测量值：_____ 绝缘□ 不绝缘□ 处理措施_____

（3）整流器的检查。

①检测正二极管：

正向测量值：_____ 反向测量值：_____ 正常□ 损坏□ 处理措施_____

②检测负二极管：

正向测量值：_____ 反向测量值：_____ 正常□ 损坏□ 处理措施_____

（4）碳刷组件的检查。

长度测量值：_____ 长度标准值：_____ 异常磨损情况：_____ 处理措施_____

4）交流发电机的装复。

装复步骤：_____

_____

_____

5）交流发电机装复运行测试。

测试结果：_____ 运行正常□ 运行不正常□ 处理措施_____

四、检查与评估

请根据任务完成的情况，对任务实施进行检查与自我评估，并提出改进意见。

（1）_____；

（2）_____；

（3）_____。

五、评价与反馈

评价项目	评价标准	分值	评分要求	自评	互评	师评	得分
安全/8S/团队合作	☐1. 能进行工位 8S 操作 ☐2. 能进行设备和工具安全检查 ☐3. 能进行车辆安全防护工作 ☐4. 能进行工具清洁、校准、归位存放操作 ☐5. 遵守三不落地要求	15	未完成 1 项扣 3 分，扣分不得超过 15 分	☐熟练 ☐不熟练	☐熟练 ☐不熟练	☐合格 ☐不合格	
专业技术能力	作业1 ☐1 能正确拆装附件传动 ☐2. 能正确拆装发电机 ☐3. 能正确拆装张紧器 ☐4. 能正确拆卸蓄电池 ☐5. 能正确就车检查发电机皮带松紧度 作业2 ☐1. 能正确对发电机不解体检测，并判断好坏 ☐2. 能正确对交流发电机分解拆装 ☐3. 能正确对发电机零部件测量，并判断好坏 ☐4. 能正确装配发电机，并进行运转测试 ☐5. 能对电源系统出现的故障进行处理	50	未完成 1 项扣 5 分，扣分不得超过 50 分	☐熟练 ☐不熟练	☐熟练 ☐不熟练	☐合格 ☐不合格	
工具及设备的使用能力	☐1. 能正确使用维修工具进行拆装 ☐2. 能正确使用万用表 ☐3. 能正确判断发电机的发电性能	10	未完成 1 项扣 5 分，扣分不得超过 10 分	☐熟练 ☐不熟练	☐熟练 ☐不熟练	☐合格 ☐不合格	
资料、信息查询能力	☐1. 能正确使用维修手册查询资料 ☐2. 能正确使用用户手册查询资料 ☐3. 能在规定的时间内查询所需资料 ☐4. 能正确记录检测数据，并填入相关表格	10	未完成 1 项扣 2 分，扣分不得超过 10 分	☐熟练 ☐不熟练	☐熟练 ☐不熟练	☐合格 ☐不合格	
数据判断和分析能力	☐1. 能正确判断发电机的性能好坏 ☐2. 能规范记录数据，并根据相关标准值判断交流发电机性能好坏	10	未完成 1 项扣 5 分，扣分不得超过 10 分	☐熟练 ☐不熟练	☐熟练 ☐不熟练	☐合格 ☐不合格	
任务工单填写规范能力	☐1. 字迹清晰，无漏填 ☐2. 语句通顺，表达规范 ☐3. 无错别字，无涂改 ☐4. 资讯填写准确无抄袭 ☐5. 任务工单填写及时	5	未完成 1 项扣 1 分，扣分不得超过 5 分	☐熟练 ☐不熟练	☐熟练 ☐不熟练	☐合格 ☐不合格	
教师签字		100	教师总评	☐合格 ☐不合格	实训成绩		

项目四　汽车起动系统的使用与检修

任务1　汽车起动机结构原理认知

任务名称	汽车起动机结构原理认知		学时		任务成绩	
学生姓名		班级/组别		工单号		实训日期	
实训设备、工具及仪器	汽车起动机6套、常用工具2套、万用表6只、实训汽车4辆		实训场地	理实一体化中心	实训教师	
任务目的	掌握起动机各个零部件的名称及功用；了解起动机的工作过程；熟悉起动机的控制电路					

一、资讯

1. 起动机一般由_____、_____和_____等三部分组成。

2. 现代汽车起动机的控制装置都采用_____式，其内部有_____和_____两个线圈。这两个线圈的共同起端对应的接线柱叫_____接线柱，_____线圈的末端直接接地，_____线圈的末端接_____的正极。

3. 起动继电器的作用是_____。

4. 单向离合器的作用有两个方面：一是在起动时_____；二是在发动机起动后_____。

5. 起动机发挥最大功率是在_____。

6. 为增大起动转矩，定子励磁绕组的连接形式一般采用_____。

7. 根据下图所示起动机结构简图，回答下列问题。

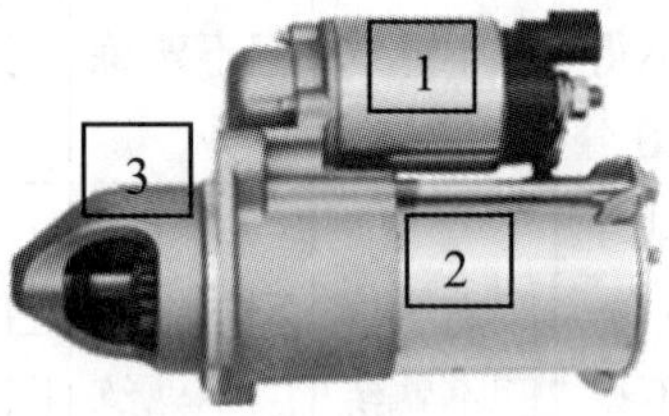

图1 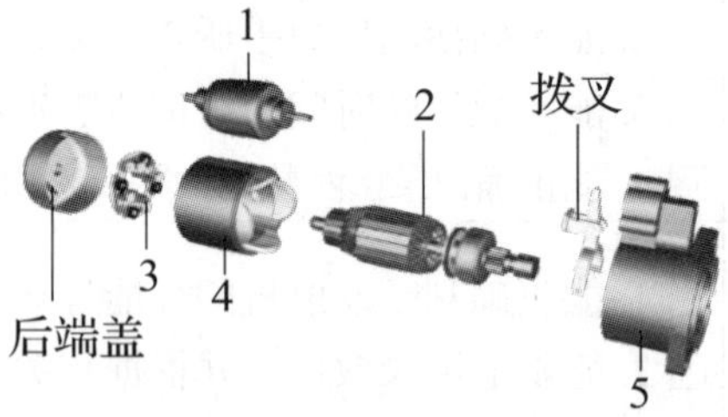　　　　图2

（1）写出图1中数字零部件名称，并说明其作用。

1._____，作用_____；2._____，作用_____；3._____，作用_____。

（2）写出图2中数字零部件名称，并说明其作用。

1._____，作用_____；2._____，作用_____；3._____，作用_____。

4._____，作用_____；5._____，作用_____。

（3）简要说明起动机的工作原理。

（4）简要说明起动机单向离合器的工作过程。

二、计划与决策

请根据所学知识和任务要求，确定所需的检测仪器设备、工具，并对小组成员进行合理分工，制订详细的任务实施计划方案。

1. 需要的检测仪器、工具：

2. 小组成员分工：

3. 任务实施计划方案：

三、实施

1. 车辆信息记录。

车辆品牌		车辆识别代码		生产日期	
发动机型号		行驶里程		发动机排量	

2. 根据提供的实训汽车，指出起动机安装于汽车哪个位置。

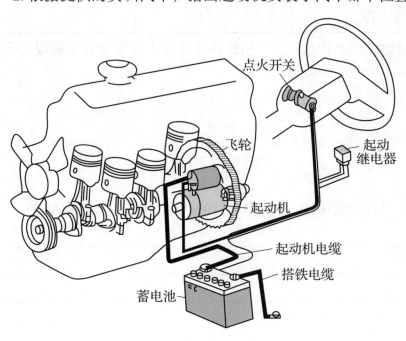

3. 结合起动机实物和实训汽车,简要说明对起动系统的要求。

4. 结合实训汽车,画出其控制起动电路简图。

5. 起动继电器的测量。

测试项目	正常	不正常	处理措施
继电器外观有无破损烧蚀现象	□	□	
继电器引脚	□	□	
继电器通断	□	□	

6. 结合实训汽车,观察起动机的工作过程。(注:此任务注意人身安全和车辆设备安全)

四、检查与评估

请根据任务完成的情况,对任务实施进行检查与自我评估,并提出改进意见。

(1)_____;

(2)_____;

(3)_____。

五、评价与反馈

评价项目	评价标准	分值	评分要求	自评	互评	师评	得分
安全/8S/团队合作	☐ 1. 能进行工位 8S 操作 ☐ 2. 能进行设备和工具安全检查 ☐ 3. 能进行车辆安全防护工作 ☐ 4. 能进行工具清洁、校准、归位存放操作 ☐ 5. 遵守三不落地要求	15	未完成 1 项扣 3 分,扣分不得超过 15 分	☐熟练 ☐不熟练	☐熟练 ☐不熟练	☐合格 ☐不合格	
专业技术能力	作业 1 ☐ 1. 能正确识别起动机在车上的位置 ☐ 2. 能正确描述起动机的性能要求 ☐ 3. 能正确画出起动机的控制电路 ☐ 4. 能正确使用万用表测量起动机参数 作业 2 ☐ 1. 能正确测量起动继电器的好坏 ☐ 2. 能正确识别起动机各端子含义及连接 ☐ 3. 能准确完成起动机的起动过程 ☐ 4. 能正确判断起动机各部件性能好坏	50	未完成 1 项扣 5 分,扣分不得超过 50 分	☐熟练 ☐不熟练	☐熟练 ☐不熟练	☐合格 ☐不合格	
工具及设备的使用能力	☐ 1. 能正确使用维修工具 ☐ 2. 能正确使用万用表 ☐ 3. 能正确区分汽车起动机的类型	10	未完成 1 项扣 5 分,扣分不得超过 10 分	☐熟练 ☐不熟练	☐熟练 ☐不熟练	☐合格 ☐不合格	
资料、信息查询能力	☐ 1. 能正确使用维修手册查询资料 ☐ 2. 能正确使用用户手册查询资料 ☐ 3. 能在规定的时间内查询所需资料 ☐ 4. 能正确记录检测数据,并填入相关表格	10	未完成 1 项扣 2 分,扣分不得超过 10 分	☐熟练 ☐不熟练	☐熟练 ☐不熟练	☐合格 ☐不合格	
数据判断和分析能力	☐ 1. 能判断起动机性能好坏 ☐ 2. 能规范记录数据,并根据起动机工作过程判断起动机性能好坏	10	未完成 1 项扣 5 分,扣分不得超过 10 分	☐熟练 ☐不熟练	☐熟练 ☐不熟练	☐合格 ☐不合格	
任务工单填写规范能力	☐ 1. 字迹清晰,无漏填 ☐ 2. 语句通顺,表达规范 ☐ 3. 无错别字,无涂改 ☐ 4. 资讯填写准确无抄袭 ☐ 5. 任务工单填写及时	5	未完成 1 项扣 1 分,扣分不得超过 5 分	☐熟练 ☐不熟练	☐熟练 ☐不熟练	☐合格 ☐不合格	
教师签字		100	教师总评	☐合格 ☐不合格	实训成绩		

任务2 汽车起动机的拆装及检测

任务名称	汽车起动机的拆装及检测		学时		任务成绩	
学生姓名		班级/组别		工单号	实训日期	
实训设备、工具及仪器	起动机6套、常用工具2套、蓄电池6块、万用表6只、实训汽车4辆、起动继电器6个、开关6个		实训场地	理实一体化中心	实训教师	
任务目的	掌握起动机各个零部件的名称及功用;了解起动机的工作过程;熟悉起动机的控制电路					

一、资讯

1. 使用起动机时每次起动时间不得超过_____s,连续两次起动应间隔_____s以上。

2. 起动机的电刷分为正电刷和负电刷,正电刷的安装特点是_____;负电刷的安装特点是_____。

3. 减速型起动机可分_____与_____两种。

4. 中、小功率的起动机使用的单向离合器一般为_____。

5. 根据下图起动系统电路,回答下列问题。

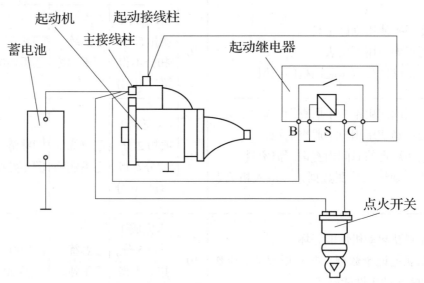

(1)分析电磁开关的工作过程。

(2)起动继电器的作用是什么?

(3)根据上图简述起动机的工作原理。

6. 起动系统常见的故障有哪些?如何诊断与排除?

二、计划与决策

请根据所学知识和任务要求,确定所需的检测仪器设备、工具,并对小组成员进行合理分工,制订详细的任务实施计划方案。

1. 需要的检测仪器、工具:

2. 小组成员分工:

3. 任务实施计划方案:

三、实施

1. 车辆信息记录。

车辆品牌		车辆识别代码		生产日期	
发动机型号		行驶里程		发动机排量	

2. 起动机的检测。

1)起动机不解体检测。

根据图示,判断起动机性能好坏。

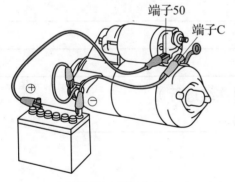

测试项目	正常	不正常	处理措施
起动过程	□	□	
吸引线圈	□	□	
保持线圈	□	□	
齿轮复位	□	□	

2)起动机的拆卸。

拆卸步骤:

3）起动机零部件检测。

（1）电磁开关检测。

检查项目	正常	不正常	处理措施
导通检查	□	□	
吸引线圈	□	□	
保持线圈	□	□	

（2）电枢检测。

①转子绕组短路与断路的检查：测量值：_____ 正常□ 短路□ 断路□ 处理措施：_____

②转子绕组绝缘检查：测量值：_____ 绝缘□ 不绝缘□ 处理措施：_____

③滑环的检查：正常□ 脏污□ 损坏□

（3）定子检测。

①定子绕组短路与断路的检查：

②定子绕组绝缘检查：测量值：_____ 绝缘□ 不绝缘□ 处理措施：_____

（4）电刷检测。

碳刷组件的检查：

长度测量值：_____ 长度标准值：_____ 异常磨损情况：_____ 处理措施：_____

（5）单项离合器检查：正常□ 不正常□ 处理措施：_____

4）起动机的装复。

装复步骤：_____

5）起动机装复后运行测试（每次不超过 5 s，不得连续进行）。

测试结果：运行正常□ 运行不正常□ 处理措施：_____

四、检查与评估

请根据任务完成的情况，对任务实施进行检查与自我评估，并提出改进意见。

（1）_____；

（2）_____；

（3）_____。

五、评价与反馈

评价项目	评价标准	分值	评分要求	自评	互评	师评	得分
安全/8S/团队合作	☐1. 能进行工位8S操作 ☐2. 能进行设备和工具安全检查 ☐3. 能进行车辆安全防护工作 ☐4. 能进行工具清洁、校准、归位存放操作 ☐5. 遵守三不落地要求	15	未完成1项扣3分，扣分不得超过15分	☐熟练 ☐不熟练	☐熟练 ☐不熟练	☐合格 ☐不合格	
专业技术能力	作业1 ☐1. 能正确协助完成起动机的空载检查 ☐2. 能正确检测吸引保持线圈性能 ☐3. 能正确对驱动齿轮回位进行检测 ☐4. 能正确测量起动线路及控制过程 作业2 ☐1. 能正确检测起动机电磁开关性能好坏 ☐2. 能正确测量起动机电枢 ☐3. 能正确测量起动机定子 ☐4. 能正确装复起动机，并进行空载运行实验	50	未完成1项扣5分，扣分不得超过50分	☐熟练 ☐不熟练	☐熟练 ☐不熟练	☐合格 ☐不合格	
工具及设备的使用能力	☐1. 能正确使用维修工具 ☐2. 能正确使用万用表 ☐3. 能正确完成起动系统电路连接	10	未完成1项扣5分，扣分不得超过10分	☐熟练 ☐不熟练	☐熟练 ☐不熟练	☐合格 ☐不合格	
资料、信息查询能力	☐1. 能正确使用维修手册查询资料 ☐2. 能正确使用用户手册查询资料 ☐3. 能在规定的时间内查询所需资料 ☐4. 能正确记录检测数据，并填入相关表格	10	未完成1项扣2分，扣分不得超过10分	☐熟练 ☐不熟练	☐熟练 ☐不熟练	☐合格 ☐不合格	
数据判断和分析能力	☐1. 能判断起动继电器是否正常 ☐2. 能判断起动机性能好坏 ☐3. 能判断起动机故障	10	未完成1项扣5分，扣分不得超过10分	☐熟练 ☐不熟练	☐熟练 ☐不熟练	☐合格 ☐不合格	
任务工单填写规范能力	☐1. 字迹清晰，无漏填 ☐2. 语句通顺，表达规范 ☐3. 无错别字，无涂改 ☐4. 资讯填写准确无抄袭 ☐5. 任务工单填写及时	5	未完成1项扣1分，扣分不得超过5分	☐熟练 ☐不熟练	☐熟练 ☐不熟练	☐合格 ☐不合格	
教师签字		100	教师总评	☐合格 ☐不合格	实训成绩		

项目五　汽车点火系统的维护与检修

任务　汽车点火系统的维护与检修

任务名称	汽车点火系统的维护与检修		学时		任务成绩	
学生姓名		班级/组别		工单号	实训日期	
实训设备、工具及仪器	常用工具2套、万用表4只、实训汽车4辆、火花塞4盒		实训场地	理实一体化中心	实训教师	
任务目的	掌握汽车电子点火系统的结构组成；能正确使用检测仪器检测点火系统各电子元件；能对火花塞性能情况作出准确判断					

一、资讯

1. 电子点火系统中信号触发方式常见的有_____式、_____式和光电式等。

2. 霍尔信号发生器主要由_____、_____、触发叶轮和_____等组成。

3. 大功率高压缩比的发动机一般选用_____型火花塞。

4. 点火提前角是指_____

5. 为使汽油发动机连续运转（正常着车），必须具备_____、_____、_____。

6. 微机控制点火系主要由_____、_____、_____组成。

7. 与点火系统有关的主要传感器有_____、_____、_____、_____等。

8. 结合下列点火系统简图，回答问题。

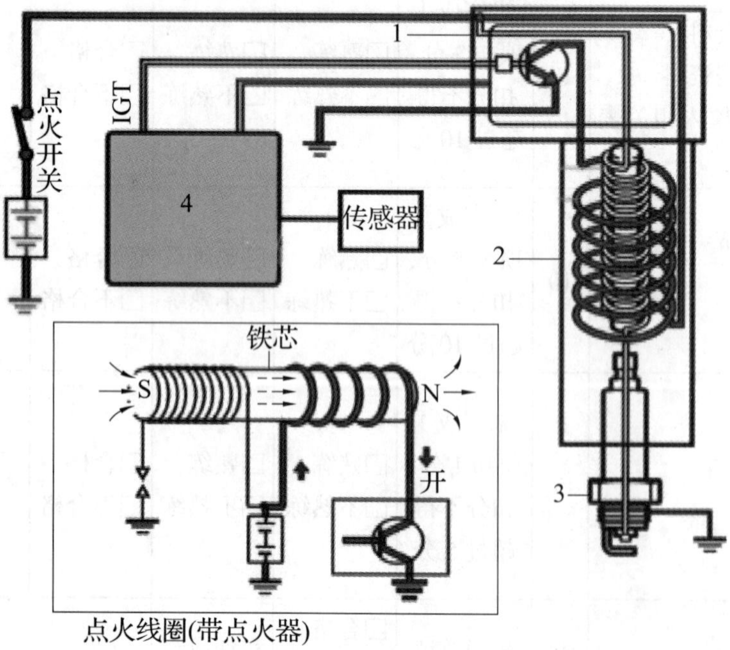

图1

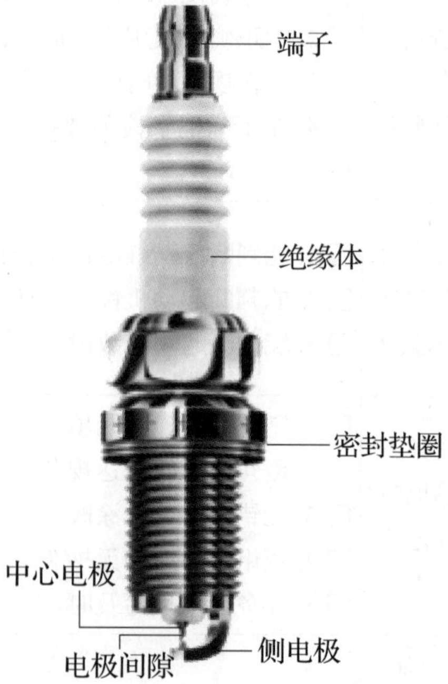

图2

（1）写出图1中数字代表的部件名及作用。

1.＿＿＿＿＿，作用＿＿＿＿＿＿＿＿＿；2.＿＿＿＿＿，作用＿＿＿＿＿＿＿＿＿；

3.＿＿＿＿＿，作用＿＿＿＿＿＿＿＿＿；4.＿＿＿＿＿，作用＿＿＿＿＿＿＿＿＿。

（2）根据图2示意图，说明如何选用火花塞？

（3）根据图1点火系统的组成，说明其点火系统工作原理。

（4）图3部件名称是＿＿＿＿＿，其作用是＿＿＿＿＿＿＿＿＿＿＿＿＿＿＿＿＿＿＿。

图3

9.点火系统常见的故障有哪些？

二、计划与决策

请根据所学知识和任务要求，确定所需的检测仪器设备、工具，并对小组成员进行合理分工，制订详细的任务实施计划方案。

1.需要的检测仪器、工具：

2.小组成员分工：

3.任务实施计划方案：

三、实施

1.车辆信息记录。

车辆品牌		车辆识别代码		生产日期	
发动机型号		行驶里程		发动机排量	

2.根据下图和提供的实训汽车，指明点火线圈总成在发动机哪个位置。

3.点火系统部件检测。

（1）不解体检测：

①起动实训汽车，用万用表检测点火信号情况，特别注意不要手触碰点火线圈。

检测项目	正常	不正常	原因分析	处理结果
点火信号	□	□		

②起动实训汽车，用故障解码仪检测点火信号情况，特别注意不要手触碰点火线圈。

检测项目	正常	不正常	数据流记录	原因分析	处理结果
点火信号	□	□			
1缸					
2缸					
3缸					
4缸					

（2）点火线圈检查。

①外观检查。是否有裂纹：正常□　损伤□　处理结果_____

②性能检测：正常□　不正常□　处理结果_____

（3）火花塞检查。

①火花塞的拆卸步骤：_____

②外观检查。是否有裂纹、烧蚀、油污、积碳：没有□　有□　处理结果_____

③火花塞更换：_____

④火花塞的安装步骤：_____

（4）点火系统主要传感器检测。

传感器名称	安装位置	作用	检测	处理结果
凸轮轴位置传感器			正常□　不正常□	
曲轴位置传感器			正常□　不正常□	
冷却液温度传感器			正常□　不正常□	
爆震传感器			正常□　不正常□	
节气门位置传感器			正常□　不正常□	
空气流量传感器			正常□　不正常□	

4. 发动机起动运行。

通过检修和维护点火系统，完成后，起动发动机是否运行正常。

测试结果：运行正常□　运行不正常□　处理措施_____

四、检查与评估

请根据任务完成的情况，对任务实施进行检查与自我评估，并提出改进意见。

（1）_____；

（2）_____；

（3）_____。

五、评价与反馈

评价项目	评价标准	分值	评分要求	自评	互评	师评	得分
安全/8S/团队合作	☐ 1. 能进行工位 8S 操作 ☐ 2. 能进行设备和工具安全检查 ☐ 3. 能进行车辆安全防护工作 ☐ 4. 能进行工具清洁、校准、归位存放操作 ☐ 5. 遵守三不落地要求	15	未完成 1 项扣 3 分,扣分不得超过 15 分	☐熟练 ☐不熟练	☐熟练 ☐不熟练	☐合格 ☐不合格	
专业技术能力	作业 1 ☐ 1. 能正确识别点火线圈在车上的位置 ☐ 2. 能正确描述点火系统的工作原理 ☐ 3. 能正确检测点火系统信号 ☐ 4. 能正确选用火花塞 作业 2 ☐ 1. 能正确不解体检测点火系统好坏 ☐ 2. 能正确检测点火系统主要传感器 ☐ 3. 能正确完成火花塞的拆装 ☐ 4. 能正确判断火花塞使用状态 ☐ 5. 能正确完成运行测试	50	未完成 1 项扣 5 分,扣分不得超过 50 分	☐熟练 ☐不熟练	☐熟练 ☐不熟练	☐合格 ☐不合格	
工具及设备的使用能力	☐ 1. 能正确使用维修工具 ☐ 2. 能正确使用万用表 ☐ 3. 能正确使用汽车故障诊断仪	10	未完成 1 项扣 5 分,扣分不得超过 10 分	☐熟练 ☐不熟练	☐熟练 ☐不熟练	☐合格 ☐不合格	
资料、信息查询能力	☐ 1. 能正确使用维修手册查询资料 ☐ 2. 能正确使用用户手册查询资料 ☐ 3. 能在规定的时间内查询所需资料 ☐ 4. 能正确记录检测数据,并填入相关表格	10	未完成 1 项扣 2 分,扣分不得超过 10 分	☐熟练 ☐不熟练	☐熟练 ☐不熟练	☐合格 ☐不合格	
数据判断和分析能力	☐ 1. 能判断点火系统数据流,并判断性能好坏 ☐ 2. 能规范记录数据,并根据各传感器工作过程判断其性能好坏	10	未完成 1 项扣 5 分,扣分不得超过 10 分	☐熟练 ☐不熟练	☐熟练 ☐不熟练	☐合格 ☐不合格	
任务工单填写规范能力	☐ 1. 字迹清晰,无漏填 ☐ 2. 语句通顺,表达规范 ☐ 3. 无错别字,无涂改 ☐ 4. 资讯填写准确无抄袭 ☐ 5. 任务工单填写及时	5	未完成 1 项扣 1 分,扣分不得超过 5 分	☐熟练 ☐不熟练	☐熟练 ☐不熟练	☐合格 ☐不合格	
教师签字		100	教师总评	☐合格 ☐不合格	实训成绩		

项目六　汽车照明及信号系统的维护与检修

任务1　汽车照明系统维护与检修

任务名称	汽车照明系统维护与检修		学时		任务成绩	
学生姓名		班级/组别		工单号		实训日期	
实训设备、工具及仪器	常用工具2套、万用表4只、实训汽车4辆、前照灯总成4个、灯光检测仪2套		实训场地	理实一体化中心	实训教师	
任务目的	熟悉照明系统的组成及工作原理；能对汽车照明系统技术状况进行检查					

一、资讯

1. 汽车灯具按功能可分为_____和_____。
2. 前照灯的光学系统包括_____、_____和_____三部分。
3. 汽车照明系统主要由电源、_____、指示灯、_____、控制线路、_____等组成。
4. HID工作特性包括_____、_____、_____和_____。
5. 汽车照明前照灯防炫目措施：_____
   _____
6. 前照灯的近光灯丝位于反射镜的_____。
7. 根据下图所示前照灯电路简图，回答问题。

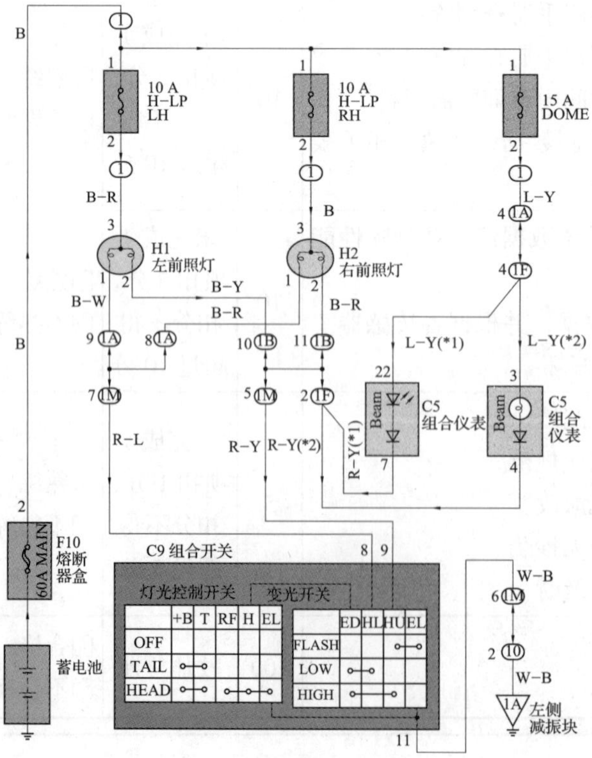

（1）写出左前照灯近光电路：

（2）写出右前照灯远光电路：

（3）对前照灯的基本要求是什么？

（4）为了提高工作可靠性，车灯均采用_____电路。

8.汽车照明系统常见故障有哪些？

二、计划与决策

请根据所学知识和任务要求，确定所需的检测仪器设备、工具，并对小组成员进行合理分工，制订详细的任务实施计划方案。

1.需要的检测仪器、工具：

2.小组成员分工：

3.任务实施计划方案：

三、实施

1.车辆信息记录。

车辆品牌		车辆识别代码		生产日期	
发动机型号		行驶里程		发动机排量	

2.根据下图和提供的实训汽车，指明前照灯安装位置及包含的相关前照灯。

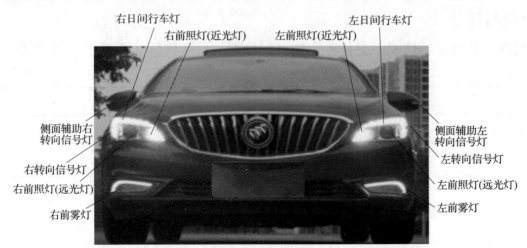

3. 灯光开关操作，根据下图和实训汽车，进行灯光开关操作。

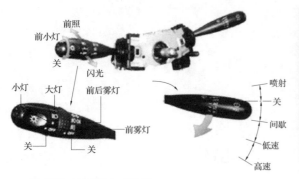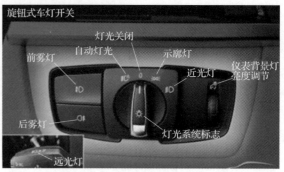

4. 前照灯检测与调整。

根据提供的数据及实训汽车和灯光检测仪，对前照灯发光强度进行检测与调整。

项目	新注册车		在用车	
	两灯制	四灯制	两灯制	四灯制
汽车	15 000	12 000	12 000	10 000

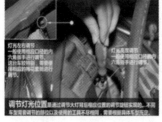

1. 检查步骤_____
   _____
   _____

2. 调整步骤_____
   _____
   _____

3. 检测调整结果：正常☐　不正常☐

5. 灯光检查。

根据提供的实训汽车进行灯光调整后，检查灯光情况（采用灯光手势检查）。

检测结果：正常☐　不正常☐　处理结果_____

6. 前照灯更换步骤：_____

_____

_____

四、检查与评估

请根据任务完成的情况，对任务实施进行检查与自我评估，并提出改进意见。

（1）_____；

（2）_____；

（3）_____。

五、评价与反馈

评价项目	评价标准	分值	评分要求	自评	互评	师评	得分
安全/8S/团队合作	□1. 能进行工位8S操作 □2. 能进行设备和工具安全检查 □3. 能进行车辆安全防护工作 □4. 能进行工具清洁、校准、归位存放操作 □5. 遵守三不落地要求	15	未完成1项扣3分，扣分不得超过15分	□熟练 □不熟练	□熟练 □不熟练	□合格 □不合格	
专业技术能力	作业1 □1. 能正确进行车外灯光手势操作 □2. 能正确识别前照灯及其位置 □3. 能正确识读并分析前照灯电路 □4. 能正确更换前照灯 作业2 □1. 能正确对前照灯进行检测与调整 □2. 能正确连接前照灯电路及性能好坏判断 □3. 能正确完成灯光开关操作任务 □4. 能正确对前照灯进行维护检修 □5. 能正确完成前照灯运行测试，手势准确	50	未完成1项扣5分，扣分不得超过50分	□熟练 □不熟练	□熟练 □不熟练	□合格 □不合格	
工具及设备的使用能力	□1. 能正确使用维修工具 □2. 能正确使用万用表 □3. 能正确使用灯光检测仪 □4. 能正确调整前照灯	10	未完成1项扣5分，扣分不得超过10分	□熟练 □不熟练	□熟练 □不熟练	□合格 □不合格	
资料、信息查询能力	□1. 能正确使用维修手册查询资料 □2. 能正确使用用户手册查询资料 □3. 能在规定的时间内查询所需资料 □4. 能正确记录检测数据，并填入相关表格	10	未完成1项扣2分，扣分不得超过10分	□熟练 □不熟练	□熟练 □不熟练	□合格 □不合格	
数据判断和分析能力	□1. 能判断前照灯工作是否正常 □2. 能规范记录数据，并根据灯光检测仪判断前照灯性能好坏	10	未完成1项扣5分，扣分不得超过10分	□熟练 □不熟练	□熟练 □不熟练	□合格 □不合格	
任务工单填写规范能力	□1. 字迹清晰，无漏填 □2. 语句通顺，表达规范 □3. 无错别字，无涂改 □4. 资讯填写准确无抄袭 □5. 任务工单填写及时	5	未完成1项扣1分，扣分不得超过5分	□熟练 □不熟练	□熟练 □不熟练	□合格 □不合格	
教师签字		100	教师总评	□合格 □不合格	实训成绩		

任务2　汽车信号系统维护与检修

任务名称	汽车信号系统维护与检修		学时		任务成绩	
学生姓名		班级/组别		工单号		实训日期	
实训设备、工具及仪器	常用工具2套、万用表4只、实训汽车4辆、汽车喇叭4个		实训场地	理实一体化中心	实训教师	
任务目的	熟悉信号系统的组成及工作原理；能对汽车信号系统技术状况进行检查					

一、资讯

1. 转向信号灯及危险报警电路主要由信号指示灯、_____、转向灯开关和_____等部件组成。

2. 喇叭按发音动力的不同分_____和_____。

3. 转向信号灯及危险报警闪光灯闪光频率应为_____。

4. 电喇叭音调通过改变上下铁芯之间的间隙调整，音量通过改变_____调整。

5. 汽车信号系统主要由电源、信号控制开关、_____、_____、电喇叭、继电器、指示灯、_____等组成。

6. 汽车倒挡信号由_____直接控制。

7. 随着汽车电子技术的应用，汽车照明与信号系统正在朝着_____、_____的方向发展。

8. 根据如下信号系统电路简图，回答问题。

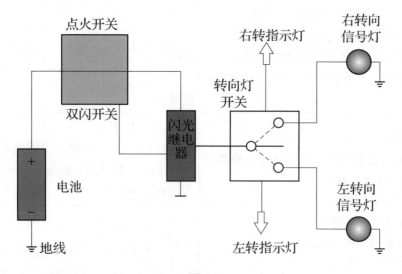

图1

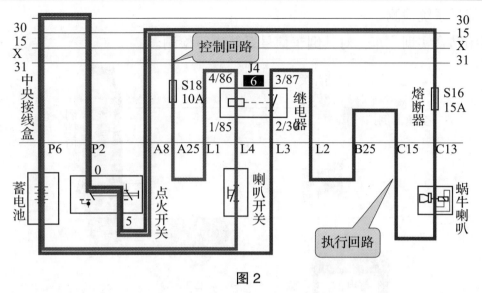

图 2

（1）根据图1电路图，说明应急报警电路工作过程。

（2）根据图2电路图，说明电喇叭电路工作过程。

（3）根据图1所示，汽车转向灯的常见故障有哪些？如何进行诊断？

9.汽车信号系统常见故障有哪些？

二、计划与决策

请根据所学知识和任务要求，确定所需的检测仪器设备、工具，并对小组成员进行合理分工，制订详细的任务实施计划方案。

1.需要的检测仪器、工具：

2.小组成员分工：

3.任务实施计划方案：

三、实施

1.车辆信息记录。

车辆品牌		车辆识别代码		生产日期	
发动机型号		行驶里程		发动机排量	

2. 倒车信号系统检测。

根据下图结合实训汽车，对其倒车信号系统进行检测。

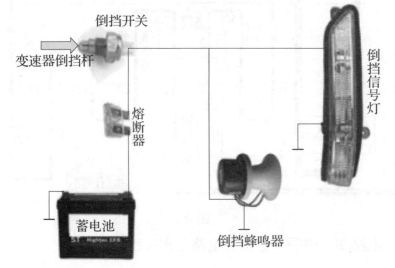

检测项目	检测结论		处理结果
	正常	不正常	
倒车灯	□	□	
倒车电路	□	□	

3. 制动信号系统检测。

根据下图结合实训汽车，对其制动信号系统进行检测。

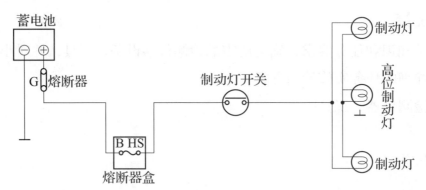

检测项目	检测结论		处理结果
	正常	不正常	
制动灯	□	□	
高位制动灯	□	□	
倒车电路	□	□	

4.喇叭信号系统检测。

根据下图结合实训汽车,对其喇叭信号系统进行检测。

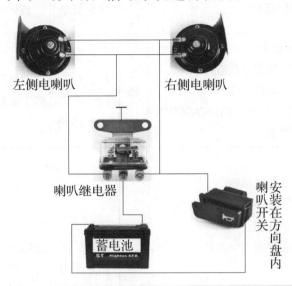

检测项目	检测结论		处理结果
	正常	不正常	
喇叭继电器	□	□	
左喇叭	□	□	
右喇叭	□	□	

5.电喇叭的更换。

步骤:_____

6.制动灯的更换。

步骤:_____

7.倒车灯更换。

步骤:_____

8.各类信号系统检测与灯泡更换后运行状态。

①制动灯　运行结果　正常□　不正常□　处理结果_____

②倒车灯　运行结果　正常□　不正常□　处理结果_____

③电喇叭　运行结果　正常□　不正常□　处理结果_____

四、检查与评估

请根据任务完成的情况,对任务实施进行检查与自我评估,并提出改进意见。

(1)_____;

(2)_____;

(3)_____。

五、评价与反馈

评价项目	评价标准	分值	评分要求	自评	互评	师评	得分
安全/8S/团队合作	□1. 能进行工位 8S 操作 □2. 能进行设备和工具安全检查 □3. 能进行车辆安全防护工作 □4. 能进行工具清洁、校准、归位存放操作 □5. 遵守三不落地要求	15	未完成1项扣3分，扣分不得超过15分	□熟练 □不熟练	□熟练 □不熟练	□合格 □不合格	
专业技术能力	作业1 □1. 能正确进行信号系统检查 □2. 能正确检测喇叭及继电器性能好坏 □3. 能正确更换倒车灯泡 □4. 能正确更换制动灯泡 作业2 □1. 能正确对电喇叭进行调整与检测 □2. 能正确识读及分析信号系统电路 □3. 能正确完成信号系统运行状态检测操作 □4. 能正确对信号系统进行维护检修	50	未完成1项扣5分，扣分不得超过50分	□熟练 □不熟练	□熟练 □不熟练	□合格 □不合格	
工具及设备的使用能力	□1. 能正确使用维修工具 □2. 能正确使用万用表 □3. 能正确使用信号系统 □4. 能正确调整电喇叭声音	10	未完成1项扣5分，扣分不得超过10分	□熟练 □不熟练	□熟练 □不熟练	□合格 □不合格	
资料、信息查询能力	□1. 能正确使用维修手册查询资料 □2. 能正确使用用户手册查询资料 □3. 能在规定的时间内查询所需资料 □4. 能正确记录检测数据，并填入相关表格	10	未完成1项扣2分，扣分不得超过10分	□熟练 □不熟练	□熟练 □不熟练	□合格 □不合格	
数据判断和分析能力	□1. 能判断信号系统工作是否正常 □2. 能规范记录数据，并根据灯信号系统运行状态判断信号系统性能好坏	10	未完成1项扣5分，扣分不得超过10分	□熟练 □不熟练	□熟练 □不熟练	□合格 □不合格	
任务工单填写规范能力	□1. 字迹清晰，无漏填 □2. 语句通顺，表达规范 □3. 无错别字，无涂改 □4. 资讯填写准确无抄袭 □5. 任务工单填写及时	5	未完成1项扣1分，扣分不得超过5分	□熟练 □不熟练	□熟练 □不熟练	□合格 □不合格	
教师签字		100	教师总评	□合格 □不合格	实训成绩		

项目七 汽车仪表信息显示及报警系统维护与检修

任务 汽车仪表信息显示及报警系统维护与检修

任务名称	汽车仪表信息显示及报警系统维护与检修		学时		任务成绩	
学生姓名		班级/组别		工单号		实训日期	
实训设备、工具及仪器	常用工具2套、万用表4只、实训汽车4辆、故障解码仪2台		实训场地	理实一体化中心	实训教师	
任务目的	熟悉汽车仪表信息显示及报警系统组成及工作原理;能对汽车仪表信息显示及报警系统技术状况进行检查					

一、资讯

1. 汽车信息显示系统主要由_____和_____两部分组成。

2. 汽车仪表灯类型主要有_____、_____和_____三类。

3. 发动机转速通常都是将转速表的指示数将其乘以_____或_____以后,得到的即为发动机每分钟转速。

4. 车速里程表的作用是_____

5. HUD称为平视显示系统,又叫作_____。

6. 主仪表板上一般集中了全车的监控仪表,如车速表、发动机转速表、_____、_____、_____等。

7. 根据下图仪表,回答下列问题。

图形	说明	图形	说明	图形	说明

(1)写出数字1~8名称,并填写右侧图表空白图形,说明含义。

(2)简要说明机油压力报警系统工作过程。

(3)简要说明燃油油量报警系统工作过程。

8. 汽车报警系统常见故障有哪些?

二、计划与决策

请根据所学知识和任务要求，确定所需的检测仪器设备、工具，并对小组成员进行合理分工，制订详细的任务实施计划方案。

1. 需要的检测仪器、工具：

2. 小组成员分工：

3. 任务实施计划方案：

三、实施

1. 车辆信息记录。

车辆品牌		车辆识别代码		生产日期	
发动机型号		行驶里程		发动机排量	

2. 结合下图，根据提供的实训汽车，观察汽车起动时，仪表指示灯显示情况。

若故障灯点亮，用故障解码仪读取故障码：

故障码：

故障码含义：

仪表指示灯状态	所属系统	代表含义	发动机起动运行正常后，指示灯是否常亮

3. 机油压力传感器的检测。

检测项目	安装位置	机油压力 /MPa			处理措施
机油压力传感器		□正常	□过高	□过低	
标准数值参考					

4. 冷却液温度传感器检测。

检测项目	安装位置	数值 /Ω		处理措施
冷却液温度传感器		□正常	□不正常	
温度数值				

5. 冷却液、制动液、风窗玻璃清洗液液面检查。

根据图示和提供的实训汽车，对冷却液、制动液、风窗玻璃清洗液液面进行检查

制动液液面传感器

冷却液液面传感器

风窗玻璃清洗液液面传感器

检查项目	液面情况			处理措施
制动液液面	□正常	□过高	□过低	
冷却液液面	□正常	□过高	□过低	
风窗玻璃清洗液液面	□正常	□过高	□过低	

注意：在检查冷却液面时，不得在发动机运行时打开该加注盖，谨防烫伤！

四、检查与评估

请根据任务完成的情况，对任务实施进行检查与自我评估，并提出改进意见。

（1）_____；

（2）_____；

（3）_____。

五、评价与反馈

评价项目	评价标准	分值	评分要求	自评	互评	师评	得分
安全/8S/团队合作	☐1. 能进行工位8S操作 ☐2. 能进行设备和工具安全检查 ☐3. 能进行车辆安全防护工作 ☐4. 能进行工具清洁、校准、归位存放操作 ☐5. 遵守三不落地要求	15	未完成1项扣3分，扣分不得超过15分	☐熟练 ☐不熟练	☐熟练 ☐不熟练	☐合格 ☐不合格	
专业技术能力	作业1 ☐1. 能正确描述仪表指示灯含义 ☐2. 能正确用解码仪读取故障码 ☐3. 能正确使用万用表检测传感器的性能好坏 ☐4. 能正确对仪表盘亮灯进行解读 作业2 ☐1. 能正确对机油压力传感器进行检测，并判断性能 ☐2. 能正确检测冷却液温度传感器，并判断性能好坏 ☐3. 能正确正确检查制动液液面情况 ☐4. 能正确检查冷却液液面情况 ☐5. 能正确完成任务检测	50	未完成1项扣5分，扣分不得超过50分	☐熟练 ☐不熟练	☐熟练 ☐不熟练	☐合格 ☐不合格	
工具及设备的使用能力	☐1. 能正确使用维修工具 ☐2. 能正确使用万用表 ☐3. 能正确使用汽车故障解码仪 ☐4. 能正确检测任务要求的传感器	10	未完成1项扣5分，扣分不得超过10分	☐熟练 ☐不熟练	☐熟练 ☐不熟练	☐合格 ☐不合格	
资料、信息查询能力	☐1. 能正确使用维修手册查询资料 ☐2. 能正确使用用户手册查询资料 ☐3. 能在规定的时间内查询所需资料 ☐4. 能正确记录检测数据，并填入相关表格	10	未完成1项扣2分，扣分不得超过10分	☐熟练 ☐不熟练	☐熟练 ☐不熟练	☐合格 ☐不合格	
数据判断和分析能力	☐1. 能判断传感器工作是否正常 ☐2. 能规范记录数据，并根据液面检测结果，判断液面情况	10	未完成1项扣5分，扣分不得超过10分	☐熟练 ☐不熟练	☐熟练 ☐不熟练	☐合格 ☐不合格	
任务工单填写规范能力	☐1. 字迹清晰，无漏填 ☐2. 语句通顺，表达规范 ☐3. 无错别字，无涂改 ☐4. 资讯填写准确无抄袭 ☐5. 任务工单填写及时	5	未完成1项扣1分，扣分不得超过5分	☐熟练 ☐不熟练	☐熟练 ☐不熟练	☐合格 ☐不合格	
教师签字		100	教师总评	☐合格 ☐不合格	实训成绩		

项目八　汽车安全与舒适系统认知与检修

任务　汽车辅助电气系统认知与检修

任务名称	汽车辅助电气系统认知与检修		学时		任务成绩	
学生姓名		班级/组别		工单号	实训日期	
实训设备、工具及仪器	常用工具2套、万用表4只、实训汽车4辆		实训场地	理实一体化中心	实训教师	
任务目的	熟悉汽车安全与舒适系统组成及工作原理；能对汽车安全与舒适系统技术状况进行维护与检测					

一、资讯

1. 永磁式刮水电动机是通过改变_____来进行调速的。

2. 电动车窗主要由_____、_____、_____、继电器和控制CAN总线等装置组成。

3. 电动刮水器主要由_____、_____、_____、_____等组成。

4. 车窗玻璃防夹功能的工作原理，就是加装一组电流感应器，由_____时刻检测电动机的转速。

5. 电动座椅一般由_____、_____、座椅调节器、_____等组成。

6. 电动天窗主要由_____、_____和_____组成。

7. 汽车防盗一般应从三个方面考虑：门锁的工作可靠性、_____、_____。

8. 汽车音响已向大功率多路输出、多扬声器环绕音响、多碟式镭射CD等方向发展。采用_____，将影音娱乐系统融合在一起。

9. 根据下图所示，回答下列问题。

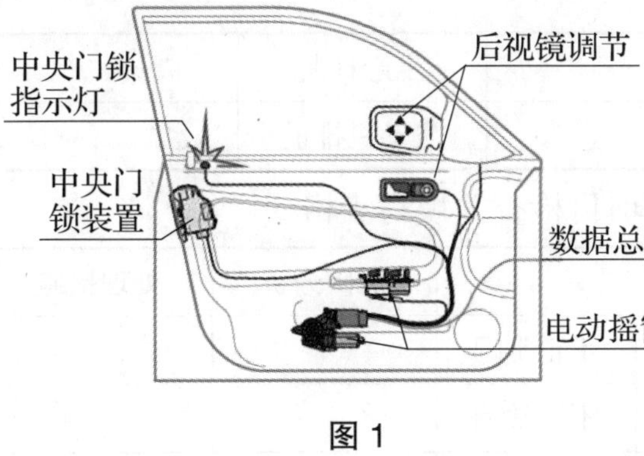

图1

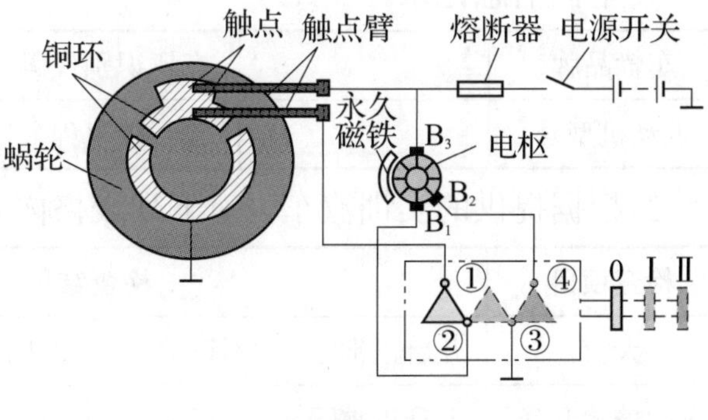

图2

（1）如图1所示，简要说明其控制过程。

（2）如图2所示，简要说明刮水器是如何自动复位的。

（3）刮水器电动机是如何改变速度的？

10. 简述汽车防盗系统控制有哪几方面。

11. 简要说明汽车行车记录仪的功能。

二、计划与决策

请根据所学知识和任务要求，确定所需的检测仪器设备、工具，并对小组成员进行合理分工，制订详细的任务实施计划方案。

1. 需要的检测仪器、工具：

2. 小组成员分工：

3. 任务实施计划方案：

三、实施

1. 车辆信息记录

车辆品牌		车辆识别代码		生产日期	
发动机型号		行驶里程		发动机排量	

2. 根据提供的实训汽车，对下列表格内容进行项目检查并填写表格。

检查项目	检查结果				原因分析	处理措施
天窗	开启正常□	不正常□	关闭正常□	不正常□		
车门玻璃升降	上升正常□	不正常□	下降正常□	不正常□		
刮水器喷水	喷水正常□	不正常□	刮水正常□	不正常□		
座椅	调整正常□	不正常□	方向正常□	不正常□		

3. 刮水器片更换

根据下图和提供的实训汽车，对刮水器片进行更换操作。

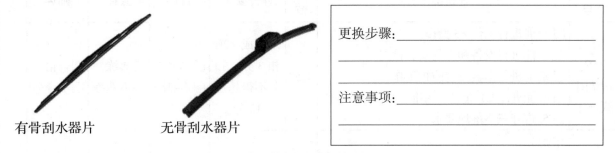

有骨刮水器片　　无骨刮水器片

更换步骤：_____
_____
_____
注意事项：_____
_____

4. 根据提供的实训汽车，进行中控门锁与防盗检查。

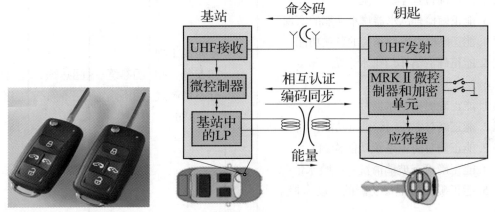

中控门锁检查结果：□正常　□不正常　处理措施

防盗系统查结果：□正常　□不正常　处理措施

5. 下图是带记忆功能的电动座椅，请分析记忆工作模式。

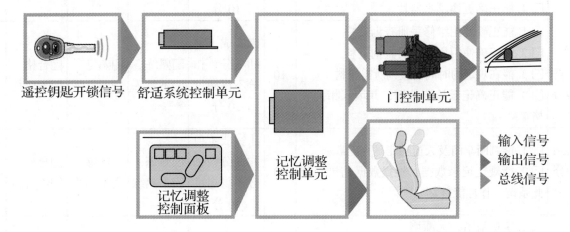

四、检查与评估

请根据任务完成的情况，对任务实施进行检查与自我评估，并提出改进意见。

（1）_____；

（2）_____；

（3）_____。

五、评价与反馈

评价项目	评价标准	分值	评分要求	自评	互评	师评	得分
安全/8S/团队合作	□1.能进行工位8S操作 □2.能进行设备和工具安全检查 □3.能进行车辆安全防护工作 □4.能进行工具清洁、校准、归位存放操作 □5.遵守三不落地要求	15	未完成1项扣3分,扣分不得超过15分	□熟练 □不熟练	□熟练 □不熟练	□合格 □不合格	
专业技术能力	作业1 □1.能正确检查天窗功能 □2.能正确检查车窗功能 □3.能正确检查刮水器喷水功能的实现 □4.能正确检查电动座椅的各项功能 □5.能正确清洁车门排水系统 作业2 □1.能正确更换刮水器片 □2.能正确对中控门锁进行功能检测 □3.能正确对防盗系统功能检测 □4.能正确检查玻璃清洗系统喷水情况 □5.能正确分析记忆功能的电动座椅工作模式	50	未完成1项扣5分,扣分不得超过50分	□熟练 □不熟练	□熟练 □不熟练	□合格 □不合格	
工具及设备的使用能力	□1.能正确使用维修工具 □2.能正确使用万用表 □3.能正确使用防盗钥匙 □4.能正确更换刮水器片	10	未完成1项扣5分,扣分不得超过10分	□熟练 □不熟练	□熟练 □不熟练	□合格 □不合格	
资料、信息查询能力	□1.能正确使用维修手册查询资料 □2.能正确使用用户手册查询资料 □3.能在规定的时间内查询所需资料 □4.能正确记录检测数据,并填入相关表格	10	未完成1项扣2分,扣分不得超过10分	□熟练 □不熟练	□熟练 □不熟练	□合格 □不合格	
数据判断和分析能力	□1.能判断车门及天窗功能是否正常 □2.能规范记录数据,根据数据结果判断此系统工作性能好坏	10	未完成1项扣5分,扣分不得超过10分	□熟练 □不熟练	□熟练 □不熟练	□合格 □不合格	
任务工单填写规范能力	□1.字迹清晰,无漏填 □2.语句通顺,表达规范 □3.无错别字,无涂改 □4.资讯填写准确无抄袭 □5.任务工单填写及时	5	未完成1项扣1分,扣分不得超过5分	□熟练 □不熟练	□熟练 □不熟练	□合格 □不合格	
教师签字		100	教师总评	□合格 □不合格	实训成绩		

项目九 汽车空调系统维护与检修

任务1 汽车空调系统结构原理认知

任务名称	汽车空调系统结构原理认知		学时		任务成绩	
学生姓名		班级/组别		工单号		实训日期	
实训设备、工具及仪器	常用工具2套、万用表4只、实训汽车4辆、汽车空调电子检漏仪4把		实训场地	理实一体化中心	实训教师	
任务目的	了解汽车空调的功能和基本组成；熟悉汽车空调制冷系统的组成及工作原理					

一、资讯

1. 汽车空调一般具有_____、_____、_____、_____等功能。

2. 汽车空调系统主要由_____、_____、通风系统、空气净化系统和_____五个部分组成。

3. 储液干燥器在制冷系统工作时，对制冷剂进行储存、_____和_____。

4. 电磁离合器主要由_____、皮带轮和_____等组成。

5. 制冷系统常用的传感器开关主要有_____、_____、_____、_____等。

6. 汽车空调常用制冷剂为_____。

7. 压缩机的作用是将_____的制冷剂气体压缩成为_____的气体，并维持制冷剂气体状态。

8. 根据下图，回答问题。

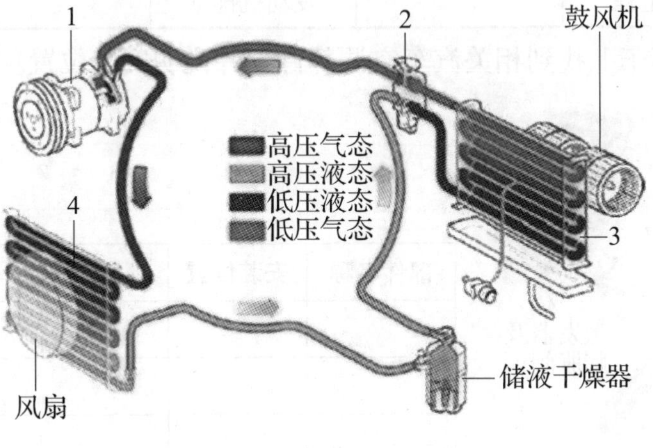

图1

图2

（1）如图1所示，写出数字1~4部件名称及作用。

1._____，作用_____；2._____，作用_____；

3._____，作用_____；4._____，作用_____。

（2）简述制冷系统的工作原理。

（3）图2名称是_____，其主要类型有_____和_____。

9.汽车空调的常规检测一般包含哪些内容？

二、计划与决策

请根据所学知识和任务要求，确定所需的检测仪器设备、工具，并对小组成员进行合理分工，制订详细的任务实施计划方案。

1.需要的检测仪器、工具：

2.小组成员分工：

3.任务实施计划方案：

三、实施

1.车辆信息记录。

车辆品牌		车辆识别代码		生产日期	
发动机型号		行驶里程		发动机排量	

2.根据下图，结合实训汽车，在其车上找到相关汽车空调部件，并说明安装位置。

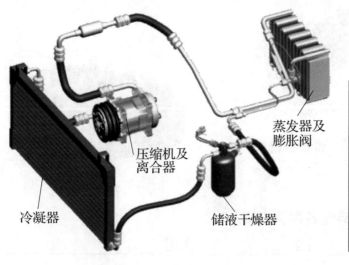

部件名称	安装位置	类型

3. 空调开关操作。

结合下图，对实训汽车空调面板开关进行操作。

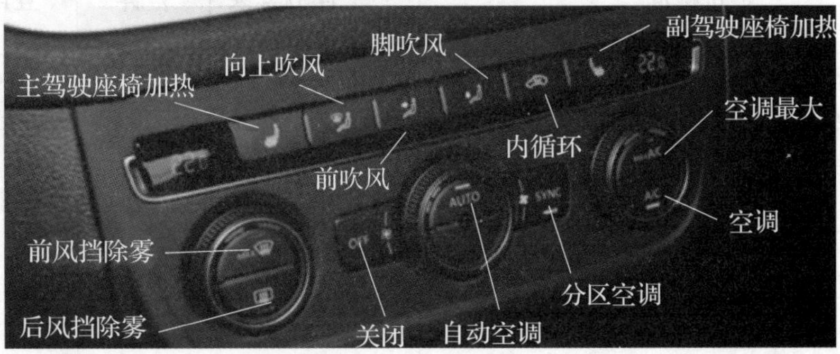

4. 测量汽车空调出风口制冷温度效果。

检测项目	数据记录	制冷效果		原因分析	处理措施
制冷量		□正常	□不正常		
制冷温度		□正常	□不正常		

5. 制冷系统泄漏检查。

检测位置	泄漏情况		处理措施
	□无泄漏	□有泄漏	
	□无泄漏	□有泄漏	
	□无泄漏	□有泄漏	
	□无泄漏	□有泄漏	

6. 汽车空调系统外观检查。

检查位置	有无裂纹、破损、脏污、堵塞		处理措施
冷凝器	□无	□有	
压缩机管路接口	□无	□有	
蒸发器	□无	□有	
高低压管路及接口	□无	□有	
冷却风扇	□无	□有	

7. 简述汽车空调暖风系统工作原理。

四、检查与评估

请根据任务完成的情况，对任务实施进行检查与自我评估，并提出改进意见。

（1）_____；

（2）_____；

（3）_____。

五、评价与反馈

评价项目	评价标准	分值	评分要求	自评	互评	师评	得分
安全/8S/团队合作	□1. 能进行工位 8S 操作 □2. 能进行设备和工具安全检查 □3. 能进行车辆安全防护工作 □4. 能进行工具清洁、校准、归位存放操作 □5. 遵守三不落地要求	15	未完成1项扣3分，扣分不得超过15分	□熟练 □不熟练	□熟练 □不熟练	□合格 □不合格	
专业技术能力	作业1 □1. 能正确识别空调系统部件名称及安装位置 □2. 能正确操作空调面板控制开关 □3. 能正确检测空调制冷效果及制冷温度情况 □4. 能正确检测空调制冷剂泄漏情况 作业2 □1. 能正确对空调系统密封性检测 □2. 能正确检查冷凝器、空调管路外观情况 □3. 能正确检查空调压缩机冷冻机油位置、蒸发器 □4. 能正确检查鼓风机工作性能好坏	50	未完成1项扣5分，扣分不得超过50分	□熟练 □不熟练	□熟练 □不熟练	□合格 □不合格	
工具及设备的使用能力	□1. 能正确使用维修工具 □2. 能正确使用万用表 □3. 能正确使用汽车空调电子检漏仪 □4. 能正确检测空调系统部件，并判断其好坏	10	未完成1项扣5分，扣分不得超过10分	□熟练 □不熟练	□熟练 □不熟练	□合格 □不合格	
资料、信息查询能力	□1. 能正确使用维修手册查询资料 □2. 能正确使用用户手册查询资料 □3. 能在规定的时间内查询所需资料 □4. 能正确记录检测数据，并填入相关表格	10	未完成1项扣2分，扣分不得超过10分	□熟练 □不熟练	□熟练 □不熟练	□合格 □不合格	
数据判断和分析能力	□1. 能判断汽车空调制冷工作是否正常 □2. 能规范记录数据，并根据检漏仪判断空调制冷系统密封性好坏	10	未完成1项扣5分，扣分不得超过10分	□熟练 □不熟练	□熟练 □不熟练	□合格 □不合格	
任务工单填写规范能力	□1. 字迹清晰，无漏填 □2. 语句通顺，表达规范 □3. 无错别字，无涂改 □4. 资讯填写准确无抄袭 □5. 任务工单填写及时	5	未完成1项扣1分，扣分不得超过5分	□熟练 □不熟练	□熟练 □不熟练	□合格 □不合格	
教师签字		100	教师总评	□合格 □不合格	实训成绩		

任务 2　汽车空调系统制冷剂加注

任务名称	汽车空调系统制冷剂加注		学时		任务成绩	
学生姓名		班级/组别		工单号	实训日期	
实训设备、工具及仪器	常用工具2套、实训汽车4辆、制冷剂加注设备2套、制冷剂4罐、空调滤芯4个		实训场地	理实一体化中心	实训教师	
任务目的	掌握汽车空调滤芯的更换方法；掌握汽车空调制冷剂的加注方法；能对汽车空调系统技术状况进行检查					

一、资讯

1. 汽车空调工作时，制冷剂在系统内的每个循环可分为_____、_____、_____和_____四个过程。

2. 制冷剂的加注分为_____和_____。

3. 高压检修接口设置在高压管路上（管路_____），盖帽上方标有字母"_____"。低压检修接口设置在低压管路上（管路_____），盖帽上方标有字母"_____"。

4. 制冷的根本原理，就是利用_____来实现能量转移的。

5. 根据下图，回答问题。

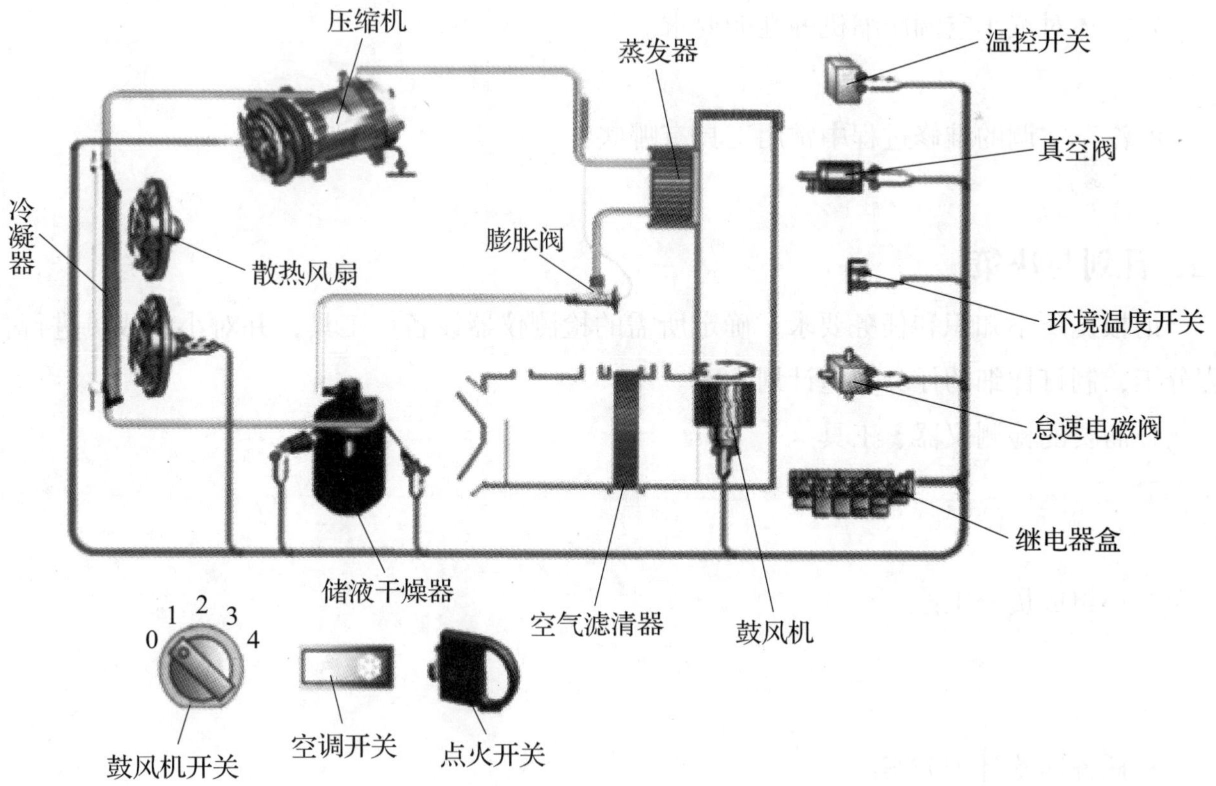

图1

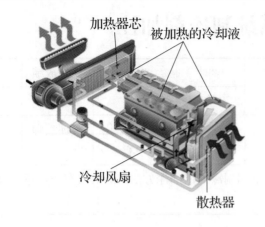

图2　　　　　　　　　　　　　　图3

（1）根据图1，简述汽车空调制冷系统控制原理。

（2）根据图2，简述汽车暖风系统工作原理。

（3）根据图3，部件名称是_____，其作用是_____。

6. 简述汽车空调出现不制冷故障时的主要原因。

7. 简述对汽车空调压缩机的性能要求。

8. 汽车空调的维修过程中常用工具有哪些？

二、计划与决策

请根据所学知识和任务要求，确定所需的检测仪器设备、工具，并对小组成员进行合理分工，制订详细的任务实施计划方案。

1. 需要的检测仪器、工具：

2. 小组成员分工：

3. 任务实施计划方案：

三、实施

1. 车辆信息记录。

车辆品牌		车辆识别代码		生产日期	
发动机型号		行驶里程		发动机排量	

2. 结合下图，根据提供的实训汽车，进行空调滤芯的位置确定及更换。

空调滤芯更换

空调滤芯位置	空调滤芯类型	更换方式

3. 压缩机冷冻机油检查。

检查项目	液面正常	液面过高	液面过低	处理措施
压缩机冷冻机油	□	□	□	
冷冻机油品质	是否变质、稀释			处理措施
	否□	是□		

4. 汽车空调制冷剂加注。

根据下图提供的仪器设备，对车辆进行制冷剂加注。

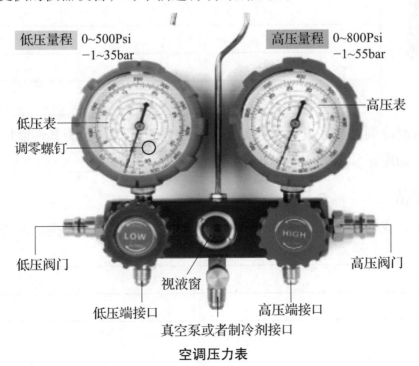

空调压力表

真空泵　　　　　　　　　　　汽车空调歧管压力表组件

制冷剂加注步骤：_____
_____
_____
_____

特别说明：建议选用低压端加注；若采用高压端加注，严禁开启空调系统，否则会造成制冷剂通过高压表而冲击制冷罐，造成制冷罐爆裂，也不可打开低压手动阀。

5. 如下图所示，利用制冷剂回收加注一体机加注制冷剂。

加注步骤：_____
_____
_____
_____
_____
_____
_____
_____

6. 汽车空调制冷剂加注完成后，起动空调制冷系统运行，检测其性能情况。
运行结果　制冷正常□　制冷不正常□　处理结果_____

四、检查与评估

请根据任务完成的情况，对任务实施进行检查与自我评估，并提出改进意见。
（1）_____；
（2）_____；
（3）_____。

五、评价与反馈

评价项目	评价标准	分值	评分要求	自评	互评	师评	得分
安全/8S/团队合作	□ 1. 能进行工位 8S 操作 □ 2. 能进行设备和工具安全检查 □ 3. 能进行车辆安全防护工作 □ 4. 能进行工具清洁、校准、归位存放操作 □ 5. 遵守三不落地要求	15	未完成1项扣3分，扣分不得超过15分	□熟练 □不熟练	□熟练 □不熟练	□合格 □不合格	
专业技术能力	作业1 □ 1. 能正确进行空调滤芯更换操作 □ 2. 能正确回收制冷剂 □ 3. 能正确抽真空及气密性检查 □ 4. 能正确检测空调管路密封性 作业2 □ 1. 能正确使用空调制冷剂加注设备 □ 2. 能正确加注制冷剂 □ 3. 能正确添加或检查压缩机冷冻机油的位置 □ 4. 能正确使用空调压力表及真空泵 □ 5. 能正确处理加注完的制冷剂罐	50	未完成1项扣5分，扣分不得超过50分	□熟练 □不熟练	□熟练 □不熟练	□合格 □不合格	
工具及设备的使用能力	□ 1. 能正确使用维修工具 □ 2. 能正确使用制冷剂加注设备 □ 3. 能正确使用空调压力表检测空调压力情况 □ 4. 运行汽车空调制冷系统，并判断其制冷效果情况	10	未完成1项扣5分，扣分不得超过10分	□熟练 □不熟练	□熟练 □不熟练	□合格 □不合格	
资料、信息查询能力	□ 1. 能正确使用维修手册查询资料 □ 2. 能正确使用用户手册查询资料 □ 3. 能在规定的时间内查询所需资料 □ 4. 能正确记录检测数据，并填入相关表格	10	未完成1项扣2分，扣分不得超过10分	□熟练 □不熟练	□熟练 □不熟练	□合格 □不合格	
数据判断和分析能力	□ 1. 能判断空调管路密封性是否良好 □ 2. 能规范记录数据，并根据制冷剂的加注，判断制冷系统性能好坏	10	未完成1项扣5分，扣分不得超过10分	□熟练 □不熟练	□熟练 □不熟练	□合格 □不合格	
任务工单填写规范能力	□ 1. 字迹清晰，无漏填 □ 2. 语句通顺，表达规范 □ 3. 无错别字，无涂改 □ 4. 资讯填写准确无抄袭 □ 5. 任务工单填写及时	5	未完成1项扣1分，扣分不得超过5分	□熟练 □不熟练	□熟练 □不熟练	□合格 □不合格	
教师签字		100	教师总评	□合格 □不合格	实训成绩		

项目十　汽车全车电路认知

任务　汽车全车电路结构认知

任务名称	汽车全车电路结构认知		学时		任务成绩	
学生姓名		班级/组别		工单号		实训日期	
实训设备、工具及仪器	实训汽车4辆、维修电路图手册		实训场地	理实一体化中心	实训教师	
任务目的	熟悉汽车电路的组成、特点、识读方法；学会识读汽车电路图，并对其相关系统进行划分与分析					

一、资讯

1. 汽车电气线路中的导线分＿＿＿＿和＿＿＿＿两种。
2. 汽车用继电器按用途分为＿＿＿＿继电器和＿＿＿＿继电器两种。
3. 目前电路图中各种电器器件的表示符号形式有＿＿＿＿、＿＿＿＿和＿＿＿＿三种。
4. 常见的电路图有＿＿＿＿、＿＿＿＿、接线图、＿＿＿＿与电气设备定位图等类型。
5. 汽车直流电路电流的回路一定是从＿＿＿＿出发，经用电设备回到＿＿＿＿。
6. 汽车电气线路常见故障有＿＿＿＿、＿＿＿＿、接触不良和＿＿＿＿等。
7. 汽车电气线路由电源、＿＿＿＿、导线、开关和＿＿＿＿等部分组成。
8. 根据下列电路图，回答下列问题。

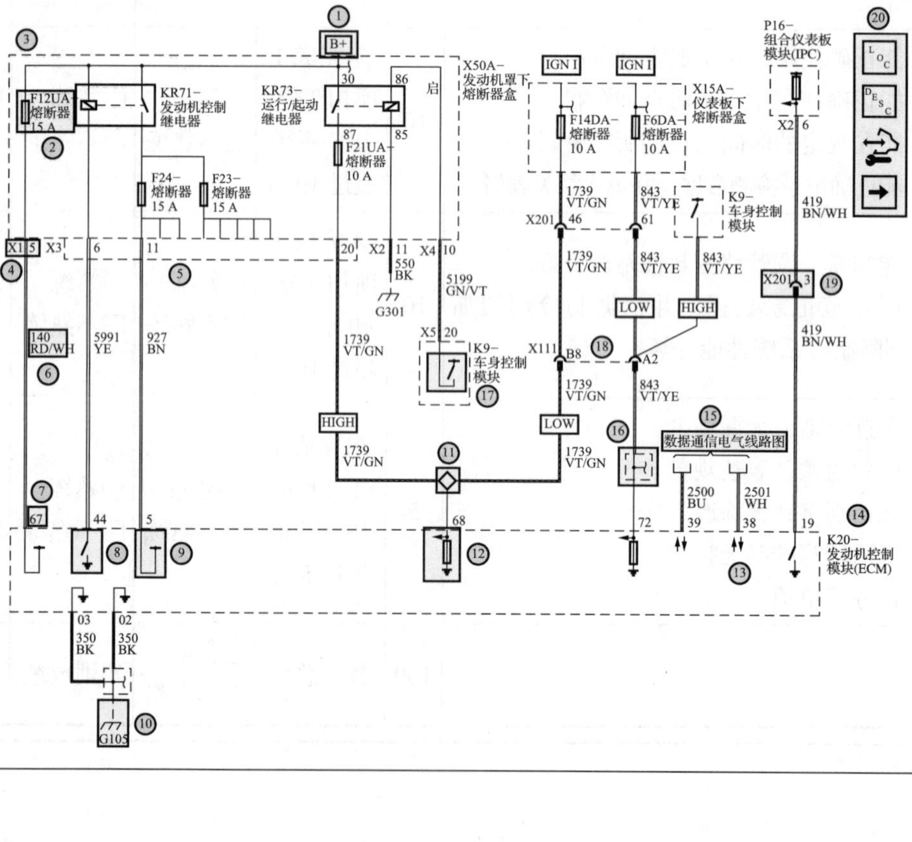

（1）该电路图有何特点？

（2）如何识读该电路图？

二、计划与决策

请根据所学知识和任务要求，确定所需的检测仪器设备、工具，并对小组成员进行合理分工，制订详细的任务实施计划方案。

1. 需要的检测仪器、工具：

2. 小组成员分工：

3. 任务实施计划方案：

三、实施

1. 车辆信息记录。

车辆品牌		车辆识别代码		生产日期	
发动机型号		行驶里程		发动机排量	

2. 根据提供的维修手册电路图，结合实训汽车，在实车中找到电源系统供电，如图1所示。

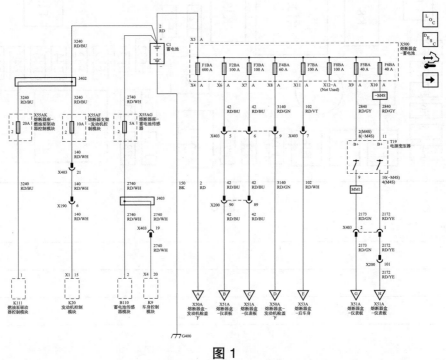

图1

3. 在实训汽车上根据图2所示，找到搭铁位置。

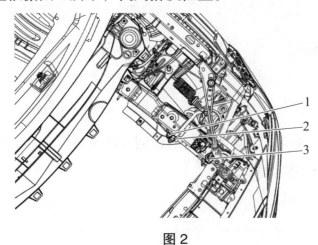

图2

4. 在实训汽车上，如图3所示，找到熔断器盒，并说明下列熔断器所保护的系统。

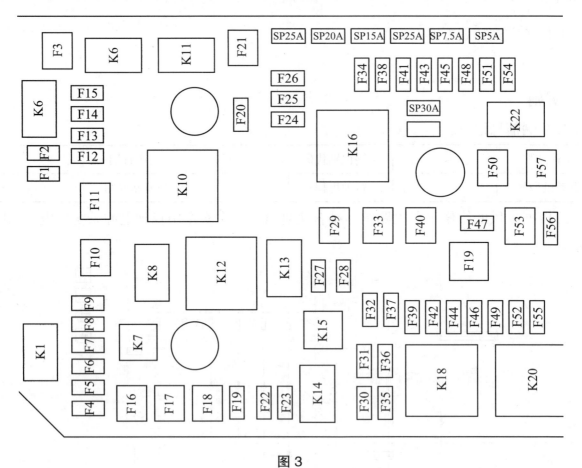

图3

保护系统：_____

_____

_____

_____

5. 根据电路图和实训汽车，完成下列表格。

100~199发动机舱-仪表板前方所有区域
200~299仪表板区域内 300~399乘客舱区域
400~499行李箱-车辆后端 500~599左前门内
600~699右前门内 700~799左后门内
800~899右后门内 900~999后备厢或储物仓

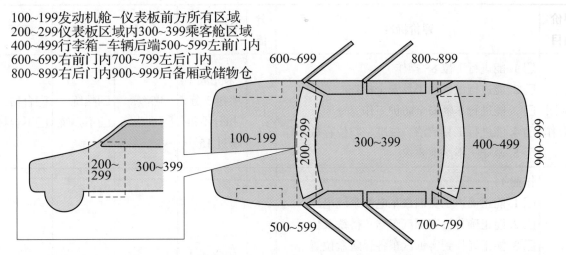

编码代号范围	所属区域	包含系统

6. 简述实训汽车电路图的特点。

四、检查与评估

请根据任务完成的情况，对任务实施进行检查与自我评估，并提出改进意见。

（1）_____

（2）_____

（3）_____

五、评价与反馈

评价项目	评价标准	分值	评分要求	自评	互评	师评	得分
安全/8S/团队合作	□ 1. 能进行工位 8S 操作 □ 2. 能进行设备和工具安全检查 □ 3. 能进行车辆安全防护工作 □ 4. 能进行工具清洁、校准、归位存放操作 □ 5. 遵守三不落地要求	15	未完成1项扣3分,扣分不得超过15分	□熟练 □不熟练	□熟练 □不熟练	□合格 □不合格	
专业技术能力	作业1 □ 1. 能正确识别实训汽车电源系统电路 □ 2. 能正确分析实训汽车驾车搭铁及位置 □ 3. 能正确找到实训汽车各保险盒位置 □ 4. 能正确识读实训汽车保险控制电路图 作业2 □ 1. 能正确对电路图划分 □ 2. 能正确对电路图相关系统进行识读分析 □ 3. 能正确通过电路图检测电源系统供电情况 □ 4. 能正确定位搭铁位置 □ 5. 能正确识读相关车系电路图	50	未完成1项扣5分,扣分不得超过50分	□熟练 □不熟练	□熟练 □不熟练	□合格 □不合格	
工具及设备的使用能力	□ 1. 能正确使用维修工具 □ 2. 能正确使用万用表 □ 3. 能正确使用维修手册 □ 4. 能正确检测电源供电	10	未完成1项扣5分,扣分不得超过10分	□熟练 □不熟练	□熟练 □不熟练	□合格 □不合格	
资料、信息查询能力	□ 1. 能正确使用维修手册查询资料 □ 2. 能正确使用用户手册查询资料 □ 3. 能在规定的时间内查询所需资料 □ 4. 能正确记录检测数据,并填入相关表格	10	未完成1项扣2分,扣分不得超过10分	□熟练 □不熟练	□熟练 □不熟练	□合格 □不合格	
数据判断和分析能力	□ 1. 能根据电路图判断供电系统好坏 □ 2. 能规范记录数据,并根据电路图合理划分电气系统,分析其电路特点	10	未完成1项扣5分,扣分不得超过10分	□熟练 □不熟练	□熟练 □不熟练	□合格 □不合格	
任务工单填写规范能力	□ 1. 字迹清晰,无漏填 □ 2. 语句通顺,表达规范 □ 3. 无错别字,无涂改 □ 4. 资讯填写准确无抄袭 □ 5. 任务工单填写及时	5	未完成1项扣1分,扣分不得超过5分	□熟练 □不熟练	□熟练 □不熟练	□合格 □不合格	
教师签字		100	教师总评	□合格 □不合格	实训成绩		